BOULE DE SUIF

LIRE ET VOIR LES CLASSIQUES

collection dirigée par Claude AZIZA

Guy DE MAUPASSANT

BOULE DE SUIF
ET AUTRES RÉCITS DE GUERRE

Préface de
Pascaline MOURIER-CASILE
Commentaires de
Claude AZIZA et Pascaline MOURIER-CASILE

Le dossier iconographique a été réalisé par
Anne GAUTHIER et Mathieu KERROUX

© Pour la préface, les commentaires et le dossier iconographique, Pocket, 1991

ISBN : 2-266-03668-0

PRÉFACE

« Et je fais des vœux pour que nos fils ne voient plus jamais de guerre. »

Un soir de juillet 1870 (le 14, nous disent les historiens, date symbolique s'il en fut...), tandis que le soleil se couche « derrière un nuage sanglant » et prémonitoire, tandis que Nana agonise sur un lit de fortune, le peuple de Paris descend dans la rue. De la Madeleine à la Bastille (encore des symboles !), « une bande d'hommes en casquette et en blouse blanche » envahit les Boulevards, et de ce « flot humain », de cette « coulée énorme », « sur une cadence de marteaux battant l'enclume », monte un unique grand cri : « À Berlin ! À Berlin ! À Berlin ! »

Quand vient la nuit, cette foule qui défilait dans l'enthousiasme se met à ressembler étrangement à « des troupeaux [...] menés à l'abattoir ». Et la clameur belliqueuse se change en « un grand souffle désespéré [1] ».

Le même jour (mais ce n'était pas une fiction), un ministre estimait la guerre « inévitable ». Un autre, le lendemain, prétendait que pas un bouton de guêtre ne manquerait à l'appel. Trois jours encore, et la France,

1. É. Zola, *Nana* (1881). Les citations qui précèdent viennent du dernier chapitre de ce roman, édité dans la même collection.

à cause de la candidature d'un vague prince allemand au trône d'Espagne, déclarait la guerre à la Prusse.

En moins d'un mois, ce qui ne devait être qu'une promenade triomphale jusqu'au cœur de Berlin se révèle déroute et débâcle. De jour en jour, les défaites s'ajoutent aux défaites. Et, pour finir, Sedan. L'Empereur prisonnier, puis déchu. La République. Des défaites encore. Paris assiégé, bombardé, affamé, occupé. Le roi de Prusse proclamé empereur d'Allemagne dans la galerie des Glaces, à Versailles (les symboles, toujours !). La Patrie envahie, des frontières de l'Est jusqu'à Rouen. Tout une armée « en guenilles » errant sur les routes de France « sans drapeau et sans régiment[1] ». Et, bien sûr, sans boutons de guêtres… L'armistice enfin, signé le 28 janvier 1871. « La bête est morte », conclut Bismarck[2].

Au cours de cette « année terrible » (Hugo), les Français font l'expérience de réalités nouvelles. L'invasion. L'occupation. Et leur corollaire honteux (qui ne trouvera son nom que deux guerres plus tard), la collaboration. La résistance aussi, pour certains. Ils en resteront marqués pour longtemps.

Les uns s'efforceront de masquer leurs cicatrices derrière l'espoir impatient et la revendication acharnée d'une *revanche* qui rédimerait toute souillure. Déroulède et Cie… Du regard tétanisé sur la ligne bleue des Vosges aux capotes bleu horizon dans la boue du chemin des Dames — en passant par le brave général Boulanger, l'affaire Dreyfus et l'assassinat de Jaurès — on sait ce qu'il en advint.

D'autres au contraire — et Maupassant en fut — ne retinrent de la catastrophe qu'une méfiance tenace envers certains grands mots — et les grands sentiments qui vont avec : militarisme, nationalisme, patriotisme,

1. *Boule de suif,* p. 27.
2. Cité *in* V. Hugo, *Choses vues,* cf. Dossier, p. 263.

où ils ne voulaient plus voir que « joujoux[1] » tragiques, hochets dérisoires qu'il suffit d'agiter pour que les hommes se ruent à l'abattoir.

En juillet 1870, Guy de Maupassant n'a pas encore tout à fait vingt ans. Il vient de commencer à Paris des études de droit. Sans grande conviction. Ses véritables goûts le poussent plutôt vers les bateaux (depuis l'âge de quatorze ans, il rêve d'en posséder un) et les femmes, baigneuses d'Étretat, paysannes normandes ou filles publiques (c'est dans une maison close qu'il a célébré son succès au baccalauréat). Il a déjà une réputation de noceur et de farceur, ce qui ne l'empêche pas d'être fasciné par l'atmosphère fantastique[2] et morbide que créent autour d'eux, dans leur villa d'Étretat, « deux visionnaires malades, ivres de poésie perverse et magique[3] », le poète anglais Swinburne et son ami Powel. Peut-être a-t-il déjà découvert Schopenhauer qui confortera sa tendance à la farce grinçante, sa vision pessimiste de l'homme, et de la femme plus encore...

Et puis surtout, il écrit. Des poèmes lyriques, comme son oncle Alfred Le Poittevin[4]. Comme Louis Bouilhet[5], qui, lisant ses vers avec bienveillance, en corrige avec rigueur les faiblesses et les incorrections. Mais, paradoxalement, le véritable *maître* de ce jeune homme qui se rêvait poète, celui qui sans doute l'aida à décou-

1. Cf. R. de Gourmont, « Le joujou Patriotisme » in *Mercure de France*, 1891. Ce texte virulent, qui prenait à contre-pied les tenants d'un patriotisme revanchard, valut à Gourmont de perdre son poste de conservateur à la Bibliothèque nationale.

2. Il s'en souviendra dans son premier conte, *La Main d'écorché* (1875).

3. *Notes sur Swinburne* (1881).

4. Frère de Laure de Maupassant, la mère de Guy. Avocat et poète, il est mort en 1848.

5. Poète, auteur dramatique, conservateur de la bibliothèque de Rouen. Ami de Laure de Maupassant et de Flaubert. Il meurt le 18 juillet 1869.

vrir sa véritable vocation d'écrivain, fut un romancier convaincu de la supériorité de la prose. Gustave Flaubert, dont l'adolescent se veut très vite le *disciple*. Cette « sorte de tutelle intellectuelle [1] » (qui lui fit découvrir les vertus de l'observation lucide et pénétrante des choses, des êtres, des lieux et le convertit à la probité patiente de la prose) devait se prolonger par-delà la mort du *Vieux*, en 1880 [2]. L'année même où parut *Boule de suif*, salué par Flaubert comme « un chef-d'œuvre de composition, de comique et d'observation [3] ».

Boule de suif où resurgit, violente au bout de dix ans comme au premier jour, l'expérience d'un garçon de vingt ans découvrant la réalité sordide de la guerre sous les oripeaux clinquants et « l'enthousiasme faux [4] » dont l'affuble le discours patriotique. Les « charniers [5] » révulsants des champs de bataille. L'amertume de la défaite. Les souffrances de la débâcle. L'humiliation de l'invasion. La féroce bêtise des nantis et des bien-pensants, leurs fanfaronnades quand tout péril est écarté, leur lâcheté et leur bassesse devant l'ennemi triomphant. Mais aussi la dignité, l'héroïsme sans phrase de ceux (filles de joie méprisées, paysans frustes, humbles curés de campagne, boutiquiers sans envergure) qui refusent de s'incliner devant l'occupant. Sans négliger, bien sûr, la « goujaterie » des conquérants, la froide cruauté des officiers prussiens sanglés dans leurs uniformes impeccables, ni leur mépris hautain des vaincus et leur brutalité de soudards avinés.

1. « G. Flaubert », *L'Écho de Paris,* 1er février 1880.
2. Cf., entre autres, « Le roman », préface de *Pierre et Jean* (1888), Presses Pocket, « Lire et voir les classiques ».
3. Lettre de Flaubert à sa nièce, Caroline de Commanville, 1er février 1880.
4. Lettre de Maupassant à Flaubert au sujet du projet des *Soirées de Médan*, 5 janvier 1880, cf. Dossier, p. 231.
5. « La Guerre », *Gil Blas*, 11 décembre 1883, cf. Dossier, p. 243 et ss..

> *« Le plus stupéfiant, c'est que la société tout entière*
> *ne se révolte pas à ce seul mot de guerre. »*

C'est donc par la guerre que Maupassant a fait son entrée dans l'âge d'homme. Et l'humanité lui fut donnée à voir dans sa nudité, pitoyable et répugnante. Ce sanglant rituel d'initiation a sans doute marqué à jamais son imagination. À en croire l'une de ses belles amies [1], les images de la guerre renaissaient, intactes, vivantes, terrifiantes, dans des cauchemars récurrents dont il s'éveillait transi d'angoisse. Elles revinrent aussi dans le délire des derniers jours, lorsqu'il se défendait d'avoir déclaré la guerre, ou lorsqu'il refusait de se nourrir sous prétexte que « les aliments sont du sperme de momie et de soldat [2] ».

Ces mêmes images n'ont jamais cessé de hanter son œuvre, du premier conte *réaliste* [3] qu'il écrivit en 1878 (*Le Mariage du lieutenant Laré*) jusqu'à l'ultime roman, commencé en 1891 et que la maladie, la folie et la mort laissèrent inachevé, *L'Angélus* [4].

Certes, l'histoire du lieutenant Laré, par rapport aux amers chefs-d'œuvre de la maturité, fait figure d'une pâle bluette à la gloire des soldats français, chevaliers sans reproche, dont l'invasion et la déroute ne sauraient

1. Hermine Lecomte de Noüy, « Maupassant intime », *La Grande Revue*, 10 avril 1913.
2. Cf. H. Troyat, *Maupassant*, Flammarion, 1989, p. 263.
3. *Le Mariage du lieutenant Laré* est le quatrième récit de Maupassant. Le premier, *La Main d'écorché*, est une histoire macabre, tout encombrée de souvenirs livresques (Hoffmann, Nerval, Poe) où le fantastique, loin de naître des profondeurs obscures de la psyché, demeure tout extérieur. *Le Docteur Héraclius Gloss* est un pastiche de conte philosophique. *Le Donneur d'eau bénite* ressemble fort à une parodie d'apologue édifiant qui souligne assez lourdement les clichés et les ficelles du genre. À l'évidence, le jeune homme fait ses gammes. Dans le quatrième récit, malgré les facilités et les afféteries, apparaît pour la première fois, en même temps que le thème de la guerre, le toucher caractéristique de l'écrivain.
4. Maupassant, *Romans*, Gallimard, La Pléiade, 1987.

atténuer la proverbiale galanterie à l'égard des demoiselles en détresse. Seize ans plus tard, le narrateur de *L'Horrible* en proposera une tout autre vision. Pourtant, toute la scène est imprégnée du « murmure sinistre et vague » de cette même neige qui pétrifie la Normandie occupée de *Boule de suif* ou qui, dans *L'Horrible*, « colle la peau des mains à l'acier des crosses ». Pourtant la « grande ombre noire » des « douze uhlans perdus dans la nuit » (frères de ceux que le père Milon se plaira à égorger) rend brusquement dérisoire l'allégresse des hommes qu'un minois souriant de jeune fille suffit à revigorer. Quant au dénouement, il prend son véritable sens, ironique, à être relu après celui de *Mademoiselle Fifi*, désinvolte et improbable parodie des « happy ends » lénifiants.

Dans *L'Angélus* encore, tout part de la guerre. Et tout finalement y revient. Dans la Normandie occupée de 1870, la brutalité d'un officier prussien (ce pourrait être celui qui voue « la folle » à mourir sous la neige, ou celui qui se régale, imperturbable, de la pêche des « deux amis » qu'il vient de faire exécuter ; voire l'un de ceux qui applaudissent au « besoin de ravage » de Mademoiselle Fifi) scelle à tout jamais le destin tragique du héros.

Entre ces deux textes liminaires, quatorze récits[1] — seize, si l'on tient compte de *Souvenir* et des *Idées du colonel,* non retenus dans ce volume — assurent, de 1880 à 1887, la résurgence périodique des souvenirs de l'Année terrible.

Il peut arriver que cette résurgence soit donnée comme une figure structurelle du récit. Un décor est planté. Un espace-temps est délimité — ou tout au moins suggéré : salon paisible où l'on cause entre gens de bonne compagnie *(La Folle, L'Horrible, Les Rois)* ;

1. *Mohammed-Fripouille* n'est pas inclus dans ce total. Il constitue en effet un cas un peu particulier. Il y est bien question de guerre, mais c'en est une autre, guerre coloniale, que Maupassant, il est vrai, juge tout aussi odieuse. Cf. plus loin, p. 16.

café des boulevards dans un Paris depuis longtemps libéré *(Tombouctou)* ; cour de ferme où une famille déjeune au soleil *(Le Père Milon)*, harmonieux paysage normand *(La Mère Sauvage)*... Dix ans, quinze ans ont passé depuis la guerre. Il semble qu'aucune trace n'en demeure. Et, brusquement, le décor se déchire, le temps s'invagine. Le souvenir surgit, avec une violence hallucinatoire qui refoule le présent et annule la réalité immédiate. C'est parfois un être, un objet, un lieu, commun au passé et au présent, qui justifie cette intrusion, que celle-ci soit ou non *(Le Père Milon*[1]*)* assumée par un narrateur actualisé dans le récit : les bécasses dans *La Folle*[2] ; la ruine dans *La Mère Sauvage* ; l'apparition de Tombouctou ; la vigne qui, sur le mur de la ferme, occupe la place exacte du père Milon supplicié. D'autres fois, aucune justification vraisemblabilisante n'est nécessaire. Il suffit d'un mot jeté dans une conversation (dont le récit d'ailleurs fait l'économie) pour que, dans une mémoire blessée, une cicatrice que l'on pouvait croire guérie se remette à suppurer *(L'Horrible, Les Rois)*.

La résurgence obsessionnelle d'une expérience ineffaçable s'inscrit aussi dans la matière même des récits. Ce peut être, tout uniment, par la triple réécriture *(Le Mariage du lieutenant Laré*, 1878 ; *Souvenir*, 1882 ;

1. Dans ce cas, le récit est pris en charge par un narrateur impersonnel. Mais la superposition (l'échange ?), du début à la fin du texte, des regards de la famille sur le mur de la ferme et de celui du père, « collé » contre ce même mur, sur sa famille suffit à suggérer le phénomène de résurgence.

2. Dans ce récit, la figure de résurgence subit une sorte de dédoublement. Si, dans la fiction, le passage des bécasses évoque chaque automne à Mathieu d'Endolin « un bien sinistre souvenir de la guerre », il n'est pas exclu que le retour de l'hiver (le texte date de décembre 1882 ; l'histoire se passe en hiver : « la neige tombait maintenant jour et nuit... ») ait pu raviver en Maupassant lui-même le souvenir d'un autre hiver, douze ans plus tôt. Et donc motiver l'écriture du récit. Une même superposition du temps de l'écriture et du temps de la fiction s'observe pour *Les Prisonniers*, décembre 1884, et pour *Les Rois*, janvier 1887.

Les Idées du colonel, 1884) d'une anecdote à première vue insignifiante, mais qui se charge peu à peu d'amertume. Si le lieutenant Laré est une sorte de Petit Poucet en uniforme, « brave, subtil, inventif, plein de ruses et de ressources », le conteur de *Souvenir*, douze ans après la guerre, en a surtout retenu la faim, la fatigue, le froid d'une neige qui fait des hommes encore vivants « des fantômes, comme les spectres de soldats morts ». Quant au « colonel » qui s'extasie sur la galanterie exemplaire de l'armée française, « depuis le pioupiou jusqu'aux généraux », il n'est qu'une vieille baderne, percluse de goutte et radoteuse. Ce qui modifie sensiblement la portée démonstrative de l'anecdote initiale. D'ailleurs, à la différence des deux autres récits, le titre — par lequel le narrateur se désolidarise de son personnage, lui laissant l'entière responsabilité de ses « idées » — marque d'entrée de jeu l'effet de distanciation.

La résurgence peut aussi prendre une autre forme : celle des échos thématiques qui se répercutent d'un conte à l'autre avec le plus souvent, là encore, une aggravation des tonalités sombres. Certains de ces échos sautent aux yeux avec évidence, d'autres sont plus discrets. Ou plus subtils.

Au dénouement de *L'Aventure de Walter Schnaffs* répond celui des *Prisonniers* (comme, sur un registre plus guilleret, celui de *Mademoiselle Fifi* à celui du *Mariage du lieutenant Laré*). Même triomphe des vat-en-guerre plastronnants, qui retirent les marrons du feu sans coup férir. Mais si le brave soldat Schnaffs réalise enfin son rêve, si les gardes nationaux de La Roche-Oysel sont simplement grotesques, ceux de Rethel, qui se complaisent à noyer lentement des prisonniers, réduits (par d'autres) à l'impuissance, avec « des hurlements de joie et des rires éperdus », sont carrément odieux.

Le thème de la prostituée patriote (cf. Dossier, p. 265 et ss.) relie *Boule de suif, Mademoiselle Fifi* et *Le Lit 29*. Ici encore l'assombrissement est sensible. Boule de

suif, après tout, ne perd dans cette aventure qu'une certaine image qu'elle se fait d'elle-même, et son héroïsme silencieux est au moins reconnu (passivement, il est vrai) par l'un des passagers de la patache. Rachel échappe miraculeusement à la fureur vengeresse de l'ennemi et son patriotisme trouve une récompense inespérée. Celui d'Irma, en revanche (de bien plus ample portée cependant : Boule de suif n'a tué personne ; Rachel n'a trucidé qu'un seul Prussien ; la moribonde du lit 29, elle, peut inscrire à son actif d'innombrables victimes), ne lui vaut que la réprobation générale, le dégoût révulsé de son ex-amant de cœur et « le mal ignoble et terrible » dont elle crève dans « une odeur de chair gâtée et d'infamie ».

Le Père Milon, *La Mère Sauvage* et la première anecdote de *L'Horrible* modulent le thème des paroxysmes de l'amour paternel ou maternel. Certes, les trois héros trouvent également la mort. Mais les deux premiers meurent satisfaits ; ils se sont vengés. Leur supplice a un sens ; ils savent trouver les mots pour s'en expliquer ; ils le revendiquent comme un titre de gloire. Combattants de l'ombre, à leur manière primitive et féroce, ils meurent comme tels sous les balles de l'ennemi. Leur nom demeure dans les mémoires et leur acte perdure, inscrit au grand livre du monde : vigne du père que chaque printemps fait bourgeonner ; ruine calcinée qui, quinze ans après la guerre, commémore « l'héroïsme atroce » d'une mère.

« L'être [...] étrange » de *L'Horrible*, lui, n'a pas de nom. Ni de langage, sinon « un patois inintelligible ». Son sexe même demeure longtemps incertain. Il ne reste plus de lui, d'elle, qu'un « paquet sanglant de chair [...] morte ». Et la liste de ses dérisoires possessions sur le procès-verbal d'un gendarme. Peut-être était-ce une mère héroïque cherchant son enfant sur les champs de bataille. Mais ce n'est là qu'une hypothèse. Sa mort, sous les balles de « troupiers » français affolés par la défaite qui s'acharnent comme des brutes sur cette victime lamentable, ne fait pas sens. Elle est,

littéralement, absurde. Elle ne suscite ni pitié ni admiration. Rien qu'une « sensation d'épouvante anormale, hors-nature ».

Sinistre ironie du sort. Ou plutôt farce macabre de la guerre. On comprend que, quatre ans plus tôt, Maupassant et ses amis aient rêvé d'intituler, par antiphrase, *L'Invasion comique* le recueil qui devait devenir *Les Soirées de Médan*. La « note juste sur la guerre » qu'ils prétendaient, avec un « désintéressement » affecté, faire entendre dans leurs récits (cf. Dossier, p. 231) s'est assombrie chez Maupassant jusqu'aux tonalités désespérées d'un humour noir qui jouxte la gamme encore plus opaque du fantastique.

Le dernier des récits consacrés par Maupassant à la guerre de 70, *Les Rois*, peut apparaître comme le reflet de *Mademoiselle Fifi*. Mais vu dans un miroir déformant. Grimaçant. Ici et là, des militaires (les uns sont prussiens, les autres français) s'installent dans une demeure (aristocratique château ou « logis de particulier riche ») abandonnée par ses occupants légitimes qui ont fui la zone des combats. Ici et là, le même (ou presque) sans-gêne à prendre ses aises. Ici et là, un curé de campagne qui tire, peu ou prou, la morale de l'histoire. Ici et là, un festin. Ici et là, la même pluie, menue, glacée, incessante, propice à l'ennui.

Ici et là, le même appétit de distractions, et le même recours : les femmes. Mais les cinq filles de joie, expertes aux « pratiques de l'amour », toutes également « jolies et grasses », ont cédé la place à trois vieillardes dont l'une est hydropique, l'autre défigurée et la troisième débile : de quoi glacer le plus robuste désir...

Ici et là, un meurtre, qui affole également les catins et les infirmes. Mais, dans le premier cas, c'est pour la bonne cause : une prostituée patriote égorge un conquérant particulièrement odieux, vengeant à sa façon l'honneur perdu de la Patrie. Dans le second, des soldats français tirent par erreur sur un vieux berger innocent, français comme eux, mais muet.

Bonne ou mauvaise, il n'y a plus ici de cause à

défendre et qui vaille la vie d'un homme. De cet ultime récit de la guerre de 70, les Prussiens sont absents. Seule demeure, dans son essentielle absurdité, cette « vilaine chose », la guerre.

Qu'on ne s'y trompe pas, en effet. Certains de ces récits, faisant état de la barbarie des Prussiens ou de l'héroïsme des Français (civils de préférence), pourraient prêter à contresens et sembler justifier une lecture patriotique, voire revancharde. Mais, à les replacer dans leur contexte (et ce, à deux niveaux : l'ensemble restreint des récits de guerre de Maupassant ; l'ensemble plus vaste de son œuvre, chroniques et correspondances comprises), on s'aperçoit très vite que telle lecture en fausse la signification profonde.

Certes, les officiers prussiens de la plupart de ces récits sont odieux. Mais le sont-ils parce que prussiens ou parce que militaires ? Celui de *Boule de suif*, en tout état de cause, n'est pas autre chose qu'un « magnifique échantillon de la goujaterie naturelle au militaire victorieux ». Après tout, dans la même situation, le beau capitaine Épivent, pour qui tout militaire se doit d'être « un grand gaillard créé pour faire la guerre et l'amour, un homme à poigne, à crins et à reins, rien de plus », est-on bien sûr qu'il se serait conduit autrement ?

Par ailleurs, le Prussien d'*Un duel* ne se prévaut nullement du droit du plus fort pour faire arrêter M. Dubuis ; il lui propose un duel en règle, à la loyale, en quelque sorte, selon la seule loi qu'il connaisse, celle des armes. Quant à ceux qui donnent l'ordre de fusiller le père Milon, ils ne le font qu'après avoir tenté de lui sauver la vie et parce que l'ultime provocation du vieux frénétique, impardonnable, a rendu toute indulgence impossible. Seules les nécessités impérieuses de la guerre, et non pas quelque barbarie imputable à leur nationalité, semblent motiver leur geste.

En fin de compte, le seul militaire sinon sympathique

du moins émouvant de ces récits, ne serait-ce pas ce pauvre Walter Schnaffs, un Prussien pourtant ? Personnage de lâche, assurément. Mais, paradoxalement, personnage positif : il ne rêve que d'échapper à la guerre et, en dépit de l'uniforme, il est resté humain. Trop humain sans doute pour s'offrir le luxe de l'héroïsme guerrier...

L'expérience le lui a appris très tôt et il n'en démord pas : pour Maupassant, la guerre, *toute* guerre est abominable. Parce qu'elle transforme les hommes en brutes affolées qui tuent « par plaisir, par terreur, par bravade, par ostentation » (cf. Dossier, p. 245) ; ou, simplement, pour survivre. Telle est bien la leçon que tirent de leurs expériences Mathieu d'Endolin *(La Folle)*, ou le général de G... *(L'Horrible)*, qui fut bien placé pour savoir de quoi il parle. *Toute* guerre est un retour à la barbarie. Ainsi, *L'Horrible* met sur le même plan les troupiers français, assassins par panique, et les guerriers Chaamba, anthropophages par nécessité. Ainsi, Mohammed-Fripouille, massacreur de femmes sans défense, n'est guère plus recommandable que les Arabes qu'il combat et méprise.

Maupassant voue une même exécration à la guerre telle qu'il l'a vécue en 1870, guerre de défense nationale, et à celles que la France mène pour agrandir son empire colonial en Afrique du Nord ou en Chine. Au point même de les confondre, transposant en 1870 une aventure de la conquête de l'Algérie *(L'Aventure de Walter Schnaffs*, cf. « Balançoires », *Le Gaulois*, 12 mai 1881).

Sa haine de la guerre (« Déshonorons la guerre » semble bien être son mot d'ordre définitif sur la question... cf. Dossier, p. 245) et son mépris des militaires, Maupassant n'hésite pas — au risque de fausser quelque peu la cohérence de son univers romanesque et au mépris de la vraisemblance historique — à les mettre dans la bouche de ceux qui, d'ordinaire, lui servent de têtes de Turcs. Et que ce seul discours semble, l'espace de sa profération, sauver de leur coutumière

médiocrité. Ainsi de l'aubergiste de *Boule de suif*, ou
du commerçant du *Lit 29*, dont les tirades vengeresses
reprennent les arguments (et, à peu de chose près, les
mots) des diatribes du chroniqueur du *Gil Blas*.

Si l'héroïsme militaire et le « chauvinisme » intran-
sigeant, ingrédients obligés, à l'époque, de tout récit
de guerre, de toute « narration où se trouvent un pan-
talon rouge et un fusil » (cf. Dossier, p. 231), sont ainsi
mis à mal, qu'en est-il du patriotisme des civils, cet
autre *topos* du genre ? Ici encore les apparences sont
trompeuses.

Assurément, on l'a dit, les bassesses de la collabo-
ration comme les fanfaronnades sans risque sont
réservées aux bourgeois bien-pensants, qui sont les bêtes
noires habituelles de Maupassant. L'amour de la patrie,
l'esprit de résistance, l'héroïsme sans ostentation sont
le fait des petits, des simples, de ceux que la société
traite de haut, quand elle ne les rejette pas.

Mais, à y regarder d'un peu plus près, ce patriotisme,
cet héroïsme sont d'une nature bien particulière.

Boule de suif et Rachel — tout comme les héroïnes
des autres histoires de « filles de joie » — semblent
avoir pour fonction moins d'incarner le patriotisme que
de dénoncer la lâcheté, les préjugés, l'étroitesse d'esprit,
l'hypocrisie d'une bonne société sûre de son bon droit.
Irma ne poursuit-elle pas une vengeance personnelle
(« Ils m'ont prise [...] J'ai voulu me venger. ») qui vise
davantage les soudards qui l'ont violée que les enva-
hisseurs de la patrie ? Saint-Antoine exhibe son
« cochon » plus pour soutenir sa réputation de joyeux
farceur que pour humilier un Prussien et, s'il finit par
le tuer, c'est sous l'influence du fil en dix puis de l'affo-
lement. Une fois dégrisé et rassuré, il n'aura de cesse
que de dissimuler son acte, fût-ce au prix de la vie d'un
innocent. Le père Milon tue pour venger la mort de son
fils. Mais aussi par cupidité de paysan normand : parce

que les Prussiens lui ont pris une vache, deux moutons et « pour pus de chinquante écus de fourrage ». Et encore pour une motivation plus obscure, plus inquiétante : « pour son plaisir », parce qu'il a découvert la jouissance du meurtre, le vertige du sang qui lui fait égorger avec jubilation jusqu'aux chevaux. La mère Sauvage s'accommode fort bien de voir sa ferme occupée par des soldats ennemis ; elle en tire même profit. Elle n'agit que par amour maternel, parce qu'on lui a tué son enfant (confondant d'ailleurs les gendarmes français qui ont tué le père et les Prussiens qui ont tué le fils). Sa vengeance ne vise que « les mères des quatre doux garçons » qu'elle fait brûler vifs. Chez elle, le narrateur le dit clairement (réduisant du même coup les grands mots, chers aux Déroulède de tout poil, à l'état de baudruches sans consistance), nulle « haine patriotique », nulle « ardeur belliqueuse », nul « point d'honneur excitable ». Rien d'autre que « l'héroïsme atroce [d'une] mère » désespérée. Pour elle comme pour le père Milon, une fois l'acte accompli, une fois le désir assouvi — dans une espèce de somnambulisme lucide —, il ne reste plus d'autre issue que la mort.

Plus étranges encore peut-être, dans leur apparente banalité, sont les réactions de M. Morissot, de M. Sauvage ou de M. Dubuis. Deux petits commerçants « pantouflards » qui, durant tout le siège, ne se passionnent que pour la pêche à la ligne ; un gros « marchand riche et pacifique », qui a su traverser sans dommage les « événements terribles » de la guerre. Dans le premier cas, l'étrangeté vient des silences du récit qui, à aucun moment, ne cherche à motiver réalistement, à rendre vraisemblable le silence héroïque des deux amis. Dans le second, la colère de M. Dubuis, plus qu'à un sursaut de patriotisme tardif, ressemble à une crise de folie passagère qui le laisse « épuisé », « effaré » de ce qu'il a fait, dans un état de stupeur dont le duel et la mort inattendue du Prussien ne parviennent pas à le faire sortir.

Patriotisme, héroïsme sont-ils, dans ces récits de

guerre, autre chose qu'un prétexte, un masque qui ne demande qu'à glisser ? Seules passionnent Maupassant ces forces obscures incontrôlables, qui habitent l'être humain à son insu, cette figure de *l'autre* en moi tapie, guettant l'occasion de surgir, porteuse de folie et de mort.

En cela, les « récits de guerre » de Maupassant, loin de constituer une catégorie à part (que spécifieraient une thématique imposée par un référent historique précis et les lois d'un genre tout aussi historiquement situé), ne cessent de moduler les figures obsessionnelles qui structurent l'imaginaire du romancier et participent à part entière de la fantasmatique générale de l'œuvre.

Au fond, dans toute la population romanesque des « récits de guerre » de Maupassant, si le seul militaire acceptable est un lâche, les deux seules figures de *résistants*, les deux seules qui fassent acte d'héroïsme et de patriotisme, sont peut-être les ombres falotes du curé et du sacristain anonymes de *Mademoiselle Fifi*, que la narration maintient toujours en retrait, sans jamais leur accorder la lumière du premier plan. Ni la pleine dignité de personnage romanesque.

Étranges récits de guerre, en vérité...

> « *Du jour où les peuples [...] feront justice eux-mêmes des gouvernements meurtriers ; du jour où ils refuseront de se laisser tuer sans raison ; du jour où ils se serviront, s'il le faut, de leurs armes contre ceux qui les leur ont données pour massacrer, la guerre sera morte. Et ce jour viendra* [1]. »

1. Les trois citations mises ici en exergue sont empruntées à Maupassant. La première constitue la conclusion — et la morale — de *La Folle*. Les deux autres viennent de « La Guerre », cf. Dossier, p. 243 et ss.

LE MARIAGE
DU LIEUTENANT LARÉ

Dès le début de la campagne, le lieutenant Laré prit aux Prussiens deux canons. Son général lui dit : « Merci, lieutenant », et lui donna la croix d'honneur.

Comme il était aussi prudent que brave, subtil, inventif, plein de ruses et de ressources, on lui confia une centaine d'hommes, et il organisa un service d'éclaireurs qui, dans les retraites, sauva plusieurs fois l'armée.

Mais comme une mer débordée, l'invasion entrait par toute la frontière. C'étaient de grands flots d'hommes qui arrivaient les uns après les autres, jetant autour d'eux une écume de maraudeurs. La brigade du général Carrel, séparée de sa division, reculait sans cesse, se battant chaque jour, mais se maintenait presque intacte, grâce à la vigilance et à la célérité du lieutenant Laré, qui semblait être partout en même temps, déjouait toutes les ruses de l'ennemi, trompait ses prévisions, égarait ses uhlans [1], tuait ses avant-gardes.

Un matin, le général le fit appeler.

« Lieutenant, dit-il, voici une dépêche du général de Lacère qui est perdu si nous n'arrivons pas à son

1. Soldats prussiens appartenant à la cavalerie légère et chargés de missions d'éclaireurs.

secours demain au lever du soleil. Il est à Blainville [1],
à huit lieues [2] d'ici. Vous partirez à la nuit tombante
avec trois cents hommes que vous échelonnerez tout
le long du chemin. Je vous suivrai deux heures après.
Étudiez la route avec soin ; j'ai peur de rencontrer une
division ennemie. »

Il gelait fortement depuis huit jours. À deux heures,
la neige commença de tomber ; le soir, la terre en était
couverte, et d'épais tourbillons blancs voilaient les
objets les plus proches.

À six heures le détachement se mit en route.

Deux hommes marchaient en éclaireurs, seuls, à trois
cents mètres en avant. Puis venait un peloton de dix
hommes que le lieutenant commandait lui-même. Le
reste s'avançait ensuite sur deux longues colonnes. À
trois cents mètres sur les flancs de la petite troupe, à
droite et à gauche, quelques soldats allaient deux par
deux.

La neige, qui tombait toujours, les poudrait de blanc
dans l'ombre ; elle ne fondait pas sur leurs vêtements,
de sorte que, la nuit étant obscure, ils tachaient à peine
la pâleur uniforme de la campagne.

On faisait halte de temps en temps. Alors on n'enten-
dait plus cet innommable froissement de la neige qui
tombe, plutôt sensation que bruit, murmure sinistre et
vague. Un ordre se communiquait à voix basse, et,
quand la troupe se remettait en route, elle laissait der-
rière elle une espèce de fantôme blanc debout dans la
neige. Il s'effaçait peu à peu et finissait par disparaî-
tre. C'étaient les échelons vivants qui devaient guider
l'armée.

Les éclaireurs ralentirent leur marche. Quelque chose
se dressait devant eux.

« Prenez à droite, dit le lieutenant, c'est le bois de
Ronfi ; le château se trouve plus à gauche. »

1. Petit village de Normandie, dans le canton de Buchy, à une ving-
taine de kilomètres de Rouen.
2. Ancienne mesure itinéraire ; à peu près quatre kilomètres.

Bientôt le mot : « Halte ! » circula. Le détachement s'arrêta et attendit le lieutenant qui, accompagné de dix hommes seulement, poussait une reconnaissance jusqu'au château.

Ils avançaient, rampant sous les arbres. Soudain tous demeurèrent immobiles. Un calme effrayant plana sur eux. Puis tout près, une petite voix claire, musicale et jeune traversa le silence du bois. Elle disait :

« Père, nous allons nous perdre dans la neige. Nous n'arriverons jamais à Blainville. »

Une voix plus forte répondit :

« Ne crains rien, fillette, je connais le pays comme ma poche. »

Le lieutenant dit quelques mots, et quatre hommes s'éloignèrent sans bruit, pareils à des ombres.

Soudain un cri de femme, aigu, monta dans la nuit. Deux prisonniers furent amenés : un vieillard et une enfant. Le lieutenant les interrogea, toujours à voix basse.

« Votre nom ?

— Pierre Bernard.

— Votre profession ?

— Sommelier du comte de Ronfi.

— C'est votre fille ?

— Oui.

— Que fait-elle ?

— Elle est lingère au château.

— Où allez-vous ?

— Nous nous sauvons.

— Pourquoi ?

— Douze uhlans ont passé ce soir. Ils ont fusillé trois gardes et pendu le jardinier ; moi, j'ai eu peur pour la petite.

— Où allez-vous ?

— À Blainville.

— Pourquoi ?

— Parce qu'il y a là une armée française.

— Vous connaissez le chemin ?

— Parfaitement.

— Très bien ; suivez-nous. »

On rejoignit la colonne, et la marche à travers champs recommença. Silencieux, le vieillard se tenait aux côtés du lieutenant. Sa fille marchait près de lui. Tout à coup, elle s'arrêta.

« Père, dit-elle, je suis si fatiguée que je n'irai pas plus loin. »

Et elle s'assit. Elle tremblait de froid et paraissait prête à mourir. Son père voulut la porter. Il était trop vieux et trop faible.

« Mon lieutenant, dit-il en sanglotant, nous gênerions votre marche. La France avant tout. Laissez-nous. »

L'officier avait donné un ordre. Quelques hommes étaient partis. Ils revinrent avec des branches coupées. Alors, en une minute, une litière fut faite. Le détachement tout entier les avait rejoints.

« Il y a là une femme qui meurt de froid, dit le lieutenant ; qui veut donner son manteau pour la couvrir ? »

Deux cents manteaux furent détachés.

« Qui veut la porter maintenant ? »

Tous les bras s'offrirent. La jeune fille fut enveloppée dans ces chaudes capotes de soldat, couchée doucement sur la litière, puis quatre épaules robustes l'enlevèrent ; et, comme une reine d'Orient portée par ses esclaves, elle fut placée au milieu du détachement, qui reprit sa marche plus fort, plus courageux, plus allègre, réchauffé par la présence d'une femme, cette souveraine inspiratrice qui a fait accomplir tant de progrès au vieux sang français.

Au bout d'une heure, on s'arrêta de nouveau et tout le monde se coucha dans la neige. Là-bas, au milieu de la plaine, une grande ombre noire courait. C'était comme un monstre fantastique qui s'allongeait ainsi qu'un serpent, puis, soudain, se ramassait en boule, prenait des élans vertigineux, s'arrêtait, repartait sans cesse. Des ordres murmurés circulaient parmi les hommes et, de temps en temps, un petit bruit sec et métal-

lique claquait. La forme errante se rapprocha brusquement, et l'on vit venir au grand trot, l'un derrière l'autre, douze uhlans perdus dans la nuit. Une lueur terrible leur montra soudain deux cents hommes couchés devant eux. Une détonation rapide se perdit dans le silence de la neige, et tous les douze avec leurs douze chevaux tombèrent.

On attendit longtemps. Puis on se remit en marche. Le vieillard qu'on avait trouvé servait de guide.

Enfin, une voix très lointaine cria : « Qui vive ! »

Une autre plus proche répondit un mot d'ordre.

On attendit encore, des pourparlers s'engageaient. La neige avait cessé de tomber. Un vent froid balayait les nuages, et derrière eux, plus haut, d'innombrables étoiles scintillaient. Elles pâlirent et le ciel devint rose à l'Orient.

Un officier d'état-major vint recevoir le détachement. Mais comme il demandait qui l'on portait sur cette litière, elle s'agita ; deux petites mains écartèrent les grosses capotes bleues, et rose comme l'aurore avec des yeux plus clairs que n'étaient les étoiles disparues, et un sourire illuminant comme le jour qui se levait, une mignonne figure répondit :

« C'est moi, Monsieur. »

Les soldats, fous de joie, battirent des mains et portèrent la jeune fille en triomphe jusqu'au milieu du camp qui prenait les armes. Bientôt après le général Carrel arrivait. À neuf heures, les Prussiens attaquaient. Ils battirent en retraite à midi.

Le soir, comme le lieutenant Laré, rompu de fatigue, s'endormait sur une botte de paille, on vint le chercher de la part du général. Il le trouva sous sa tente, causant avec le vieillard qu'il avait rencontré dans la nuit. Aussitôt qu'il fut entré, le général le prit par la main et s'adressant à l'inconnu :

« Mon cher comte, dit-il, voici le jeune homme dont vous me parliez tout à l'heure ; un de mes meilleurs officiers. »

Il sourit, baissa la voix et reprit :

« Le meilleur. »

Puis, se tournant vers le lieutenant abasourdi, il présenta « le comte de Ronfi-Quédissac ».

Le vieillard lui prit les deux mains.

« Mon cher lieutenant, dit-il, vous avez sauvé la vie de ma fille, je n'ai qu'un moyen de vous remercier… vous viendrez dans quelques mois me dire… si elle vous plaît… »

Un an après, jour pour jour, dans l'église Saint-Thomas-d'Aquin [1], le capitaine Laré épousait M^lle Louise-Hortense-Geneviève de Ronfi-Quédissac.

Elle apportait six cent mille francs de dot et était, disait-on, la plus jolie mariée qu'on eût encore vue cette année-là.

(25 mai 1878.) [2]

1. Église parisienne du 7^e arrondissement, fréquentée par la bonne société de l'aristocratique faubourg Saint-Germain.
2. Maupassant donnera deux autres versions de cette première anecdote de la guerre de 1870, dans *Souvenirs*, en 1882, et dans *Les Idées du colonel*, en 1884.

BOULE DE SUIF

Pendant plusieurs jours de suite des lambeaux d'armée en déroute avaient traversé la ville. Ce n'était point de la troupe, mais des hordes débandées. Les hommes avaient la barbe longue et sale, des uniformes en guenilles, et ils avançaient d'une allure molle, sans drapeau, sans régiment. Tous semblaient accablés, éreintés, incapables d'une pensée ou d'une résolution, marchant seulement par habitude, et tombant de fatigue sitôt qu'ils s'arrêtaient. On voyait surtout des mobilisés, gens pacifiques, rentiers tranquilles, pliant sous le poids du fusil ; des petits moblots [1] alertes, faciles à l'épouvante et prompts à l'enthousiasme, prêts à l'attaque comme à la fuite ; puis, au milieu d'eux, quelques culottes rouges [2], débris d'une division moulue dans une grande bataille ; des artilleurs sombres [3] alignés avec ces fantassins divers ; et, parfois, le casque brillant d'un dragon [4] au pied pesant qui suivait avec peine la marche plus légère des lignards [5].

1. Terme d'argot militaire : soldats de la garde nationale mobile. Ils ne faisaient pas partie de l'armée régulière, soit qu'ils aient tiré un « bon numéro », soit que leur fortune leur ait permis d'acheter un « remplaçant ».
2. Les soldats de l'infanterie française (jusqu'au début de la guerre de 1914) portaient un pantalon rouge (cf. Manet : *Le Fifre*).
3. L'uniforme de l'artillerie était gris.
4. Soldats de cavalerie ; ils portaient un casque de cuivre orné d'une crinière ou d'une aigrette.
5. Soldats combattant en ligne et n'appartenant pas à un corps particulier.

Des légions de francs-tireurs[1] aux appellations héroïques : « les Vengeurs de la Défaite — les Citoyens de la Tombe — les Partageurs de la Mort » — passaient à leur tour, avec des airs de bandits.

Leurs chefs, anciens commerçants en draps ou en graines, ex-marchands de suif ou de savon, guerriers de circonstance, nommés officiers pour leurs écus ou la longueur de leurs moustaches, couverts d'armes, de flanelle et de galons, parlaient d'une voix retentissante, discutaient plans de campagne, et prétendaient soutenir seuls la France agonisante sur leurs épaules de fanfarons ; mais ils redoutaient parfois leurs propres soldats, gens de sac et de corde, souvent braves à outrance, pillards et débauchés.

Les Prussiens allaient entrer dans Rouen[2], disait-on.

La garde nationale[3] qui, depuis deux mois, faisait des reconnaissances très prudentes dans les bois voisins, fusillant parfois ses propres sentinelles, et se préparant au combat quand un petit lapin remuait sous des broussailles, était rentrée dans ses foyers. Ses armes, ses uniformes, tout son attirail meurtrier, dont elle épouvantait naguère les bornes des routes nationales à trois lieues à la ronde, avaient subitement disparu.

1. Compagnies fondées en 1792 et réorganisées en 1867. Elles dépendaient de l'autorité militaire. En raison de leur origine révolutionnaire — et plus encore sans doute de leur composition essentiellement bourgeoise — elles aimaient à se parer de noms ostentatoirement belliqueux (cf. Dossier, p. 253). Elles ont joué un rôle important après le 4 septembre, en particulier pendant le siège de Paris et la Commune.

2. Au début de décembre 1870, une armée prussienne de 25 000 hommes marchait sur Rouen. Le général commandant la place avait massé ses troupes dans la région de Buchy (cf. *Le Mariage du lieutenant Laré*). Le 4 décembre, les troupes françaises en déroute refluèrent sur Rouen.

3. Milices civiles sédentaires, recrutées dans les agglomérations parmi les hommes valides de vingt-cinq à cinquante ans. Elles avaient pour mission de défendre leur ville. Ce dont, semble-t-il, malgré les espoirs de Gambetta, elles s'acquittèrent plutôt mal...

Les derniers soldats français venaient enfin de traverser la Seine pour gagner Pont-Audemer par Saint-Sever et Bourg-Achard ; et, marchant après tous, le général, désespéré, ne pouvant rien tenter avec ces loques disparates, éperdu lui-même dans la grande débâcle d'un peuple habitué à vaincre et désastreusement battu malgré sa bravoure légendaire, s'en allait à pied, entre deux officiers d'ordonnance.

Puis un calme profond, une attente épouvantée et silencieuse avaient plané sur la cité. Beaucoup de bourgeois bedonnants, émasculés par le commerce, attendaient anxieusement les vainqueurs, tremblant qu'on ne considérât comme une arme leurs broches à rôtir ou leurs grands couteaux de cuisine.

La vie semblait arrêtée, les boutiques étaient closes, la rue muette. Quelquefois un habitant, intimidé par ce silence, filait rapidement le long des murs.

L'angoisse de l'attente faisait désirer la venue de l'ennemi.

Dans l'après-midi du jour qui suivit le départ des troupes françaises, quelques uhlans, sortis on ne sait d'où, traversèrent la ville avec célérité. Puis, un peu plus tard, une masse noire descendit de la côte Sainte-Catherine [1], tandis que deux autres flots envahisseurs apparaissaient par les routes de Darnetal et de Bois-guillaume [2]. Les avant-gardes des trois corps, juste au même moment, se joignirent sur la place de l'Hôtel-de-Ville ; et, par toutes les rues voisines, l'armée allemande arrivait, déroulant ses bataillons qui faisaient sonner les pavés sous leur pas dur et rythmé.

Des commandements criés d'une voix inconnue et gutturale montaient le long des maisons qui semblaient

1. Dans *Madame Bovary*, Flaubert décrit le panorama de Rouen vu du haut de cette côte.
2. Les troupes allemandes, arrivant simultanément de Neufchâtel, de Forges-les-Eaux et de Lyons-la-Forêt, entrèrent dans Rouen (abandonné la veille par l'armée française) par trois faubourgs de la ville, Boisguillaume, Darnetal et Sainte-Catherine.

mortes et désertes, tandis que, derrière les volets fer-
més, des yeux guettaient ces hommes victorieux, maî-
tres de la cité, des fortunes et des vies, de par le « droit
de guerre ». Les habitants, dans leurs chambres assom-
bries, avaient l'affolement que donnent les cataclysmes,
les grands bouleversements meurtriers de la terre,
contre lesquels toute sagesse et toute force sont inuti-
les. Car la même sensation reparaît chaque fois que
l'ordre établi des choses est renversé, que la sécurité
n'existe plus, que tout ce que protégeaient les lois des
hommes ou celles de la nature, se trouve à la merci
d'une brutalité inconsciente et féroce. Le tremblement
de terre écrasant sous des maisons croulantes un peu-
ple entier ; le fleuve débordé qui roule les paysans noyés
avec les cadavres des bœufs et les poutres arrachées aux
toits, ou l'armée glorieuse massacrant ceux qui se défen-
dent, emmenant les autres prisonniers, pillant au nom
du Sabre et remerciant un Dieu au son du canon, sont
autant de fléaux effrayants qui déconcertent toute
croyance à la justice éternelle, toute la confiance qu'on
nous enseigne en la protection du ciel et en la raison
de l'homme.

Mais à chaque porte des petits détachements frap-
paient, puis disparaissaient dans les maisons. C'était
l'occupation après l'invasion. Le devoir commençait
pour les vaincus de se montrer gracieux envers les vain-
queurs.

Au bout de quelque temps, une fois la première ter-
reur disparue, un calme nouveau s'établit. Dans beau-
coup de familles, l'officier prussien mangeait à table.
Il était parfois bien élevé, et, par politesse, plaignait
la France, disait sa répugnance en prenant part à cette
guerre. On lui était reconnaissant de ce sentiment ; puis
on pouvait, un jour ou l'autre, avoir besoin de sa pro-
tection. En le ménageant on obtiendrait peut-être quel-
ques hommes de moins à nourrir. Et pourquoi blesser
quelqu'un dont on dépendait tout à fait ? Agir ainsi
serait moins de la bravoure que de la témérité. — Et
la témérité n'est plus un défaut des bourgeois de Rouen,

comme au temps des défenses héroïques où s'illustra leur cité. — On se disait enfin, raison suprême tirée de l'urbanité française, qu'il demeurait bien permis d'être poli dans son intérieur pourvu qu'on ne se montrât pas familier en public, avec le soldat étranger. Au-dehors on ne se connaissait plus, mais dans la maison on causait volontiers, et l'Allemand demeurait plus longtemps, chaque soir, à se chauffer au foyer commun.

La ville reprenait peu à peu de son aspect ordinaire. Les Français ne sortaient guère encore, mais les soldats prussiens grouillaient dans les rues. Du reste, les officiers de hussards [1] bleus, qui traînaient avec arrogance leurs grands outils de mort sur le pavé, ne semblaient pas avoir pour les simples citoyens énormément plus de mépris que les officiers de chasseurs, qui, l'année d'avant, buvaient aux mêmes cafés.

Il y avait cependant quelque chose dans l'air, quelque chose de subtil et d'inconnu, une atmosphère étrangère intolérable, comme une odeur répandue, l'odeur de l'invasion. Elle emplissait les demeures et les places publiques, changeait le goût des aliments, donnait l'impression d'être en voyage, très loin, chez des tribus barbares et dangereuses.

Les vainqueurs exigeaient de l'argent, beaucoup d'argent. Les habitants payaient toujours ; ils étaient riches d'ailleurs. Mais plus un négociant normand devient opulent et plus il souffre de tout sacrifice, de toute parcelle de sa fortune qu'il voit passer aux mains d'un autre.

Cependant, à deux ou trois lieues sous la ville, en suivant le cours de la rivière, vers Croisset, Dieppedalle ou Biessart [2], les mariniers et les pêcheurs ramenaient

1. Soldats de cavalerie (ici prussiens, alors que les « chasseurs » sont des Français).
2. Villages normands, à quelques kilomètres en aval de Rouen. Croisset évoque bien sûr Flaubert, « l'ermite de Croisset », comme plus loin Tôtes où, dans *Madame Bovary*, Charles installe son premier cabinet de médecin.

souvent du fond de l'eau quelque cadavre d'Allemand gonflé dans son uniforme, tué d'un coup de couteau ou de savate, la tête écrasée par une pierre, ou jeté à l'eau d'une poussée du haut d'un pont. Les vases du fleuve ensevelissaient ces vengeances obscures, sauvages et légitimes, héroïsmes inconnus, attaques muettes, plus périlleuses que les batailles au grand jour et sans le retentissement de la gloire.

Car la haine de l'Étranger arme toujours quelques Intrépides prêts à mourir pour une Idée.

Enfin, comme les envahisseurs, bien qu'assujettissant la ville à leur inflexible discipline, n'avaient accompli aucune des horreurs que la renommée leur faisait commettre tout le long de leur marche triomphale, on s'enhardit, et le besoin du négoce travailla de nouveau le cœur des commerçants du pays. Quelques-uns avaient de gros intérêts engagés au Havre que l'armée française occupait, et ils voulurent tenter de gagner ce port en allant par terre à Dieppe où ils s'embarqueraient.

On employa l'influence des officiers allemands dont on avait fait la connaissance, et une autorisation de départ fut obtenue du général en chef.

Donc, une grande diligence à quatre chevaux ayant été retenue pour ce voyage, et dix personnes s'étant fait inscrire chez le voiturier, on résolut de partir un mardi matin, avant le jour, pour éviter tout rassemblement.

Depuis quelque temps déjà la gelée avait durci la terre, et le lundi, vers trois heures, de gros nuages noirs venant du nord apportèrent la neige, qui tomba sans interruption pendant toute la soirée et toute la nuit.

À quatre heures et demie du matin, les voyageurs se réunirent dans la cour de l'Hôtel de Normandie, où l'on devait monter en voiture.

Ils étaient encore pleins de sommeil, et grelottaient de froid sous leurs couvertures. On se voyait mal dans l'obscurité, et l'entassement des lourds vêtements d'hiver faisait ressembler tous ces corps à des curés obèses avec leurs longues soutanes. Mais deux hommes se

reconnurent, un troisième les aborda, ils causèrent :
« J'emmène ma femme, dit l'un. — J'en fais autant.
— Et moi aussi. » Le premier ajouta : « Nous ne
reviendrons pas à Rouen, et si les Prussiens approchent
du Havre nous gagnerons l'Angleterre. » Tous avaient
les mêmes projets, étant de complexion semblable.

Cependant on n'attelait pas la voiture. Une petite
lanterne, que portait un valet d'écurie, sortait de temps
à autre d'une porte obscure pour disparaître immédia-
tement dans une autre. Des pieds de chevaux frappaient
la terre, amortis par le fumier des litières, et une voix
d'homme parlant aux bêtes et jurant s'entendait au
fond du bâtiment. Un léger murmure de grelots
annonça qu'on maniait les harnais ; ce murmure devint
bientôt un frémissement clair et continu, rythmé par
le mouvement de l'animal, s'arrêtant parfois, puis
reprenant dans une brusque secousse qu'accompagnait
le bruit mat d'un sabot ferré battant le sol.

La porte subitement se ferma. Tout bruit cessa. Les
bourgeois, gelés, s'étaient tus : ils demeuraient immo-
biles et roidis.

Un rideau de flocons blancs ininterrompu miroitait
sans cesse en descendant vers la terre ; il effaçait les
formes, poudrait les choses d'une mousse de glace, et
l'on n'entendait plus, dans le grand silence de la ville
calme et ensevelie sous l'hiver, que ce froissement
vague, innommable et flottant de la neige qui tombe,
plutôt sensation que bruit, entremêlement d'atomes
légers qui semblaient emplir l'espace, couvrir le monde.

L'homme reparut, avec sa lanterne, tirant au bout
d'une corde un cheval triste qui ne venait pas volon-
tiers. Il le plaça contre le timon [1], attacha les traits,
tourna longtemps autour pour assurer les harnais, car
il ne pouvait se servir que d'une main, l'autre portant

1. Pièce de bois fixée en longueur au milieu de la *volée* (pièce trans-
versale) d'une voiture et grâce à laquelle les chevaux retiennent la
voiture ou la font reculer, tandis que les *chevaux de volée* la font
avancer.

sa lumière. Comme il allait chercher la seconde bête, il remarqua tous ces voyageurs immobiles, déjà blancs de neige, et leur dit : « Pourquoi ne montez-vous pas dans la voiture ? vous serez à l'abri, au moins. »

Ils n'y avaient pas songé, sans doute, et ils se précipitèrent. Les trois hommes installèrent leurs femmes dans le fond, montèrent ensuite ; puis les autres formes indécises et voilées prirent à leur tour les dernières places sans échanger une parole.

Le plancher était couvert de paille où les pieds s'enfoncèrent. Les dames du fond, ayant apporté des petites chaufferettes en cuivre avec un charbon chimique, allumèrent ces appareils, et, pendant quelque temps, à voix basse, elles en énumérèrent les avantages, se répétant des choses qu'elles savaient déjà depuis longtemps.

Enfin, la diligence étant attelée, avec six chevaux au lieu de quatre à cause du tirage plus pénible, une voix du dehors demanda : « Tout le monde est-il monté ? » Une voix du dedans répondit : « Oui. » On partit.

La voiture avançait lentement, lentement, à tout petits pas. Les roues s'enfonçaient dans la neige ; le coffre entier geignait avec des craquements sourds ; les bêtes glissaient, soufflaient, fumaient, et le fouet gigantesque du cocher claquait sans repos, voltigeait de tous les côtés, se nouant et se déroulant comme un serpent mince, et cinglant brusquement quelque croupe rebondie qui se tendait alors sous un effort plus violent.

Mais le jour imperceptiblement grandissait. Ces flocons légers qu'un voyageur, Rouennais pur sang, avait comparés à une pluie de coton, ne tombaient plus. Une lueur sale filtrait à travers de gros nuages obscurs et lourds qui rendaient plus éclatante la blancheur de la campagne où apparaissaient tantôt une ligne de grands arbres vêtus de givre, tantôt une chaumière avec un capuchon de neige.

Dans la voiture, on se regardait curieusement, à la triste clarté de cette aurore.

Tout au fond, aux meilleures places, sommeillaient,

en face l'un de l'autre, M. et M^{me} Loiseau, des marchands de vins en gros de la rue Grand-Pont [1].

Ancien commis d'un patron ruiné dans les affaires, Loiseau avait acheté le fonds et fait fortune. Il vendait à très bon marché de très mauvais vins aux petits débitants des campagnes et passait parmi ses connaissances et ses amis pour un fripon madré, un vrai Normand plein de ruses et de jovialité.

Sa réputation de filou était si bien établie, qu'un soir, à la préfecture, M. Tournel, auteur de fables et de chansons, esprit mordant et fin, une gloire locale, avait proposé aux dames qu'il voyait un peu somnolentes de faire une partie de « Loiseau vole » ; le mot lui-même vola à travers les salons du préfet, puis, gagnant ceux de la ville, avait fait rire pendant un mois toutes les mâchoires de la province.

Loiseau était en outre célèbre par ses farces de toute nature, ses plaisanteries bonnes ou mauvaises, et personne ne pouvait parler de lui sans ajouter immédiatement : « Il est impayable, ce Loiseau. »

De taille exiguë, il présentait un ventre en ballon surmonté d'une face rougeaude entre deux favoris grisonnants.

Sa femme, grande, forte, résolue, avec la voix haute et la décision rapide, était l'ordre et l'arithmétique de la maison de commerce, qu'il animait par son activité joyeuse.

À côté d'eux se tenait, plus digne, appartenant à une caste supérieure, M. Carré-Lamadon [2], homme consi-

1. Quartier commerçant de Rouen où se trouvaient les plus riches boutiques.
2. Le modèle de ce personnage semble être un notable rouennais, Pouyer-Quertier (1820-1891), que Flaubert surnommait « l'Hercule de Martainville ». Président de la chambre de commerce de Rouen, il possédait une grosse fabrique de cotonnades. Ménageant habilement la chèvre et le chou, il avait su prendre ses distances avec le gouvernement impérial tout en bénéficiant de ses faveurs. Après 1871, il fit une brillante carrière politique (ministre des Finances, sénateur, etc.).

dérable, posé dans les cotons, propriétaire de trois fila-
tures, officier de la Légion d'honneur et membre du
Conseil général. Il était resté, tout le temps de l'Empire,
chef de l'opposition bienveillante, uniquement pour se
faire payer plus cher son ralliement à la cause qu'il com-
battait avec des armes courtoises, selon sa propre
expression. M^me Carré-Lamadon, beaucoup plus jeune
que son mari, demeurait la consolation des officiers de
bonne famille envoyés à Rouen en garnison.

Elle faisait vis-à-vis à son époux, toute petite, toute
mignonne, toute jolie, pelotonnée dans ses fourrures,
et regardait d'un œil navré l'intérieur lamentable de la
voiture.

Ses voisins, le comte et la comtesse Hubert de Bré-
ville, portaient un des noms les plus anciens et les plus
nobles de la Normandie. Le comte, vieux gentilhomme
de grande tournure, s'efforçait d'accentuer, par les arti-
fices de sa toilette, sa ressemblance naturelle avec le roy
Henri IV, qui, suivant une légende glorieuse pour la
famille, avait rendu grosse une dame de Bréville[1],
dont le mari, pour ce fait, était devenu comte et gou-
verneur de province.

Collègue de M. Carré-Lamadon au Conseil général,
le comte Hubert représentait le parti orléaniste[2] dans
le département. L'histoire de son mariage avec la fille
d'un petit armateur de Nantes était toujours demeu-
rée mystérieuse. Mais, comme la comtesse avait grand
air, recevait mieux que personne, passait même pour
avoir été aimée par un des fils de Louis-Philippe, toute
la noblesse lui faisait fête, et son salon demeurait le pre-
mier du pays, le seul où se conservât la vieille galante-
rie, et dont l'entrée fût difficile.

La fortune des Bréville, toute en biens-fonds[3],
atteignait, disait-on, cinq cent mille livres de revenu.

1. Nom fictif. Toutefois il existe un petit village de ce nom dans
la région de Granville.
2. Royalistes, partisans de la famille d'O. ⌐ns, celle de Louis-
Philippe, à la différence des légitimistes.
3. Propriétés immobilières et foncières, mai ⌐ s et terres.

Ces six personnes formaient le fond de la voiture, le côté de la société rentée, sereine et forte, des honnêtes gens autorisés qui ont de la Religion et des Principes.

Par un hasard étrange toutes les femmes se trouvaient sur le même banc ; et la comtesse avait encore pour voisines deux bonnes sœurs qui égrenaient de longs chapelets en marmottant des *Pater* et des *Ave*. L'une était vieille avec une face défoncée par la petite vérole comme si elle eût reçu à bout portant une bordée de mitraille en pleine figure. L'autre, très chétive, avait une tête jolie et maladive sur une poitrine de phtisique rongée par cette foi dévorante qui fait les martyrs et les illuminés.

En face des deux religieuses un homme et une femme attiraient les regards de tous.

L'homme, bien connu, était Cornudet le démoc [1], la terreur des gens respectables. Depuis vingt ans il trempait sa barbe rousse dans les bocks de tous les cafés démocratiques. Il avait mangé avec les frères et amis une assez belle fortune qu'il tenait de son père, ancien confiseur, et il attendait impatiemment la République pour obtenir enfin la place méritée par tant de consommations révolutionnaires. Au quatre septembre [2], par suite d'une farce peut-être, il s'était cru nommé préfet ; mais quand il voulut entrer en fonctions, les garçons de bureau, demeurés seuls maîtres de la place, refusèrent de le reconnaître, ce qui le contraignit à la retraite. Fort bon garçon du reste, inoffensif et serviable, il s'était occupé avec une ardeur incomparable d'organiser la défense. Il avait fait creuser des trous

1. Le modèle de ce personnage est Charles Cord'homme, second mari de la tante de Maupassant, riche négociant en vin rouennais. Opposant à l'Empire, libre penseur et *démoc*rate, il affichait bruyamment ses opinions dans les cafés. Flaubert le considérait comme un « communard, communiste et commun ». Maupassant l'évoque aussi dans *Mon oncle Sosthène* (1882).

2. Après l'effondrement de l'Empire (2 septembre : défaite de Sedan), le peuple de Paris proclama la République le 4 septembre 1870.

dans les plaines, coucher tous les jeunes arbres des forêts voisines, semé des pièges sur toutes les routes, et, à l'approche de l'ennemi, satisfait de ses prépara- tifs, il s'était vivement replié vers la ville. Il pensait maintenant se rendre plus utile au Havre, où de nou- veaux retranchements allaient être nécessaires.

La femme, une de celles appelées galantes, était célè- bre par son embonpoint précoce qui lui avait valu le surnom de Boule de suif [1]. Petite, ronde de partout, grasse à lard, avec des doigts bouffis, étranglés aux pha- langes, pareils à des chapelets de courtes saucisses, avec une peau luisante et tendue, une gorge énorme qui sail- lait sous sa robe, elle restait cependant appétissante et courue, tant sa fraîcheur faisait plaisir à voir. Sa figure était une pomme rouge, un bouton de pivoine prêt à fleurir, et là-dedans s'ouvraient, en haut, des yeux noirs magnifiques, ombragés de grands cils épais qui met- taient une ombre dedans ; en bas, une bouche char- mante, étroite, humide pour le baiser, meublée de quenottes luisantes et microscopiques.

Elle était de plus, disait-on, pleine de qualités inap- préciables.

Aussitôt qu'elle fut reconnue, des chuchotements coururent parmi les femmes honnêtes, et les mots de « prostituée », de « honte publique » furent chuchot- tés si haut qu'elle leva la tête. Alors elle promena sur ses voisins un regard tellement provocant et hardi qu'un grand silence aussitôt régna, et tout le monde baissa les yeux à l'exception de Loiseau, qui la guettait d'un air émoustillé.

Mais bientôt la conversation reprit entre les trois dames, que la présence de cette fille avait rendues subi- tement amies, presque intimes. Elles devaient faire, leur semblait-il, comme un faisceau de leurs dignités d'épou- ses en face de cette vendue sans vergogne ; car l'amour légal le prend toujours de haut avec son libre confrère.

1. Le modèle de ce personnage est une fille galante de Rouen, Adrienne Legay (cf. Dossier, p. 266).

Les trois hommes aussi, rapprochés par un instinct de conservateurs à l'aspect de Cornudet, parlaient argent d'un certain ton dédaigneux pour les pauvres. Le comte Hubert disait les dégâts que lui avaient fait subir les Prussiens, les pertes qui résulteraient du bétail volé et des récoltes perdues, avec une assurance de grand seigneur dix fois millionnaire que ces ravages gêneraient à peine une année. M. Carré-Lamadon, fort éprouvé dans l'industrie cotonnière, avait eu soin d'envoyer six cent mille francs en Angleterre, une poire pour la soif qu'il se ménageait à toute occasion. Quant à Loiseau, il s'était arrangé pour vendre à l'Intendance française tous les vins communs qui lui restaient en cave, de sorte que l'État lui devait une somme formidable qu'il comptait bien toucher au Havre [1].

Et tous les trois se jetaient des coups d'œil rapides et amicaux. Bien que de conditions différentes, ils se sentaient frères par l'argent, de la grande franc-maçonnerie [2] de ceux qui possèdent, qui font sonner de l'or en mettant la main dans la poche de leur culotte.

La voiture allait si lentement qu'à dix heures du matin on n'avait pas fait quatre lieues. Les hommes descendirent trois fois pour monter des côtes à pied. On commençait à s'inquiéter, car on devait déjeuner à Tôtes et l'on désespérait maintenant d'y parvenir avant la nuit. Chacun guettait pour apercevoir un cabaret sur la route, quand la diligence sombra dans un amoncellement de neige, et il fallut deux heures pour la dégager.

L'appétit grandissait, troublait les esprits, et aucune gargote, aucun marchand de vin ne se montraient,

1. Beaucoup de commerçants firent leur fortune comme « fournisseurs aux armées ». Chez Balzac, par exemple, le père Grandet s'enrichit en fournissant « aux armées un ou deux milliers de pièces de vin blanc ».
2. Employé ici au sens figuré : « sentiment de sympathie qui naît facilement entre gens de même profession, de mêmes idées » (Littré) et de même fortune...

l'approche des Prussiens et le passage des troupes fran-
çaises affamées ayant effrayé toutes les industries [1].

Les messieurs coururent aux provisions dans les fer-
mes au bord du chemin, mais ils n'y trouvèrent pas
même de pain, car le paysan, défiant, cachait ses réser-
ves dans la crainte d'être pillé par les soldats qui,
n'ayant rien à se mettre sous la dent, prenaient par force
ce qu'ils découvraient.

Vers une heure de l'après-midi, Loiseau annonça que
décidément il se sentait un rude creux dans l'estomac.
Tout le monde souffrait comme lui depuis longtemps,
et le violent besoin de manger, augmentant toujours,
avait tué les conversations.

De temps en temps, quelqu'un bâillait ; un autre
presque aussitôt l'imitait, et chacun, à tour de rôle, sui-
vant son caractère, son savoir-vivre et sa position
sociale, ouvrait la bouche avec fracas ou modestement
en portant vite sa main devant le trou béant d'où sor-
tait une vapeur.

Boule de suif, à plusieurs reprises, se pencha comme
si elle cherchait quelque chose sous ses jupons. Elle hési-
tait une seconde, regardait ses voisins, puis se redres-
sait tranquillement. Les figures étaient pâles et crispées.
Loiseau affirma qu'il payerait mille francs un jambon-
neau. Sa femme fit un geste comme pour protester, puis
elle se calma. Elle souffrait toujours en entendant parler
d'argent gaspillé, et ne comprenait même pas les plai-
santeries sur ce sujet. « Le fait est que je ne me sens
pas bien, dit le comte ; comment n'ai-je pas songé à
apporter des provisions ? » Chacun se faisait le même
reproche.

Cependant, Cornudet avait une gourde pleine de
rhum ; il en offrit : on refusa froidement. Loiseau seul
en accepta deux gouttes, et, lorsqu'il rendit la gourde,
il remercia : « C'est bon tout de même, ça réchauffe,

1. Selon Littré, « toutes les professions, mécaniques ou mercan-
tiles, tout métier que l'on exerce pour vivre ».

et ça trompe l'appétit. » L'alcool le mit en belle humeur et il proposa de faire comme sur le petit navire de la chanson : de manger le plus gras des voyageurs. Cette allusion indirecte à Boule de suif choqua les gens bien élevés. On ne répondit pas ; Cornudet seul eut un sourire. Les deux bonnes sœurs avaient cessé de marmotter leur rosaire, et, les mains enfoncées dans leurs grandes manches, elles se tenaient immobiles, baissant obstinément les yeux, offrant sans doute au ciel la souffrance qu'il leur envoyait.

Enfin, à trois heures, comme on se trouvait au milieu d'une plaine interminable, sans un seul village en vue, Boule de suif, se baissant vivement, retira de sous la banquette un large panier couvert d'une serviette blanche.

Elle en sortit d'abord une petite assiette de faïence, une fine timbale en argent, puis une vaste terrine dans laquelle deux poulets entiers, tout découpés, avaient confit sous leur gelée, et l'on apercevait encore dans le panier d'autres bonnes choses enveloppées, des pâtés, des fruits, des friandises, les provisions préparées pour un voyage de trois jours, afin de ne point toucher à la cuisine des auberges. Quatre goulots de bouteilles passaient entre les paquets de nourriture. Elle prit une aile de poulet et, délicatement, se mit à la manger avec un de ces petits pains qu'on appelle « Régence » en Normandie.

Tous les regards étaient tendus vers elle. Puis l'odeur se répandit, élargissant les narines, faisant venir aux bouches une salive abondante avec une contraction douloureuse de la mâchoire sous les oreilles. Le mépris des dames pour cette fille devenait féroce, comme une envie de la tuer ou de la jeter en bas de la voiture, dans la neige, elle, sa timbale, son panier et ses provisions.

Mais Loiseau dévorait des yeux la terrine de poulet. Il dit : « À la bonne heure, Madame a eu plus de précaution que nous. Il y a des personnes qui savent toujours penser à tout. » Elle leva la tête vers lui : « Si vous en désirez, Monsieur ? C'est dur de jeûner depuis

le matin. » Il salua : « Ma foi, franchement, je ne refuse pas, je n'en peux plus. À la guerre comme à la guerre, n'est-ce pas, Madame ? » Et, jetant un regard circulaire, il ajouta : « Dans des moments comme celui-ci, on est bien aise de trouver des gens qui vous obligent. » Il avait un journal, qu'il étendit pour ne point tacher son pantalon, et sur la pointe d'un couteau toujours logé dans sa poche, il enleva une cuisse toute vernie de gelée, la dépeça des dents, puis la mâcha avec une satisfaction si évidente qu'il y eut dans la voiture un grand soupir de détresse.

Mais Boule de suif, d'une voix humble et douce, proposa aux bonnes sœurs de partager sa collation. Elles acceptèrent toutes les deux instantanément, et, sans lever les yeux, se mirent à manger très vite après avoir balbutié des remerciements. Cornudet ne refusa pas non plus les offres de sa voisine, et l'on forma avec les religieuses une sorte de table en développant des journaux sur les genoux.

Les bouches s'ouvraient et se fermaient sans cesse, avalaient, mastiquaient, engloutissaient férocement. Loiseau, dans son coin, travaillait dur, et, à voix basse, il engageait sa femme à l'imiter. Elle résista longtemps, puis, après une crispation qui lui parcourut les entrailles, elle céda. Alors son mari, arrondissant sa phrase, demanda à leur « charmante compagne » si elle lui permettait d'offrir un petit morceau à M^{me} Loiseau. Elle dit : « Mais oui, certainement, Monsieur », avec un sourire aimable, et tendit la terrine.

Un embarras se produisit lorsqu'on eut débouché la première bouteille de bordeaux : il n'y avait qu'une timbale. On se la passa après l'avoir essuyée. Cornudet seul, par galanterie sans doute, posa ses lèvres à la place humide encore des lèvres de sa voisine.

Alors, entourés de gens qui mangeaient, suffoqués par les émanations des nourritures, le comte et la comtesse de Bréville, ainsi que M. et M^{me} Carré-Lamadon souffrirent ce supplice odieux qui a gardé le nom de

Tantale [1]. Tout d'un coup la jeune femme du manufacturier poussa un soupir qui fit retourner les têtes ; elle était aussi blanche que la neige du dehors ; ses yeux se fermèrent, son front tomba : elle avait perdu connaissance. Son mari, affolé, implorait le secours de tout le monde. Chacun perdait l'esprit, quand la plus âgée des bonnes sœurs, soutenant la tête de la malade, glissa entre ses lèvres la timbale de Boule de suif et lui fit avaler quelques gouttes de vin. La jolie dame remua, ouvrit les yeux, sourit, et déclara d'une voix mourante qu'elle se sentait fort bien maintenant. Mais, afin que cela ne se renouvelât plus, la religieuse la contraignit à boire un plein verre de bordeaux, et elle ajouta : « C'est la faim, pas autre chose. »

Alors Boule de suif, rougissante et embarrassée, balbutia en regardant les quatre voyageurs restés à jeun : « Mon Dieu, si j'osais offrir à ces messieurs et à ces dames... » Elle se tut, craignant un outrage. Loiseau prit la parole : « Eh, parbleu, dans des cas pareils tout le monde est frère et doit s'aider. Allons, Mesdames, pas de cérémonie : acceptez, que diable ! Savons-nous si nous trouverons seulement une maison où passer la nuit ? Du train dont nous allons, nous ne serons pas à Tôtes avant demain midi. » On hésitait, personne n'osant assumer la responsabilité du « oui ». Mais le comte trancha la question. Il se tourna vers la grosse fille intimidée, et, prenant son grand air de gentilhomme, il lui dit : « Nous acceptons avec reconnaissance, Madame. »

Le premier pas seul coûtait. Une fois le Rubicon [2]

1. Roi mythique de Lydie (ou de Phrygie) qui transmit les secrets de l'Olympe aux mortels. Pour sa punition (le supplice de Tantale), il fut condamné par les dieux à être plongé jusqu'au cou, pour l'éternité, dans une eau dont le niveau baissait dès qu'il tentait de boire (ou à ne pouvoir jamais atteindre une branche chargée de fruits, pourtant à portée de sa main).

2. Fleuve qui servait de frontière entre l'Italie et la Gaule Cisalpine. Il était interdit aux généraux romains de le franchir sans ordre du Sénat. César le franchit sans autorisation en 50 av. J.-C. *Franchir le Rubicon* : expression proverbiale, « prendre une décision irréversible dans une situation risquée ».

passé, on s'en donna carrément. Le panier fut vidé. Il contenait encore un pâté de foie gras, un pâté de mauviettes, un morceau de langue fumée, des poires de Crassane, un pavé de Pont-l'Évêque, des petits-fours et une tasse pleine de cornichons et d'oignons au vinaigre, Boule de suif, comme toutes les femmes, adorant les crudités.

On ne pouvait manger les provisions de cette fille sans lui parler. Donc on causa, avec réserve d'abord, puis, comme elle se tenait fort bien, on s'abandonna davantage. M^{mes} de Bréville et Carré-Lamadon, qui avaient un grand savoir-vivre, se firent gracieuses avec délicatesse. La comtesse surtout montra cette condescendance aimable des très nobles dames qu'aucun contact ne peut salir, et fut charmante. Mais la forte M^{me} Loiseau, qui avait une âme de gendarme, resta revêche, parlant peu et mangeant beaucoup.

On s'entretint de la guerre, naturellement. On raconta des faits horribles des Prussiens, des traits de bravoure des Français ; et tous ces gens qui fuyaient rendirent hommage au courage des autres. Les histoires personnelles commencèrent bientôt, et Boule de suif raconta, avec une émotion vraie, avec cette chaleur de parole qu'ont parfois les filles pour exprimer leurs emportements naturels, comment elle avait quitté Rouen : « J'ai cru d'abord que je pourrais rester, disait-elle. J'avais ma maison pleine de provisions, et j'aimais mieux nourrir quelques soldats que m'expatrier je ne sais où. Mais quand je les ai vus, ces Prussiens, ce fut plus fort que moi ! Ils m'ont tourné le sang de colère ; et j'ai pleuré de honte toute la journée. Oh ! si j'étais un homme, allez ! Je les regardais de ma fenêtre, ces gros porcs avec leur casque à pointe, et ma bonne me tenait les mains pour m'empêcher de leur jeter mon mobilier sur le dos. Puis il en est venu pour loger chez moi ; alors j'ai sauté à la gorge du premier. Ils ne sont pas plus difficiles à étrangler que d'autres ! Et je l'aurais terminé, celui-là, si l'on ne m'avait pas tirée par les cheveux. Il a fallu me cacher après ça.

Enfin, quand j'ai trouvé une occasion, je suis partie, et me voici. »

On la félicita beaucoup. Elle grandissait dans l'estime de ses compagnons qui ne s'étaient pas montrés si crânes ; et Cornudet, en l'écoutant, gardait un sourire approbateur et bienveillant d'apôtre ; de même un prêtre entend un dévot louer Dieu, car les démocrates à longue barbe ont le monopole du patriotisme comme les hommes en soutane ont celui de la religion. Il parla à son tour d'un ton doctrinaire, avec l'emphase apprise dans les proclamations qu'on collait chaque jour aux murs, et il finit par un morceau d'éloquence où il étrillait magistralement cette « crapule de Badinguet [1] ».

Mais Boule de suif aussitôt se fâcha, car elle était bonapartiste. Elle devenait plus rouge qu'une guigne et, bégayant d'indignation : « J'aurais bien voulu vous voir à sa place, vous autres. Ça aurait été du propre, ah oui ! C'est vous qui l'avez trahi, cet homme ! On n'aurait plus qu'à quitter la France si l'on était gouverné par des polissons comme vous ! » Cornudet, impassible, gardait un sourire dédaigneux et supérieur ; mais on sentait que les gros mots allaient arriver, quand le comte s'interposa et calma, non sans peine, la fille exaspérée, en proclamant avec autorité que toutes les opinions sincères étaient respectables. Cependant la comtesse et la manufacturière, qui avaient dans l'âme la haine irraisonnée des gens comme il faut pour la République, et cette instinctive tendresse que nourrissent toutes les femmes pour les gouvernements à panache et despotiques, se sentaient, malgré elles, attirées vers cette prostituée pleine de dignité, dont les sentiments ressemblaient si fort aux leurs.

Le panier était vide. À dix on l'avait tari sans peine, en regrettant qu'il ne fût pas plus grand. La conver-

1. Surnom — dépréciatif — de Napoléon III. En 1846, Louis-Napoléon Bonaparte réussit à s'évader du fort de Ham grâce au costume que lui céda un ouvrier maçon nommé Badinguet.

sation continua quelque temps, un peu refroidie néanmoins depuis qu'on avait fini de manger.

La nuit tombait, l'obscurité peu à peu devint profonde, et le froid, plus sensible pendant les digestions, faisait frissonner Boule de suif, malgré sa graisse. Alors Mme de Bréville lui proposa sa chaufferette dont le charbon depuis le matin avait été plusieurs fois renouvelé, et l'autre accepta tout de suite, car elle se sentait les pieds gelés. Mmes Carré-Lamadon et Loiseau donnèrent les leurs aux religieuses.

Le cocher avait allumé ses lanternes. Elles éclairaient d'une lueur vive un nuage de buée au-dessus de la croupe en sueur des timoniers [1], et, des deux côtés de la route, la neige qui semblait se dérouler sous le reflet mobile des lumières.

On ne distinguait plus rien dans la voiture ; mais tout à coup un mouvement se fit entre Boule de suif et Cornudet ; et Loiseau, dont l'œil fouillait l'ombre, crut voir l'homme à la grande barbe s'écarter vivement comme s'il eût reçu quelque bon coup lancé sans bruit.

Des petits points de feu parurent en avant sur la route. C'était Tôtes. On avait marché onze heures, ce qui, avec les deux heures de repos laissées en quatre fois aux chevaux pour manger l'avoine et souffler, faisait quatorze [2]. On entra dans le bourg, et devant l'Hôtel du Commerce [3] on s'arrêta.

La portière s'ouvrit. Un bruit bien connu fit tressaillir tous les voyageurs : c'étaient les heurts d'un fourreau de sabre sur le sol. Aussitôt la voix d'un Allemand cria quelque chose.

Bien que la diligence fût immobile, personne ne descendait, comme si l'on se fût attendu à être massacré à la sortie. Alors le conducteur apparut, tenant à la main une de ses lanternes ; qui éclaira subitement

1. Chevaux attelés au timon (cf. note p. 13).
2. Maupassant se trompe, apparemment, dans son calcul...
3. Dans la réalité, l'Hôtel du Cygne, à Tôtes, très ancien relais de poste.

jusqu'au fond de la voiture les deux rangs de têtes effarées, dont les bouches étaient ouvertes et les yeux écarquillés de surprise et d'épouvante.

À côté du cocher se tenait, en pleine lumière, un officier allemand, un grand jeune homme excessivement mince et blond, serré dans son uniforme comme une fille en son corset, et portant sur le côté sa casquette plate et cirée qui le faisait ressembler au chasseur d'un hôtel anglais. Sa moustache démesurée, à longs poils droits, s'amincissant indéfiniment de chaque côté et terminée par un seul fil blond si mince qu'on n'en apercevait pas la fin, semblait peser sur les coins de sa bouche, et, tirant la joue, imprimait aux lèvres un pli tombant.

Il invita en français d'Alsacien les voyageurs à sortir, disant d'un ton raide : « Foulez-vous tescentre, Messieurs et Tames ? »

Les deux bonnes sœurs obéirent les premières avec une docilité de saintes filles habituées à toutes les soumissions. Le comte et la comtesse parurent ensuite, suivis du manufacturier et de sa femme, puis de Loiseau, poussant devant lui sa grande moitié. Celui-ci, en mettant pied à terre, dit à l'officier : « Bonjour, Monsieur », par un sentiment de prudence bien plus que de politesse. L'autre, insolent comme les gens tout-puissants, le regarda sans répondre.

Boule de suif et Cornudet, bien que près de la portière, descendirent les derniers, graves et hautains devant l'ennemi. La grosse fille tâchait de se dominer et d'être calme ; le démoc tourmentait d'une main tragique et un peu tremblante sa longue barbe roussâtre. Ils voulaient garder de la dignité, comprenant qu'en ces rencontres-là chacun représente un peu son pays ; et, pareillement révoltés par la souplesse de leurs compagnons, elle tâchait de se montrer plus fière que ses voisines, les femmes honnêtes, tandis que lui, sentant bien qu'il devait l'exemple, continuait en toute son attitude sa mission de résistance commencée au défoncement des routes.

On entra dans la vaste cuisine de l'auberge, et l'Allemand, s'étant fait présenter l'autorisation de départ signée par le général en chef et où étaient mentionnés les noms, le signalement et la profession de chaque voyageur, examina longuement tout ce monde, comparant les personnes aux renseignements écrits.

Puis il dit brusquement : « C'est pien », et il disparut.

Alors on respira. On avait faim encore ; le souper fut commandé. Une demi-heure était nécessaire pour l'apprêter ; et, pendant que deux servantes avaient l'air de s'en occuper, on alla visiter les chambres. Elles se trouvaient toutes dans un long couloir que terminait une porte vitrée marquée d'un numéro parlant [1].

Enfin on allait se mettre à table, quand le patron de l'auberge parut lui-même. C'était un ancien marchand de chevaux, un gros homme asthmatique, qui avait toujours des sifflements, des enrouements, des chants de glaires dans le larynx. Son père lui avait transmis le nom de Follenvie.

Il demanda :

« Mademoiselle Élisabeth Rousset ? »

Boule de suif tressaillit, se retourna :

« C'est moi.

— Mademoiselle, l'officier prussien veut vous parler immédiatement.

— À moi ?

— Oui, si vous êtes bien mademoiselle Élisabeth Rousset. »

Elle se troubla, réfléchit une seconde, puis déclara carrément :

« C'est possible, mais je n'irai pas. »

Un mouvement se fit autour d'elle ; chacun discutait, cherchait la cause de cet ordre. Le comte s'approcha :

« Vous avez tort, Madame, car votre refus peut

1. Populairement, le numéro 100 désignait les lieux d'aisances, en vertu d'un jeu de mots homophonique facile (cent/sent).

amener des difficultés considérables, non seulement pour vous, mais même pour tous vos compagnons. Il ne faut jamais résister aux gens qui sont les plus forts. Cette démarche assurément ne peut présenter aucun danger : c'est sans doute pour quelque formalité oubliée. »

Tout le monde se joignit à lui, on la pria, on la pressa, on la sermonna, et l'on finit par la convaincre ; car tous redoutaient les complications qui pourraient résulter d'un coup de tête. Elle dit enfin :

« C'est pour vous que je le fais, bien sûr ! »

La comtesse lui prit la main :

« Et nous vous en remercions. »

Elle sortit. On l'attendit pour se mettre à table. Chacun se désolait de n'avoir pas été demandé à la place de cette fille violente et irascible, et préparait mentalement des platitudes pour le cas où on l'appellerait à son tour.

Mais au bout de dix minutes elle reparut, soufflant, rouge à suffoquer, exaspérée. Elle balbutiait : « Oh la canaille ! la canaille ! »

Tous s'empressaient pour savoir, mais elle ne dit rien ; et, comme le comte insistait, elle répondit avec une grande dignité : « Non, cela ne vous regarde pas : je ne peux pas parler. »

Alors on s'assit autour d'une soupière d'où sortait un parfum de choux. Malgré cette alerte, le souper fut gai. Le cidre était bon, le ménage Loiseau et les bonnes sœurs en prirent, par économie. Les autres demandèrent du vin ; Cornudet réclama de la bière. Il avait une façon particulière de déboucher la bouteille, de faire mousser le liquide, de le considérer en penchant le verre, qu'il élevait ensuite entre la lampe et son œil pour bien apprécier la couleur. Quand il buvait, sa grande barbe, qui avait gardé la nuance de son breuvage aimé, semblait tressaillir de tendresse ; ses yeux louchaient pour ne point perdre de vue sa chope, et il avait l'air de remplir l'unique fonction pour laquelle il était né. On eût dit qu'il établissait en son esprit un

rapprochement et comme une affinité entre les deux grandes passions qui occupaient toute sa vie : le Pale-Ale et la Révolution ; et assurément il ne pouvait déguster l'un sans songer à l'autre.

M. et M^me Follenvie dînaient tout au bout de la table. L'homme, râlant comme une locomotive crevée, avait trop de tirage dans la poitrine pour pouvoir parler en mangeant ; mais la femme ne se taisait jamais. Elle raconta toutes ses impressions à l'arrivée des Prussiens, ce qu'ils faisaient, ce qu'ils disaient, les exécrant d'abord parce qu'ils lui coûtaient de l'argent, et, ensuite, parce qu'elle avait deux fils à l'armée. Elle s'adressait surtout à la comtesse, flattée de causer avec une dame de qualité.

Puis elle baissait la voix pour dire les choses délicates, et son mari de temps en temps l'interrompait : « Tu ferais mieux de te taire, madame Follenvie. » Mais elle n'en tenait aucun compte, et continuait :

« Oui, Madame, ces gens-là, ça ne fait que manger des pommes de terre et du cochon, et puis du cochon et des pommes de terre. Et il ne faut pas croire qu'ils sont propres. Oh non ! Ils ordurent partout, sauf le respect que je vous dois. Et si vous les voyiez faire l'exercice pendant des heures et des jours ; ils sont là tous dans un champ : Et marche en avant, et marche en arrière, et tourne par-ci, et tourne par-là. S'ils cultivaient la terre au moins, ou s'ils travaillaient aux routes dans leur pays ! Mais non, Madame, ces militaires, ça n'est profitable à personne ! Faut-il que le pauvre peuple les nourrisse pour n'apprendre rien qu'à massacrer ! Je ne suis qu'une vieille femme sans éducation, c'est vrai, mais en les voyant qui s'esquintent le tempérament à piétiner du matin au soir, je me dis : Quand il y a des gens qui font tant de découvertes pour être utiles, faut-il que d'autres se donnent tant de mal pour être nuisibles ! Vraiment, n'est-ce pas une abomination de tuer des gens, qu'ils soient Prussiens, ou bien Anglais, ou bien Polonais, ou bien Français ? Si l'on se revenge sur quelqu'un qui vous a fait tort, c'est mal,

puisqu'on vous condamne ; mais quand on extermine nos garçons comme du gibier, avec des fusils, c'est donc bien, puisqu'on donne des décorations à celui qui en détruit le plus ? Non, voyez-vous, je ne comprendrai jamais cela ! »

Cornudet éleva la voix :

« La guerre est une barbarie quand on attaque un voisin paisible ; c'est un devoir sacré quand on défend la patrie. »

La vieille femme baissa la tête :

« Oui, quand on se défend, c'est autre chose ; mais si l'on ne devrait pas plutôt tuer tous les rois qui font ça pour leur plaisir ? »

L'œil de Cornudet s'enflamma :

« Bravo, citoyenne », dit-il.

M. Carré-Lamadon réfléchissait profondément. Bien qu'il fût fanatique des illustres capitaines, le bon sens de cette paysanne le faisait songer à l'opulence qu'apporteraient dans un pays tant de bras inoccupés et par conséquent ruineux, tant de forces qu'on entretient improductives, si on les employait aux grands travaux industriels qu'il faudra des siècles pour achever.

Mais Loiseau, quittant sa place, alla causer tout bas avec l'aubergiste. Le gros homme riait, toussait, crachait ; son énorme ventre sautillait de joie aux plaisanteries de son voisin, et il lui acheta six feuillettes [1] de bordeaux pour le printemps, quand les Prussiens seraient partis.

Le souper à peine achevé, comme on était brisé de fatigue, on se coucha.

Cependant Loiseau, qui avait observé les choses, fit mettre au lit son épouse, puis colla tantôt son oreille et tantôt son œil au trou de la serrure, pour tâcher de découvrir ce qu'il appelait : « les mystères du corridor ».

Au bout d'une heure environ, il entendit un frôle-

1. Tonneau de vin d'une contenance d'à peu près 135 litres.

ment, regarda bien vite, et aperçut Boule de suif qui paraissait plus replète encore sous un peignoir de cachemire bleu bordé de dentelles blanches. Elle tenait un bougeoir à la main et se dirigeait vers le gros numéro tout au fond du couloir. Mais une porte, à côté, s'entrouvrit, et, quand elle revint au bout de quelques minutes, Cornudet, en bretelles, la suivait. Ils parlaient bas, puis ils s'arrêtèrent. Boule de suif semblait défendre l'entrée de sa chambre avec énergie. Loiseau, malheureusement, n'entendait pas les paroles ; mais à la fin, comme ils élevaient la voix, il put en saisir quelques-unes. Cornudet insistait avec vivacité. Il disait :

« Voyons, vous êtes bête, qu'est-ce que ça vous fait ? »

Elle avait l'air indigné et répondit :

« Non, mon cher, il y a des moments où ces choses-là ne se font pas ; et puis, ici ce serait une honte. »

Il ne comprenait point, sans doute, et demanda pourquoi. Alors elle s'emporta, élevant encore le ton :

« Pourquoi ? Vous ne comprenez pas pourquoi ? Quand il y a des Prussiens dans la maison, dans la chambre à côté peut-être ? »

Il se tut. Cette pudeur patriotique de catin[1] qui ne se laissait point caresser près de l'ennemi dut réveiller en son cœur sa dignité défaillante, car, après l'avoir seulement embrassée, il regagna sa porte à pas de loup.

Loiseau, très allumé, quitta la serrure, battit un entrechat dans sa chambre, mit son madras[2], souleva le drap sous lequel gisait la dure carcasse de sa compagne qu'il réveilla d'un baiser en murmurant : « M'aimes-tu, chérie ? »

Alors toute la maison devint silencieuse. Mais bientôt s'éleva quelque part, dans une direction indéter-

1. « En mauvaise part et dans un langage un peu libre : femme de mauvaises mœurs » (Littré). À l'origine : diminutif de Catherine, du grec καθάιρος, « pur ». Emploi antiphrastique, donc.
2. Coiffure de nuit faite d'un mouchoir (en cotonnade indienne de Madras) noué autour de la tête.

minée qui pouvait être la cave aussi bien que le grenier, un ronflement puissant, monotone, régulier, un bruit sourd et prolongé, avec des tremblements de chaudière sous pression. M. Follenvie dormait.

Comme on avait décidé qu'on partirait à huit heures le lendemain, tout le monde se trouva dans la cuisine ; mais la voiture, dont la bâche avait un toit de neige, se dressait solitaire au milieu de la cour, sans chevaux et sans conducteur. On chercha en vain celui-ci dans les écuries, dans les fourrages, dans les remises. Alors tous les hommes se résolurent à battre le pays et ils sortirent. Ils se trouvèrent sur la place, avec l'église au fond et, des deux côtés, des maisons basses où l'on apercevait des soldats prussiens. Le premier qu'ils virent épluchait des pommes de terre. Le second, plus loin, lavait la boutique du coiffeur. Un autre, barbu jusqu'aux yeux, embrassait un mioche qui pleurait et le berçait sur ses genoux pour tâcher de l'apaiser ; et les grosses paysannes, dont les hommes étaient à « l'armée de la guerre », indiquaient par signes à leurs vainqueurs obéissants le travail qu'il fallait entreprendre : fendre du bois, tremper la soupe, moudre le café ; un d'eux même lavait le linge de son hôtesse, une aïeule tout impotente.

Le comte, étonné, interrogea le bedeau qui sortait du presbytère. Le vieux rat d'église lui répondit : « Oh ! ceux-là ne sont pas méchants : c'est pas des Prussiens, à ce qu'on dit. Ils sont de plus loin, je ne sais pas bien d'où, et ils ont tous laissé une femme et des enfants au pays ; ça ne les amuse pas, la guerre, allez ! Je suis sûr qu'on pleure bien aussi là-bas après les hommes ; et ça fournira une fameuse misère chez eux comme chez nous. Ici, encore, on n'est pas trop malheureux pour le moment, parce qu'ils ne font pas de mal et qu'ils travaillent comme s'ils étaient dans leurs maisons. Voyez-vous, Monsieur, entre pauvres gens, faut bien qu'on s'aide... C'est les grands qui font la guerre. »

Cornudet, indigné de l'entente cordiale établie entre les vainqueurs et les vaincus, se retira, préférant s'en-

fermer dans l'auberge. Loiseau eut un mot pour rire :
« Ils repeuplent. » M. Carré-Lamadon eut un mot
grave : « Ils réparent. » Mais on ne trouvait pas le
cocher. À la fin on le découvrit dans le café du village,
attablé fraternellement avec l'ordonnance de l'officier.
Le comte l'interpella :

« Ne vous avait-on pas donné l'ordre d'atteler pour
huit heures ?

— Ah bien oui, mais on m'en a donné un autre
depuis.

— Lequel ?

— De ne pas atteler du tout.

— Qui vous a donné cet ordre ?

— Ma foi ! le commandant prussien.

— Pourquoi ?

— Je n'en sais rien. Allez lui demander. On me
défend d'atteler, moi je n'attelle pas. Voilà.

— C'est lui-même qui vous a dit cela ?

— Non, Monsieur : c'est l'aubergiste qui m'a donné
l'ordre de sa part.

— Quand ça ?

— Hier soir, comme j'allais me coucher. »

Les trois hommes rentrèrent fort inquiets.

On demanda M. Follenvie, mais la servante répon-
dit que Monsieur, à cause de son asthme, ne se levait
jamais avant dix heures. Il avait même formellement
défendu de le réveiller plus tôt, excepté en cas d'in-
cendie.

On voulut voir l'officier, mais cela était impossible
absolument, bien qu'il logeât dans l'auberge. M. Fol-
lenvie seul était autorisé à lui parler pour les affaires
civiles. Alors on attendit. Les femmes remontèrent dans
leurs chambres, et des futilités les occupèrent.

Cornudet s'installa sous la haute cheminée de la cui-
sine, où flambait un grand feu. Il se fit apporter là une
des petites tables du café, une canette, et il tira sa pipe
qui jouissait parmi les démocrates d'une considération
presque égale à la sienne, comme si elle avait servi la
patrie en servant à Cornudet. C'était une superbe pipe

en écume admirablement culottée, aussi noire que les dents de son maître, mais parfumée, recourbée, luisante, familière à sa main, et complétant sa physionomie. Et il demeura immobile, les yeux tantôt fixés sur la flamme du foyer, tantôt sur la mousse qui couronnait sa chope ; et chaque fois qu'il avait bu, il passait d'un air satisfait ses longs doigts maigres dans ses longs cheveux gras, pendant qu'il humait sa moustache frangée d'écume.

Loiseau, sous prétexte de se dégourdir les jambes, alla placer du vin aux débitants du pays. Le comte et le manufacturier se mirent à causer politique. Ils prévoyaient l'avenir de la France. L'un croyait aux d'Orléans, l'autre à un sauveur inconnu, un héros qui se révélerait quand tout serait désespéré : un Du Guesclin, une Jeanne d'Arc peut-être ? ou un autre Napoléon I[er] ? Ah ! si le prince impérial[1] n'était pas si jeune ! Cornudet, les écoutant, souriait en homme qui sait le mot des destinées. Sa pipe embaumait la cuisine.

Comme dix heures sonnaient, M. Follenvie parut. On l'interrogea bien vite ; mais il ne put que répéter deux ou trois fois, sans une variante, ces paroles : « L'officier m'a dit comme ça : "Monsieur Follenvie, vous défendrez qu'on attelle demain la voiture de ces voyageurs. Je ne veux pas qu'ils partent sans mon ordre. Vous entendez. Ça suffit."

Alors on voulut voir l'officier. Le comte lui envoya sa carte, où M. Carré-Lamadon ajouta son nom et tous ses titres. Le Prussien fit répondre qu'il admettrait ces deux hommes à lui parler quand il aurait déjeuné, c'est-à-dire vers une heure.

Les dames reparurent et l'on mangea quelque peu, malgré l'inquiétude. Boule de suif semblait malade et prodigieusement troublée.

1. Eugène Louis Napoléon, fils de Napoléon III et de l'impératrice Eugénie. Né en 1856, il avait donc quatorze ans pendant la guerre de 1870, où il reçut le baptême du feu. Il fut tué au Zoulouland en 1879.

On achevait le café quand l'ordonnance vint chercher ces messieurs.

Loiseau se joignit aux deux premiers ; comme on essayait d'entraîner Cornudet pour donner plus de solennité à leur démarche, il déclara fièrement qu'il entendait n'avoir jamais aucun rapport avec les Allemands ; et il se remit dans sa cheminée, demandant une autre canette.

Les trois hommes montèrent et furent introduits dans la plus belle chambre de l'auberge, où l'officier les reçut, étendu dans un fauteuil, les pieds sur la cheminée, fumant une longue pipe de porcelaine, et enveloppé dans une robe de chambre flamboyante, dérobée sans doute dans la demeure abandonnée de quelque bourgeois de mauvais goût. Il ne se leva pas, ne les salua pas, ne les regarda pas. Il présentait un magnifique échantillon de la goujaterie [1] naturelle au militaire victorieux.

Au bout de quelques instants il dit enfin :

« Qu'est-ce que fous foulez ? »

Le comte prit la parole : « Nous désirons partir, Monsieur.

— Non.

— Oserai-je vous demander la cause de ce refus ?

— Parce que che ne feux pas.

— Je vous ferai respectueusement observer, Monsieur, que votre général en chef nous a délivré une permission de départ pour gagner Dieppe, et je ne pense pas que nous ayons rien fait pour mériter vos rigueurs.

— Che ne feux pas... foilà tout... Fous poufez tescentre. »

S'étant inclinés tous les trois, ils se retirèrent.

L'après-midi fut lamentable. On ne comprenait rien à ce caprice d'Allemand, et les idées les plus singulières troublaient les têtes. Tout le monde se tenait dans

1. Comportement de goujat. Ce mot signifiait à l'origine « valet d'armée ». Par extension : homme grossier, malhonnête.

la cuisine, et l'on discutait sans fin, imaginant des choses invraisemblables. On voulait peut-être les garder comme otages — mais dans quel but ? — ou les emmener prisonniers ? ou, plutôt, leur demander une rançon considérable ? À cette pensée une panique les affola. Les plus riches étaient les plus épouvantés, se voyant déjà contraints, pour racheter leur vie, de verser des sacs pleins d'or entre les mains de ce soldat insolent. Ils se creusaient la cervelle pour découvrir des mensonges acceptables, dissimuler leurs richesses, se faire passer pour pauvres, très pauvres. Loiseau enleva sa chaîne de montre et la cacha dans sa poche. La nuit, qui tombait, augmenta les appréhensions. La lampe fut allumée, et, comme on avait encore deux heures avant le dîner, M^me Loiseau proposa une partie de trente-et-un [1]. Ce serait une distraction. On accepta. Cornudet lui-même, ayant éteint sa pipe par politesse, y prit part.

Le comte battit les cartes — donna —, Boule de suif avait trente-et-un d'emblée ; et bientôt l'intérêt de la partie apaisa la crainte qui hantait les esprits. Mais Cornudet s'aperçut que le ménage Loiseau s'entendait pour tricher.

Comme on allait se mettre à table, M. Follenvie reparut, et de sa voix graillonnante [2] il prononça : « L'officier prussien fait demander à M^lle Élisabeth Rousset si elle n'a pas encore changé d'avis. »

Boule de suif resta debout, toute pâle ; puis, devenant subitement cramoisie, elle eut un tel étouffement de colère qu'elle ne pouvait plus parler. Enfin elle éclata : « Vous lui direz à cette crapule, à ce saligaud, à cette charogne de Prussien, que jamais je ne voudrai : vous entendez bien, jamais, jamais, jamais ! »

Le gros aubergiste sortit. Alors Boule de suif fut entourée, interrogée, sollicitée par tout le monde de

1. Jeu de cartes où il faut, pour gagner, obtenir un total de vingt et un points (par exemple : deux figures — ou deux dix — et un as).
2. Déformée, encombrée par « les excrétions de la poitrine » (Littré).

dévoiler le mystère de sa visite. Elle résista d'abord ; mais l'exaspération l'emporta bientôt : « Ce qu'il veut ?... ce qu'il veut ?... Il veut coucher avec moi ! » cria-t-elle. Personne ne se choqua du mot, tant l'indignation fut vive. Cornudet brisa sa chope en la reposant violemment sur la table. C'était une clameur de réprobation contre ce soudard ignoble, un souffle de colère, une union de tous pour la résistance, comme si l'on eût demandé à chacun une partie du sacrifice exigé d'elle. Le comte déclara avec dégoût que ces gens-là se conduisaient à la façon des anciens barbares. Les femmes surtout témoignèrent à Boule de suif une commisération énergique et caressante. Les bonnes sœurs, qui ne se montraient qu'aux repas, avaient baissé la tête et ne disaient rien.

On dîna néanmoins lorsque la première fureur fut apaisée ; mais on parla peu : on songeait.

Les dames se retirèrent de bonne heure, et les hommes, tout en fumant, organisèrent un écarté [1] auquel fut convié M. Follenvie, qu'on avait l'intention d'interroger habilement sur les moyens à employer pour vaincre la résistance de l'officier. Mais il ne songeait qu'à ses cartes, sans rien écouter, sans rien répondre ; et il répétait sans cesse : « Au jeu, Messieurs, au jeu. » Son attention était si tendue qu'il en oubliait de cracher, ce qui lui mettait parfois des points d'orgue dans la poitrine. Ses poumons sifflants donnaient toute la gamme de l'asthme, depuis les notes graves et profondes jusqu'aux enrouements aigus des jeunes coqs essayant de chanter.

Il refusa même de monter quand sa femme, qui tombait de sommeil, vint le chercher. Alors elle partit toute seule, car elle était « du matin », toujours levée avec le soleil, tandis que son homme était « du soir », toujours prêt à passer la nuit avec des amis. Il lui cria :

1. Jeu de cartes où les joueurs peuvent se débarrasser de leurs mauvaises cartes en les *écartant* et les remplacer en puisant dans le talon du jeu.

« Tu placeras mon lait de poule [1] devant le feu », et se remit à sa partie. Quand on vit bien qu'on n'en pourrait rien tirer, on déclara qu'il était temps de s'en aller, et chacun gagna son lit.

On se leva encore d'assez bonne heure le lendemain avec un espoir indéterminé, un désir plus grand de s'en aller, une terreur du jour à passer dans cette horrible petite auberge.

Hélas ! les chevaux restaient à l'écurie, le cocher demeurait invisible. On alla, par désœuvrement, tourner autour de la voiture.

Le déjeuner fut bien triste, et il s'était produit comme un refroidissement vis-à-vis de Boule de suif, car la nuit, qui porte conseil, avait un peu modifié les jugements. On en voulait presque à cette fille, maintenant, de n'avoir pas été trouver secrètement le Prussien, afin de ménager, au réveil, une bonne surprise à ses compagnons. Quoi de plus simple ? Qui l'eût su d'ailleurs ? Elle aurait pu sauver les apparences en faisant dire à l'officier qu'elle prenait en pitié leur détresse. Pour elle ça avait si peu d'importance !

Mais personne n'avouait encore ces pensées.

Dans l'après-midi, comme on s'ennuyait à périr, le comte proposa de faire une promenade aux alentours du village. Chacun s'enveloppa avec soin et la petite société partit, à l'exception de Cornudet, qui préférait rester près du feu, et des bonnes sœurs, qui passaient leurs journées dans l'église ou chez le curé.

Le froid, plus intense de jour en jour, piquait cruellement le nez et les oreilles ; les pieds devenaient si douloureux que chaque pas était une souffrance, et, lorsque la campagne se découvrit, elle leur apparut si effroyablement lugubre sous cette blancheur illimitée que tout le monde aussitôt retourna, l'âme glacée et le cœur serré.

1. Émulsion adoucissante et fortifiante préparée en battant un jaune d'œuf avec de l'eau chaude, du sucre et de l'eau de fleur d'oranger.

Les quatre femmes marchaient devant, les trois hommes suivaient, un peu derrière.

Loiseau, qui comprenait la situation, demanda tout à coup si cette « garce-là » allait les faire rester longtemps encore dans un pareil endroit. Le comte, toujours courtois, dit qu'on ne pouvait exiger d'une femme un sacrifice aussi pénible, et qu'il devait venir d'elle-même. M. Carré-Lamadon remarqua que, si les Français faisaient, comme il en était question, un retour offensif par Dieppe, la rencontre ne pourrait avoir lieu qu'à Tôtes. Cette réflexion rendit les deux autres soucieux. « Si l'on se sauvait à pied », dit Loiseau. Le comte haussa les épaules : « Y songez-vous, dans cette neige ? avec nos femmes ? Et puis nous serions tout de suite poursuivis, rattrapés en dix minutes, et ramenés prisonniers à la merci des soldats. » C'était vrai : on se tut.

Les dames parlaient toilette ; mais une certaine contrainte semblait les désunir.

Tout à coup, au bout de la rue, l'officier parut. Sur la neige qui fermait l'horizon il profilait sa grande taille de guêpe en uniforme, et marchait, les genoux écartés, de ce mouvement particulier aux militaires qui s'efforcent de ne point maculer leurs bottes soigneusement cirées.

Il s'inclina en passant près des dames, et regarda dédaigneusement les hommes, qui eurent, du reste, la dignité de ne se point découvrir, bien que Loiseau ébauchâ un geste pour retirer sa coiffure.

Boule de suif était devenue rouge jusqu'aux oreilles ; et les trois femmes mariées ressentaient une grande humiliation d'être ainsi rencontrées par ce soldat, dans la compagnie de cette fille qu'il avait si cavalièrement traitée.

Alors on parla de lui, de sa tournure, de son visage. Mme Carré-Lamadon, qui avait connu beaucoup d'officiers et qui les jugeait en connaisseur, trouvait celui-là pas mal du tout ; elle regrettait même qu'il ne fût pas français, parce qu'il ferait un fort joli

hussard, dont toutes les femmes assurément raffoleraient.

Une fois rentrés, on ne sut plus que faire. Des paroles aigres furent même échangées à propos de choses insignifiantes. Le dîner silencieux dura peu, et chacun monta se coucher, espérant dormir pour tuer le temps.

On descendit le lendemain avec des visages fatigués et des cœurs exaspérés. Les femmes parlaient à peine à Boule de suif.

Une cloche tinta. C'était pour un baptême. La grosse fille avait un enfant élevé chez des paysans d'Yvetot. Elle ne le voyait pas une fois l'an, et n'y songeait jamais ; mais la pensée de celui qu'on allait baptiser lui jeta au cœur une tendresse subite et violente pour le sien, et elle voulut absolument assister à la cérémonie.

Aussitôt qu'elle fut partie, tout le monde se regarda, puis on rapprocha les chaises, car on sentait bien qu'à la fin il fallait décider quelque chose. Loiseau eut une inspiration : il était d'avis de proposer à l'officier de garder Boule de suif toute seule, et de laisser partir les autres.

M. Follenvie se chargea encore de la commission, mais il redescendit presque aussitôt. L'Allemand, qui connaissait la nature humaine, l'avait mis à la porte. Il prétendait retenir tout le monde tant que son désir ne serait pas satisfait.

Alors le tempérament populacier de Mme Loiseau éclata : « Nous n'allons pourtant pas mourir de vieillesse ici. Puisque c'est son métier, à cette gueuse, de faire ça avec tous les hommes, je trouve qu'elle n'a pas le droit de refuser l'un plutôt que l'autre. Je vous demande un peu, ça a pris tout ce qu'elle a trouvé dans Rouen, même des cochers ! oui, Madame, le cocher de la préfecture ! Je le sais bien, moi, il achète son vin à la maison. Et aujourd'hui qu'il s'agit de nous tirer d'embarras, elle fait la mijaurée [1], cette morveuse !...

1. « Femme qui montre des prétentions par des manières affectées et ridicules » (Littré).

Moi, je trouve qu'il se conduit très bien, cet officier. Il est peut-être privé depuis longtemps ; et nous étions là trois qu'il aurait sans doute préférées. Mais non, il se contente de celle à tout le monde. Il respecte les femmes mariées. Songez donc, il est le maître. Il n'avait qu'à dire : "Je veux", et il pouvait nous prendre de force avec ses soldats. »

Les deux femmes eurent un petit frisson. Les yeux de la jolie M^{me} Carré-Lamadon brillaient, et elle était un peu pâle, comme si elle se sentait déjà prise de force par l'officier.

Les hommes, qui discutaient à l'écart, se rapprochèrent, Loiseau, furibond, voulait livrer « cette misérable » pieds et poings liés à l'ennemi. Mais le comte, issu de trois générations d'ambassadeurs, et doué d'un physique de diplomate, était partisan de l'habileté : « Il faudrait la décider », dit-il.

Alors on conspira.

Les femmes se serrèrent, le ton de la voix fut baissé, et la discussion devint générale, chacun donnant son avis. C'était fort convenable du reste. Ces dames surtout trouvaient des délicatesses de tournures, des subtilités d'expression charmantes, pour dire les choses les plus scabreuses. Un étranger n'aurait rien compris, tant les précautions du langage étaient observées. Mais la légère tranche de pudeur dont est bardée toute femme du monde ne recouvrant que la surface, elles s'épanouissaient dans cette aventure polissonne, s'amusaient follement au fond, se sentant dans leur élément, tripotant de l'amour avec la sensualité d'un cuisinier gourmand qui prépare le souper d'un autre.

La gaieté revenait d'elle-même, tant l'histoire leur semblait drôle à la fin. Le comte trouva des plaisanteries un peu risquées, mais si bien dites qu'elles faisaient sourire. À son tour, Loiseau lâcha quelques grivoiseries plus raides, dont on ne se blessa point ; et la pensée brutalement exprimée par sa femme dominait tous les esprits : « Puisque c'est son métier à cette fille,

pourquoi refuserait-elle celui-là plus qu'un autre ? »
La gentille Mᵐᵉ Carré-Lamadon semblait même penser qu'à sa place elle refuserait celui-là moins qu'un autre.

On prépara longuement le blocus, comme pour une forteresse investie. Chacun convint du rôle qu'il jouerait, des arguments dont il s'appuierait, des manœuvres qu'il devrait exécuter. On régla le plan des attaques, les ruses à employer, et les surprises de l'assaut, pour forcer cette citadelle vivante à recevoir l'ennemi dans la place.

Cornudet cependant restait à l'écart, complètement étranger à cette affaire.

Une attention si profonde tendait les esprits, qu'on n'entendit point rentrer Boule de suif. Mais le comte souffla un léger : « Chut » qui fit relever tous les yeux. Elle était là. On se tut brusquement et un certain embarras empêcha d'abord de lui parler. La comtesse, plus assouplie que les autres aux duplicités des salons, l'interrogea : « Était-ce amusant, ce baptême ? »

La grosse fille, encore émue, raconta tout, et les figures, et les attitudes, et l'aspect même de l'église. Elle ajouta : « C'est si bon de prier quelquefois. »

Cependant, jusqu'au déjeuner, ces dames se contentèrent d'être aimables avec elle, pour augmenter sa confiance et sa docilité à leurs conseils.

Aussitôt à table, on commença les approches. Ce fut d'abord une conversation vague sur le dévouement. On cita des exemples anciens : Judith et Holopherne [1], puis, sans aucune raison, Lucrèce avec Sextus [2], Cléopâtre faisant passer par sa couche tous les généraux ennemis [3], et les y réduisant à des servilités d'esclave.

1. Judith, héroïne biblique. Pour sauver la ville de Béthulie assiégée par le général Holopherne, elle accepta de séduire celui-ci. Après quoi elle lui coupa la tête...
2. Chaste héroïne romaine, violée par le roi Sextus Tarquin. Selon Tite-Live, le viol de Lucrèce entraîna la chute de la royauté.
3. Reine d'Égypte qui séduisit ses vainqueurs romains, César et Marc-Antoine.

Alors se déroula une histoire fantaisiste, éclose dans l'imagination de ces millionnaires ignorants, où les citoyennes de Rome allaient endormir, à Capoue [1], Annibal entre leurs bras, et, avec lui, ses lieutenants, et les phalanges des mercenaires. On cita toutes les femmes qui ont arrêté des conquérants, fait de leur corps un champ de bataille, un moyen de dominer, une arme, qui ont vaincu par leurs caresses héroïques des êtres hideux ou détestés, et sacrifié leur chasteté à la vengeance et au dévouement.

On parla même en termes voilés de cette Anglaise de grande famille qui s'était laissé inoculer une horrible et contagieuse maladie pour la transmettre à Bonaparte, sauvé miraculeusement par une faiblesse subite, à l'heure du rendez-vous fatal.

Et tout cela était raconté d'une façon convenable et modérée, où parfois éclatait un enthousiasme voulu propre à exciter l'émulation.

On aurait pu croire, à la fin, que le seul rôle de la femme, ici-bas, était un perpétuel sacrifice de sa personne, un abandon continu aux caprices des soldatesques.

Les deux bonnes sœurs ne semblaient point entendre, perdues en des pensées profondes. Boule de suif ne disait rien.

Pendant toute l'après-midi, on la laissa réfléchir. Mais, au lieu de l'appeler « madame », comme on avait fait jusque-là, on lui disait simplement « mademoiselle », sans que personne sût bien pourquoi, comme si l'on avait voulu la faire descendre d'un degré dans l'estime qu'elle avait escaladée, lui faire sentir sa situation honteuse.

Au moment où l'on servit le potage, M. Follenvie

1. Selon Tite-Live (XXIII, 18), Hannibal, victorieux des Romains, au lieu de marcher sur Rome, laissa son armée s'attarder dans les « délices de Capoue ». Mais l'historien romain n'attribue nullement aux « citoyennes de Rome » le rôle que, pour les besoins de leur cause, leur font jouer les passagers de la diligence...

reparut, répétant sa phrase de la veille : « L'officier prussien fait demander à M^{lle} Élisabeth Rousset si elle n'a point encore changé d'avis. »

Boule de suif répondit sèchement : « Non, Monsieur. »

Mais au dîner la coalition faiblit. Loiseau eut trois phrases malheureuses. Chacun se battait les flancs pour découvrir des exemples nouveaux et ne trouvait rien, quand la comtesse, sans préméditation peut-être, éprouvant un vague besoin de rendre hommage à la Religion, interrogea la plus âgée des bonnes sœurs sur les grands faits de la vie des saints. Or beaucoup avaient commis des actes qui seraient des crimes à nos yeux ; mais l'Église absout sans peine ces forfaits quand ils sont accomplis pour la gloire de Dieu ou pour le bien du prochain. C'était un argument puissant ; la comtesse en profita. Alors, soit par une de ces ententes tacites, de ces complaisances voilées, où excelle quiconque porte un habit ecclésiastique, soit simplement par l'effet d'une inintelligence heureuse, d'une secourable bêtise, la vieille religieuse apporta à la conspiration un formidable appui. On la croyait timide, elle se montra hardie, verbeuse, violente. Celle-là n'était pas troublée par les tâtonnements de la casuistique [1] ; sa doctrine semblait une barre de fer ; sa foi n'hésitait jamais ; sa conscience n'avait point de scrupules. Elle trouvait tout simple le sacrifice d'Abraham [2], car elle aurait immédiatement tué père et mère sur un ordre venu d'en haut ; et rien, à son avis, ne pouvait déplaire au Seigneur quand l'intention était louable. La comtesse, mettant à profit l'autorité sacrée de sa complice inattendue, lui fit faire comme une paraphrase édifiante de cet axiome de morale : « La fin justifie les moyens. »

1. « Partie de la théologie morale qui s'occupe des cas de conscience » (Littré) et, dans la pratique courante, s'en arrange au mieux...
2. Patriarche biblique qui, par obéissance à Dieu, accepta de sacrifier son fils bien-aimé, Isaac. À la dernière minute, il est vrai, celui-ci fut miraculeusement remplacé par un bélier...

Elle l'interrogeait :

« Alors, ma sœur, vous pensez que Dieu accepte toutes les voies, et pardonne le fait quand le motif est pur ?

— Qui pourrait en douter, Madame ? Une action blâmable en soi devient souvent méritoire par la pensée qui l'inspire. »

Et elles continuaient ainsi, démêlant les volontés de Dieu, prévoyant ses décisions, le faisant s'intéresser à des choses qui vraiment ne le regardaient guère.

Tout cela était enveloppé, habile, discret. Mais chaque parole de la sainte fille en cornette faisait brèche dans la résistance indignée de la courtisane. Puis, la conversation se détournant un peu, la femme aux chapelets pendants parla des maisons de son ordre, de sa supérieure, d'elle-même, et de sa mignonne voisine, la chère sœur Saint-Nicéphore. On les avait demandées au Havre pour soigner dans les hôpitaux des centaines de soldats atteints de la petite vérole. Elle les dépeignit, ces misérables, détailla leur maladie. Et tandis qu'elles étaient arrêtées en route par les caprices de ce Prussien, un grand nombre de Français pouvaient mourir qu'elles auraient sauvés peut-être ! C'était sa spécialité, à elle, de soigner les militaires ; elle avait été en Crimée, en Italie, en Autriche, et, racontant ses campagnes, elle se révéla tout à coup une de ces religieuses à tambours et à trompettes qui semblent faites pour suivre les camps, ramasser des blessés dans les remous des batailles, et, mieux qu'un chef, dompter d'un mot les grands soudards indisciplinés ; une vraie bonne sœur Ran-tan-plan, dont la figure ravagée, crevée de trous sans nombre, paraissait une image des dévastations de la guerre.

Personne ne dit rien après elle, tant l'effet semblait excellent.

Aussitôt le repas terminé on remonta bien vite dans les chambres pour ne descendre, le lendemain, qu'assez tard dans la matinée.

Le déjeuner fut tranquille. On donnait à la graine

semée la veille le temps de germer et de pousser ses fruits.

La comtesse proposa de faire une promenade dans l'après-midi : alors le comte, comme il était convenu, prit le bras de Boule de suif, et demeura derrière les autres, avec elle.

Il lui parla de ce ton familier, paternel, un peu dédaigneux, que les hommes posés emploient avec les filles, l'appelant : « ma chère enfant », la traitant du haut de sa position sociale, de son honorabilité indiscutée. Il pénétra tout de suite au vif de la question :

« Donc, vous préférez nous laisser ici, exposés comme vous-même à toutes les violences qui suivraient un échec des troupes prussiennes, plutôt que de consentir à une de ces complaisances que vous avez eues si souvent en votre vie ? »

Boule de suif ne répondit rien.

Il la prit par la douceur, par le raisonnement, par les sentiments. Il sut rester « monsieur le comte », tout en se montrant galant quand il le fallut, complimenteur, aimable enfin. Il exalta le service qu'elle leur rendrait, parla de leur reconnaissance ; puis soudain, la tutoyant gaiement : « Et tu sais, ma chère, il pourrait se vanter d'avoir goûté d'une jolie fille comme il n'en trouvera pas beaucoup dans son pays. »

Boule de suif ne répondit pas et rejoignit la société.

Aussitôt rentrée, elle monta chez elle et ne reparut plus. L'inquiétude était extrême. Qu'allait-elle faire ? Si elle résistait, quel embarras !

L'heure du dîner sonna ; on l'attendit en vain. M. Follenvie, entrant alors, annonça que Mlle Rousset se sentait indisposée, et qu'on pouvait se mettre à table. Tout le monde dressa l'oreille. Le comte s'approcha de l'aubergiste, et, tout bas : « Ça y est ? — Oui. » Par convenance, il ne dit rien à ses compagnons, mais il leur fit seulement un léger signe de la tête. Aussitôt un grand soupir de soulagement sortit de toutes les poitrines, une allégresse parut sur les visages. Loiseau cria : « Saperlipopette ! je paye du champagne si l'on en

trouve dans l'établissement » et M^me Loiseau eut une angoisse lorsque le patron revint avec quatre bouteilles aux mains. Chacun était devenu subitement communicatif et bruyant ; une joie égrillarde emplissait les cœurs. Le comte parut s'apercevoir que M^me Carré-Lamadon était charmante, le manufacturier fit des compliments à la comtesse. La conversation fut vive, enjouée, pleine de traits.

Tout à coup, Loiseau, la face anxieuse et levant les bras, hurla : « Silence ! » Tout le monde se tut, surpris, presque effrayé déjà. Alors il tendit l'oreille en faisant « Chut ! » des deux mains, leva les yeux vers le plafond, écouta de nouveau, et reprit, de sa voix naturelle : « Rassurez-vous, tout va bien. »

On hésitait à comprendre, mais bientôt un sourire passa.

Au bout d'un quart d'heure il recommença la même farce, la renouvela souvent dans la soirée ; et il faisait semblant d'interpeller quelqu'un à l'étage au-dessus, en lui donnant des conseils à double sens puisés dans son esprit de commis voyageur. Par moments il prenait un air triste pour soupirer : « Pauvre fille ! » ou bien il murmurait entre ses dents d'un air rageur : « Gueux de Prussien, va ! » Quelquefois, au moment où l'on n'y songeait plus, il poussait, d'une voix vibrante, plusieurs : « Assez ! assez ! » et ajoutait, comme se parlant à lui-même : « Pourvu que nous la revoyions ; qu'il ne l'en fasse pas mourir, le misérable ! »

Bien que ces plaisanteries fussent d'un goût déplorable, elles amusaient et ne blessaient personne, car l'indignation dépend des milieux comme le reste, et l'atmosphère qui s'était peu à peu créée autour d'eux était chargée de pensées grivoises.

Au dessert, les femmes elles-mêmes firent des allusions spirituelles et discrètes. Les regards luisaient ; on avait bu beaucoup. Le comte, qui conservait, même en ses écarts, sa grande apparence de gravité, trouva une comparaison fort goûtée sur la fin des hivernages au

Pôle et la joie des naufragés qui voient s'ouvrir une route vers le sud.

Loiseau, lancé, se leva, un verre de champagne à la main : « Je bois à notre délivrance ! » Tout le monde fut debout : on l'acclamait. Les deux bonnes sœurs, elles-mêmes, sollicitées par ces dames, consentirent à tremper leurs lèvres dans ce vin mousseux dont elles n'avaient jamais goûté. Elles déclarèrent que cela ressemblait à la limonade gazeuse, mais que c'était plus fin cependant.

Loiseau résuma la situation.

« C'est malheureux de ne pas avoir de piano parce qu'on pourrait pincer un quadrille. »

Cornudet n'avait pas dit un mot, pas fait un geste ; il paraissait même plongé dans des pensées très graves, et tirait parfois, d'un geste furieux, sa grande barbe qu'il semblait vouloir allonger encore. Enfin, vers minuit, comme on allait se séparer, Loiseau, qui titubait, lui tapa soudain sur le ventre et lui dit en bredouillant : « Vous n'êtes pas farce, vous, ce soir ; vous ne dites rien, citoyen ? » Mais Cornudet releva brusquement la tête, et, parcourant la société d'un regard luisant et terrible : « Je vous dis à tous que vous venez de faire une infamie ! » Il se leva, gagna la porte, répéta encore une fois : « Une infamie ! » et disparut.

Cela jeta un froid d'abord. Loiseau, interloqué, restait bête ; mais il reprit son aplomb, puis, tout à coup, se tordit en répétant : « Ils sont trop verts mon vieux, ils sont trop verts. » Comme on ne comprenait pas, il raconta les « mystères du corridor ». Alors il y eut une reprise de gaieté formidable. Ces dames s'amusaient comme des folles. Le comte et M. Carré-Lamadon pleuraient à force de rire. Ils ne pouvaient croire.

« Comment ! vous êtes sûr ! Il voulait...
— Je vous dis que je l'ai vu.
— Et, elle a refusé...
— Parce que le Prussien était dans la chambre à côté.
— Pas possible ?
— Je vous le jure. »

Le comte étouffait. L'industriel se comprimait le ventre à deux mains. Loiseau continuait :

« Et, vous comprenez, ce soir, il ne la trouve pas drôle, mais pas du tout. »

Et tous les trois repartaient, malades, essoufflés, toussant.

On se sépara là-dessus. Mais Mme Loiseau, qui était de la nature des orties, fit remarquer à son mari, au moment où ils se couchaient, que « cette chipie » de petite Carré-Lamadon avait ri jaune toute la soirée : « Tu sais, les femmes, quand ça en tient pour l'uniforme, qu'il soit français ou bien prussien, ça leur est, ma foi, bien égal. Si ce n'est pas une pitié, Seigneur Dieu ! »

Et toute la nuit, dans l'obscurité du corridor coururent comme des frémissements, des bruits légers, à peine sensibles, pareils à des souffles, des effleurements de pieds nus, d'imperceptibles craquements. Et l'on ne dormit que très tard, assurément, car des filets de lumière glissèrent longtemps sous les portes. Le champagne a de ces effets-là ; il trouble, dit-on, le sommeil.

Le lendemain, un clair soleil d'hiver rendait la neige éblouissante. La diligence, attelée enfin, attendait devant la porte, tandis qu'une armée de pigeons blancs, rengorgés dans leurs plumes épaisses, avec un œil rose, taché, au milieu, d'un point noir, se promenaient gravement entre les jambes des six chevaux, et cherchaient leur vie dans le crottin fumant qu'ils éparpillaient.

Le cocher, enveloppé dans sa peau de mouton, grillait une pipe sur le siège, et tous les voyageurs radieux faisaient rapidement empaqueter des provisions pour le reste du voyage.

On n'attendait plus que Boule de suif. Elle parut.

Elle semblait un peu troublée, honteuse, et elle s'avança timidement vers ses compagnons, qui, tous, d'un même mouvement, se détournèrent comme s'ils ne l'avaient pas aperçue. Le comte prit avec dignité le bras de sa femme et l'éloigna de ce contact impur.

La grosse fille s'arrêta, stupéfaite ; alors, ramassant

tout son courage, elle aborda la femme du manufactu-
rier d'un « bonjour, Madame » humblement murmuré.
L'autre fit de la tête seule un petit salut impertinent
qu'elle accompagna d'un regard de vertu outragée.
Tout le monde semblait affairé, et l'on se tenait loin
d'elle comme si elle eût apporté une infection dans ses
jupes. Puis on se précipita vers la voiture, où elle arriva
seule, la dernière, et reprit en silence la place qu'elle
avait occupée pendant la première partie de la route.

On semblait ne pas la voir, ne pas la connaître ; mais
M^{me} Loiseau, la considérant de loin avec indignation,
dit à mi-voix à son mari : « Heureusement que je ne
suis pas à côté d'elle. »

La lourde voiture s'ébranla, et le voyage recom-
mença.

On ne parla point d'abord. Boule de suif n'osait pas
lever les yeux. Elle se sentait en même temps indignée
contre tous ses voisins, et humiliée d'avoir cédé, souil-
lée par les baisers de ce Prussien entre les bras duquel
on l'avait hypocritement jetée.

Mais la comtesse, se tournant vers M^{me} Carré-
Lamadon, rompit bientôt ce pénible silence.

« Vous connaissez, je crois, M^{me} d'Étrelles ?

— Oui, c'est une de mes amies.

— Quelle charmante femme !

— Ravissante ! Une vraie nature d'élite, fort instruite
d'ailleurs, et artiste jusqu'au bout des doigts : elle
chante à ravir et dessine dans la perfection. »

Le manufacturier causait avec le comte, et au milieu
du fracas des vitres un mot parfois jaillissait : « Cou-
pon — échéance — prime — à terme. »

Loiseau, qui avait chipé le vieux jeu de cartes de
l'auberge, engraissé par cinq ans de frottement sur les
tables mal essuyées, attaqua un bésigue avec sa femme.

Les bonnes sœurs prirent à leur ceinture le long
rosaire qui pendait, firent ensemble le signe de la croix,
et tout à coup leurs lèvres se mirent à remuer vivement,
se hâtant de plus en plus, précipitant leur vague mur-

mure comme pour une course d'*oremus* [1] ; et de temps
en temps elles baisaient une médaille, se signaient de
nouveau, puis recommençaient leur marmottement
rapide et continu.

Cornudet songeait, immobile.

Au bout de trois heures de route, Loiseau ramassa
ses cartes : « Il fait faim », dit-il.

Alors sa femme atteignit un paquet ficelé d'où elle
fit sortir un morceau de veau froid. Elle le découpa pro-
prement par tranches minces et fermes, et tous deux
se mirent à manger.

« Si nous en faisions autant », dit la comtesse. On
y consentit et elle déballa les provisions préparées pour
les deux ménages. C'était, dans un de ces vases allon-
gés dont le couvercle porte un lièvre en faïence, pour
indiquer qu'un lièvre en pâté gît au-dessous, une char-
cuterie succulente, où de blanches rivières de lard tra-
versaient la chair brune du gibier, mêlée à d'autres vian-
des hachées fin. Un beau carré de gruyère, apporté dans
un journal, gardait imprimé : « faits divers » sur sa
pâte onctueuse.

Les deux bonnes sœurs développèrent un rond de
saucisson qui sentait l'ail ; et Cornudet, plongeant les
deux mains en même temps dans les vastes poches de
son paletot-sac, tira de l'une quatre œufs durs et de
l'autre le croûton de pain. Il détacha la coque, la jeta
sous ses pieds dans la paille et se mit à mordre à même
les œufs, faisant tomber sur sa vaste barbe des parcel-
les de jaune clair qui semblaient, là-dedans, des étoiles.

Boule de suif, dans la hâte et l'effarement de son
lever, n'avait pu songer à rien ; et elle regardait exas-
pérée, suffoquant de rage, tous ces gens qui mangeaient
placidement. Une colère tumultueuse la crispa d'abord,
et elle ouvrit la bouche pour leur crier leur fait avec
un flot d'injures qui lui montait aux lèvres ; mais elle
ne pouvait pas parler tant l'exaspération l'étranglait.

1. Latin : *prions*. Oraison, prière.

Personne ne la regardait, ne songeait à elle. Elle se sentait noyée dans le mépris de ces gredins honnêtes qui l'avaient sacrifiée d'abord, rejetée ensuite, comme une chose malpropre et inutile. Alors elle songea à son grand panier tout plein de bonnes choses qu'ils avaient goulûment dévorées, à ses deux poulets luisants de gelée, à ses pâtés, à ses poires, à ses quatre bouteilles de bordeaux ; et, sa fureur tombant soudain, comme une corde trop tendue qui casse, elle se sentit prête à pleurer. Elle fit des efforts terribles, se raidit, avala ses sanglots comme les enfants ; mais les pleurs montaient, luisaient au bord de ses paupières, et bientôt deux grosses larmes, se détachant des yeux, roulèrent lentement sur ses joues. D'autres les suivirent plus rapides, coulant comme les gouttes d'eau qui filtrent d'une roche, et tombant régulièrement sur la courbe rebondie de sa poitrine. Elle restait droite, le regard fixe, la face rigide et pâle, espérant qu'on ne la verrait pas.

Mais la comtesse s'en aperçut et prévint son mari d'un signe. Il haussa les épaules comme pour dire : « Que voulez-vous ? ce n'est pas ma faute. » Mme Loiseau eut un rire muet de triomphe, et murmura : « Elle pleure sa honte. »

Les deux bonnes sœurs s'étaient remises à prier, après avoir roulé dans un papier le reste de leur saucisson.

Alors Cornudet, qui digérait ses œufs, étendit ses longues jambes sous la banquette d'en face, se renversa, croisa ses bras, sourit comme un homme qui vient de trouver une bonne farce, et se mit à siffloter *la Marseillaise* [1].

Toutes les figures se rembrunirent. Le chant populaire, assurément, ne plaisait point à ses voisins. Ils devinrent nerveux, agacés, et avaient l'air prêts à

1. Le chant de marche révolutionnaire des Marseillais, interdit sous l'Empire, avait été décrété hymne national en 1879, c'est-à-dire un an avant la rédaction de la nouvelle de Maupassant.

hurler comme des chiens qui entendent un orgue de
Barbarie.

Il s'en aperçut, ne s'arrêta plus. Parfois même il fre-
donnait les paroles :

> *Amour sacré de la patrie,*
> *Conduis, soutiens, nos bras vengeurs,*
> *Liberté, liberté chérie,*
> *Combats avec tes défenseurs !*

On fuyait plus vite, la neige étant plus dure ; et
jusqu'à Dieppe, pendant les longues heures mornes du
voyage, à travers les cahots du chemin, par la nuit tom-
bante, puis dans l'obscurité profonde de la voiture, il
continua, avec une obstination féroce, son sifflement
vengeur et monotone, contraignant les esprits las et
exaspérés à suivre le chant d'un bout à l'autre, à se rap-
peler chaque parole qu'ils appliquaient sur chaque
mesure.

Et Boule de suif pleurait toujours ; et parfois un
sanglot, qu'elle n'avait pu retenir, passait entre deux
couplets, dans les ténèbres.

(16 avril 1880.)

MADEMOISELLE FIFI

Le major, commandant prussien, comte de Farls-
berg, achevait de lire son courrier, le dos au fond d'un
grand fauteuil de tapisserie et ses pieds bottés sur le
marbre élégant de la cheminée, où ses éperons, depuis
trois mois qu'il occupait le château d'Uville [1], avaient
tracé deux trous profonds, fouillés un peu plus tous les
jours.

Une tasse de café fumait sur un guéridon de mar-
queterie maculé par les liqueurs, brûlé par les cigares,
entaillé par le canif de l'officier conquérant qui, par-
fois, s'arrêtant d'aiguiser un crayon, traçait sur le meu-
ble gracieux des chiffres ou des dessins, à la fantaisie
de son rêve nonchalant.

Quand il eut achevé ses lettres et parcouru les jour-
naux allemands que son vaguemestre venait de lui
apporter, il se leva, et, après avoir jeté au feu trois ou
quatre énormes morceaux de bois vert, car ces messieurs
abattaient peu à peu le parc pour se chauffer, il s'appro-
cha de la fenêtre.

La pluie tombait à flots, une pluie normande qu'on
aurait dit jetée par une main furieuse, une pluie en biais,
épaisse comme un rideau, formant une sorte de mur

1. Nom imaginaire, comme ceux des officiers prussiens, choisis
pour leur couleur germanique. Le nom d'Urville est toutefois attesté
dans la Manche et dans le Calvados.

à raies obliques, une pluie cinglante, éclaboussante, noyant tout, une vraie pluie des environs de Rouen, ce pot de chambre de la France.

L'officier regarda longtemps les pelouses inondées, et, là-bas, l'Andelle [1] gonflée qui débordait ; et il tambourinait contre la vitre une valse du Rhin, quand un bruit le fit se retourner : c'était son second, le baron de Kelweingstein, ayant le grade équivalent à celui de capitaine.

Le major était un géant, large d'épaules, orné d'une longue barbe en éventail formant nappe sur sa poitrine ; et toute sa grande personne éveillait l'idée d'un paon militaire, un paon qui aurait porté sa queue déployée à son menton. Il avait des yeux bleus, froids et doux, une joue fendue d'un coup de sabre dans la guerre d'Autriche [2] ; et on le disait brave homme autant que brave officier.

Le capitaine, un petit rougeaud à gros ventre, sanglé de force, portait presque ras son poil ardent, dont les fils de feu auraient fait croire, quand ils se trouvaient sous certains reflets, sa figure frottée de phosphore. Deux dents perdues dans une nuit de noce, sans qu'il se rappelât au juste comment, lui faisaient cracher des paroles épaisses qu'on n'entendait pas toujours ; et il était chauve du sommet du crâne seulement, tonsuré comme un moine, avec une toison de petits cheveux frisés, dorés et luisants, autour de ce cerceau de chair nue.

Le commandant lui serra la main, et il avala d'un trait sa tasse de café (la sixième depuis le matin), en écoutant le rapport de son subordonné sur les incidents survenus dans le service ; puis tous deux se rapprochèrent de la fenêtre en déclarant que ce n'était pas gai. Le major, homme tranquille, marié chez lui, s'accom-

1. Rivière de Normandie qui prend sa source près de Forges-les-Eaux.
2. La victoire prussienne de Sadowa mit fin en 1866 à la guerre qui opposait l'Autriche et la Prusse.

modait de tout ; mais le baron capitaine, viveur tenace, coureur de bouges, forcené trousseur de filles, rageait d'être enfermé depuis trois mois dans la chasteté obligatoire de ce poste perdu.

Comme on grattait à la porte, le commandant cria d'ouvrir, et un homme, un de leurs soldats automates, apparut dans l'ouverture, disant par sa seule présence que le déjeuner était prêt.

Dans la salle ils trouvèrent les trois officiers de moindre grade : un lieutenant, Otto de Grossling ; deux sous-lieutenants, Fritz Scheunaubourg et le marquis Wilhem d'Eyrik, un tout petit blondin fier et brutal avec les hommes, dur aux vaincus, et violent comme une arme à feu.

Depuis son entrée en France, ses camarades ne l'appelaient plus que M^{lle} Fifi. Ce surnom lui venait de sa tournure coquette, de sa taille fine qu'on aurait dit tenue en un corset, de sa figure pâle où sa naissante moustache apparaissait à peine, et aussi de l'habitude qu'il avait prise, pour exprimer son souverain mépris des êtres et des choses, d'employer à tout moment la locution française *fi, fi donc,* qu'il prononçait avec un léger sifflement.

La salle à manger du château d'Uville était une longue et royale pièce dont les glaces de cristal ancien, étoilées de balles, et les hautes tapisseries des Flandres, tailladées à coups de sabre et pendantes par endroits, disaient les occupations de M^{lle} Fifi, en ses heures de désœuvrement.

Sur les murs, trois portraits de famille, un guerrier vêtu de fer, un cardinal et un président, fumaient de longues pipes de porcelaine, tandis qu'en son cadre dédoré par les ans, une noble dame à poitrine serrée montrait d'un air arrogant une énorme paire de moustaches faites au charbon.

Et le déjeuner des officiers s'écoula presque en silence dans cette pièce mutilée, assombrie par l'ivresse, attristante par son aspect vaincu, et dont le vieux parquet de chêne était devenu sordide comme un sol de cabaret.

À l'heure du tabac, quand ils commencèrent à boire, ayant fini de manger, ils se mirent, de même que chaque jour, à parler de leur ennui. Les bouteilles de cognac et de liqueurs passaient de main en main ; et tous, renversés sur leurs chaises, absorbaient à petits coups répétés, en gardant au coin de la bouche le long tuyau courbé que terminait l'œuf de faïence, toujours peinturluré comme pour séduire des Hottentots [1].

Dès que leur verre était vide, ils le remplissaient avec un geste de lassitude résignée. Mais M[lle] Fifi cassait à tout moment le sien, et un soldat immédiatement lui en présentait un autre.

Un brouillard de fumée âcre les noyait, et ils semblaient s'enfoncer dans une ivresse endormie et triste, dans cette saoulerie morne des gens qui n'ont rien à faire.

Mais le baron, soudain, se redressa. Une révolte le secouait ; il jura : « Nom de Dieu, ça ne peut pas durer, il faut inventer quelque chose à la fin. »

Ensemble le lieutenant Otto et le sous-lieutenant Fritz, deux Allemands doués éminemment de physionomies allemandes lourdes et graves, répondirent : « Quoi, mon capitaine ? »

Il réfléchit quelques secondes, puis reprit : « Quoi ? Eh bien, il faut organiser une fête, si le commandant le permet. »

Le major quitta sa pipe : « Quelle fête, capitaine ? »

Le baron s'approcha : « Je me charge de tout, mon commandant. J'enverrai à Rouen *Le Devoir*, qui nous ramènera des dames ; je sais où les prendre. On préparera ici un souper ; rien ne manque d'ailleurs, et, au moins, nous passerons une bonne soirée. »

Le comte de Farlsberg haussa les épaules en souriant : « Vous êtes fou, mon ami. »

Mais tous les officiers s'étaient levés, entouraient

1. Population de pasteurs nomades de l'Afrique du Sud-Ouest. Le goût des peuples dits primitifs pour les bariolages de couleurs vives est un lieu commun fort répandu...

leur chef, le suppliaient : « Laissez faire le capitaine, mon commandant, c'est si triste ici. »

À la fin le major céda : « Soit », dit-il ; et aussitôt le baron fit appeler *Le Devoir*. C'était un vieux sous-officier qu'on n'avait jamais vu rire, mais qui accomplissait fanatiquement tous les ordres de ses chefs, quels qu'ils fussent.

Debout, avec sa figure impassible, il reçut les instructions du baron ; puis il sortit ; et cinq minutes plus tard, une grande voiture du train militaire, couverte d'une bâche de meunier tendue en dôme, détalait sous la pluie acharnée, au galop de quatre chevaux.

Aussitôt un frisson de réveil sembla courir dans les esprits ; les poses alanguies se redressèrent, les visages s'animèrent et on se mit à causer.

Bien que l'averse continuât avec autant de furie, le major affirma qu'il faisait moins sombre, et le lieutenant Otto annonçait avec conviction que le ciel allait s'éclaircir. Mlle Fifi elle-même ne semblait pas tenir en place. Elle se levait, se rasseyait. Son œil clair et dur cherchait quelque chose à briser. Soudain, fixant la dame aux moustaches, le jeune blondin tira son revolver.

« Tu ne verras pas cela, toi », dit-il ; et, sans quitter son siège, il visa. Deux balles successivement crevèrent les deux yeux du portrait.

Puis il s'écria : « Faisons la mine ! » Et brusquement les conversations s'interrompirent, comme si un intérêt puissant et nouveau se fût emparé de tout le monde.

La mine, c'était son invention, sa manière de détruire, son amusement préféré.

En quittant son château, le propriétaire légitime, le comte Fernand d'Amoys d'Uville, n'avait eu le temps de rien emporter ni de rien cacher, sauf l'argenterie enfouie dans le trou d'un mur. Or, comme il était fort riche et magnifique, son grand salon, dont la porte ouvrait dans la salle à manger, présentait, avant la fuite précipitée du maître, l'aspect d'une galerie de musée.

Aux murailles pendaient des toiles, des dessins et

des aquarelles de prix, tandis que sur les meubles, les étagères, et dans les vitrines élégantes, mille bibelots, des potiches, des statuettes, des bonshommes de Saxe et des magots [1] de Chine, des ivoires anciens et des verres de Venise, peuplaient le vaste appartement de leur foule précieuse et bizarre.

Il n'en restait guère maintenant. Non qu'on les eût pillés, le major comte de Farlsberg ne l'aurait point permis ; mais Mlle Fifi, de temps en temps, faisait la *mine* ; et tous les officiers, ce jour-là, s'amusaient vraiment pendant cinq minutes.

Le petit marquis alla chercher dans le salon ce qu'il lui fallait. Il rapporta une toute mignonne théière de Chine famille rose qu'il emplit de poudre à canon, et, par le bec, il introduisit délicatement un long morceau d'amadou, l'alluma, et courut reporter cette machine infernale dans l'appartement voisin.

Puis il revint bien vite, en fermant la porte. Tous les Allemands attendaient, debout, avec la figure souriante d'une curiosité enfantine ; et, dès que l'explosion eut secoué le château, ils se précipitèrent ensemble.

Mlle Fifi, entrée la première, battait des mains avec délire devant une Vénus de terre cuite dont la tête avait enfin sauté ; et chacun ramassa des morceaux de porcelaine, s'étonnant aux dentelures étranges des éclats, examinant les dégâts nouveaux, contestant certains ravages comme produits par l'explosion précédente ; et le major considérait d'un air paternel le vaste salon bouleversé par cette mitraille à la Néron [2] et sablé de débris d'objets d'art. Il en sortit le premier, en déclarant avec bonhomie : « Ça a bien réussi, cette fois. »

Mais une telle trombe de fumée était entrée dans la salle à manger, se mêlant à celle du tabac, qu'on ne pouvait plus respirer. Le commandant ouvrit la fenêtre,

1. Figurine d'Extrême-Orient en pierre (jade) ou porcelaine.
2. Empereur romain (de 54 à 68, date de sa mort), sanguinaire et déséquilibré, qui prenait plaisir à détruire ceux et ce qui l'entouraient. Il fut accusé d'avoir lui-même incendié Rome.

et tous les officiers, revenus pour boire un dernier verre de cognac, s'en approchèrent.

L'air humide s'engouffra dans la pièce, apportant une sorte de poussière d'eau qui poudrait les barbes et une odeur d'inondation. Ils regardaient les grands arbres accablés sous l'averse, la large vallée embrumée par ce dégorgement des nuages sombres et bas, et tout au loin le clocher de l'église dressé comme une pointe grise dans la pluie battante.

Depuis leur arrivée, il n'avait plus sonné. C'était, du reste, la seule résistance que les envahisseurs eussent rencontrée aux environs : celle du clocher. Le curé ne s'était nullement refusé à recevoir et à nourrir les soldats prussiens ; il avait même plusieurs fois accepté de boire une bouteille de bière ou de bordeaux avec le commandant ennemi, qui l'employait souvent comme intermédiaire bienveillant ; mais il ne fallait pas lui demander un seul tintement de sa cloche ; il se serait plutôt laissé fusiller. C'était sa manière à lui de protester contre l'invasion, protestation pacifique, protestation du silence, la seule, disait-il, qui convînt au prêtre, homme de douceur et non de sang ; et tout le monde, à dix lieues à la ronde, vantait la fermeté, l'héroïsme de l'abbé Chantavoine, qui osait affirmer le deuil public, le proclamer, par le mutisme obstiné de son église.

Le village entier, enthousiasmé par cette résistance, était prêt à soutenir jusqu'au bout son pasteur, à tout braver, considérant cette protestation tacite comme la sauvegarde de l'honneur national. Il semblait aux paysans qu'ils avaient ainsi mieux mérité de la patrie que Belfort et que Strasbourg[1], qu'ils avaient donné un

1. Strasbourg résista courageusement aux Prussiens pendant presque deux mois (9 août-28 septembre). Il fallut trente-neuf jours de bombardements intensifs pour que la ville accepte de se rendre. Sous la conduite du général Denfert-Rochereau, Belfort tint bon de novembre 1870 à février 1871. Pour commémorer cette résistance héroïque, on venait, en 1880, d'inaugurer le *Lion de Belfort*, œuvre du sculpteur Bartholdi.

exemple équivalent, que le nom du hameau en devien-
drait immortel ; et, hormis cela, ils ne refusaient rien
aux Prussiens vainqueurs.

Le commandant et ses officiers riaient ensemble de
ce courage inoffensif ; et comme le pays entier se mon-
trait obligeant et souple à leur égard, ils toléraient
volontiers son patriotisme muet.

Seul, le petit marquis Wilhem aurait bien voulu for-
cer la cloche à sonner. Il enrageait de la condescendance
politique de son supérieur pour le prêtre : et chaque
jour il suppliait le commandant de le laisser faire
« Ding-don-don », une fois, une seule petite fois pour
rire un peu seulement. Et il demandait cela avec des
grâces de chatte, des cajoleries de femme, des douceurs
de voix d'une maîtresse affolée par une envie ; mais
le commandant ne cédait point, et Mlle Fifi, pour se
consoler, faisait la *mine* dans le château d'Uville.

Les cinq hommes restèrent là, en tas, quelques minu-
tes, aspirant l'humidité. Le lieutenant Fritz, enfin,
prononça en jetant un rire pâteux : « Ces temoiselles
técitément n'auront pas peau temps pour leur brome-
nate. »

Là-dessus, on se sépara, chacun allant à son service,
et le capitaine ayant fort à faire pour les préparatifs
du dîner.

Quand ils se retrouvèrent de nouveau à la nuit tom-
bante, ils se mirent à rire en se voyant tous coquets et
reluisants comme aux jours de grande revue, pomma-
dés, parfumés, tout frais. Les cheveux du commandant
semblaient moins gris que le matin ; et le capitaine
s'était rasé, ne gardant que sa moustache, qui lui met-
tait une flamme sous le nez.

Malgré la pluie, on laissait la fenêtre ouverte ; et l'un
d'eux parfois allait écouter. À six heures dix minutes,
le baron signala un lointain roulement. Tous se préci-
pitèrent ; et bientôt la grande voiture accourut, avec
ses quatre chevaux toujours au galop, crottés jusqu'au
dos, fumants et soufflants.

Et cinq femmes descendirent sur le perron, cinq belles

filles choisies avec soin par un camarade du capitaine à qui *Le Devoir* était allé porter une carte de son officier.

Elles ne s'étaient point fait prier, sûres d'être bien payées, connaissant d'ailleurs les Prussiens, depuis trois mois qu'elles en tâtaient, et prenant leur parti des hommes comme des choses. « C'est le métier qui veut ça », se disaient-elles en route, pour répondre sans doute à quelque picotement secret d'un reste de conscience.

Et tout de suite on entra dans la salle à manger. Illuminée, elle semblait plus lugubre encore en son délabrement piteux ; et la table couverte de viandes, de vaisselle riche et d'argenterie retrouvée dans le mur où l'avait cachée le propriétaire, donnait à ce lieu l'aspect d'une taverne de bandits qui soupent après un pillage. Le capitaine, radieux, s'empara des femmes comme d'une chose familière, les appréciant, les embrassant, les flairant, les évaluant à leur valeur de filles à plaisir ; et comme les trois jeunes voulaient en prendre chacun une, il s'y opposa avec autorité, se réservant de faire le partage en toute justice, suivant les grades, pour ne blesser en rien la hiérarchie.

Alors, afin d'éviter toute discussion, toute contestation et tout soupçon de partialité, il les aligna par rang de taille, et s'adressant à la plus grande, avec le ton du commandement : « Ton nom ? »

Elle répondit en grossissant sa voix : « Paméla. »

Alors il proclama : « Numéro un, la nommée Paméla, adjugée au commandant. »

Ayant ensuite embrassé Blondine, la seconde, en signe de propriété, il offrit au lieutenant Otto la grosse Amanda, Éva *la Tomate* au sous-lieutenant Fritz, et la plus petite de toutes, Rachel, une brune toute jeune, à l'œil noir comme une tache d'encre, une juive dont le nez retroussé confirmait la règle qui donne des becs courbes à toute sa race, au plus jeune des officiers, au frêle marquis Wilhem d'Eyrik.

Toutes, d'ailleurs, étaient jolies et grasses, sans physionomies bien distinctes, faites à peu près pareilles

de tournure et de peau par les pratiques d'amour quotidiennes et la vie commune des maisons publiques.

Les trois jeunes gens prétendaient tout de suite entraîner leurs femmes, sous prétexte de leur offrir des brosses et du savon pour se nettoyer ; mais le capitaine s'y opposa sagement, affirmant qu'elles étaient assez propres pour se mettre à table et que ceux qui monteraient voudraient changer en descendant et troubleraient les autres couples. Son expérience l'emporta. Il y eut seulement beaucoup de baisers, des baisers d'attente.

Soudain, Rachel suffoqua, toussant aux larmes et rendant de la fumée par les narines. Le marquis, sous prétexte de l'embrasser, venait de lui souffler un jet de tabac dans la bouche. Elle ne se fâcha point, ne dit pas un mot, mais elle regarda fixement son possesseur avec une colère éveillée tout au fond de son œil noir.

On s'assit. Le commandant lui-même semblait enchanté ; il prit à sa droite Paméla, Blondine à sa gauche et déclara, dépliant sa serviette : « Vous avez eu là une charmante idée, capitaine. »

Les lieutenants Otto et Fritz, polis comme auprès de femmes du monde, intimidaient un peu leurs voisines ; mais le baron de Kelweingstein, lâché dans son vice, rayonnait, lançait des mots grivois, semblait en feu avec sa couronne de cheveux rouges. Il galantisait en français du Rhin ; et ses compliments de taverne, expectorés par le trou des deux dents brisées, arrivaient aux filles au milieu d'une mitraille de salive.

Elles ne comprenaient rien, du reste ; et leur intelligence ne sembla s'éveiller que lorsqu'il cracha des paroles obscènes, des expressions crues, estropiées par son accent. Alors toutes, ensemble, elles commencèrent à rire comme des folles, tombant sur le ventre de leurs voisins, répétant les termes que le baron se mit alors à défigurer à plaisir pour leur faire dire des ordures. Elles en vomissaient à volonté, saoules aux premières bouteilles de vin ; et, redevenant elles, ouvrant la porte aux habitudes, elles embrassaient les moustaches

de droite et celles de gauche, pinçaient les bras, poussaient des cris furieux, buvaient dans tous les verres, chantaient des couplets français et des bouts de chansons allemandes appris dans leurs rapports quotidiens avec l'ennemi.

Bientôt les hommes eux-mêmes, grisés par cette chair de femme étalée sous leur nez et sous leurs mains, s'affolèrent, hurlant, brisant la vaisselle, tandis que, derrière leur dos, des soldats impassibles les servaient.

Le commandant seul gardait de la retenue.

Mlle Fifi avait pris Rachel sur ses genoux, et, s'animant à froid, tantôt il embrassait follement les frisons d'ébène de son cou, humant par le mince intervalle entre la robe et la peau la douce chaleur de son corps et tout le fumet [1] de sa personne ; tantôt à travers l'étoffe, il la pinçait avec fureur, la faisant crier, saisi d'une férocité rageuse, travaillé par son besoin de ravage. Souvent aussi, la tenant à pleins bras, l'étreignant comme pour la mêler à lui, il appuyait longuement ses lèvres sur la bouche fraîche de la juive, la baisait à perdre haleine ; mais soudain il la mordit si profondément qu'une traînée de sang descendit sur le menton de la jeune femme et coula dans son corsage.

Encore une fois, elle le regarda bien en face, et, lavant la plaie, murmura : « Ça se paye, cela. » Il se mit à rire, d'un rire dur. « Je payerai », dit-il.

On arrivait au dessert ; on versait du champagne. Le commandant se leva, et du même ton qu'il aurait pris pour porter la santé de l'impératrice Augusta [2], il but : « À nos dames ! » Et une série de toasts commença, des toasts d'une galanterie de soudards et de pochards, mêlés de plaisanteries obscènes, rendues plus brutales encore par l'ignorance de la langue.

Ils se levaient l'un après l'autre, cherchant de l'esprit,

1. Terme de chasse : émanation qui se dégage du corps des animaux.
2. Épouse de Frédéric-Guillaume, roi de Prusse, qui devint empereur d'Allemagne sous le nom de Guillaume Ier.

s'efforçant d'être drôles ; et les femmes, ivres à tomber, les yeux vagues, les lèvres pâteuses, applaudissaient chaque fois éperdument.

Le capitaine, voulant sans doute rendre à l'orgie un air galant, leva encore une fois son verre, et prononça : « À nos victoires sur les cœurs ! »

Alors le lieutenant Otto, espèce d'ours de la Forêt-Noire, se dressa, enflammé, saturé de boissons. Et envahi brusquement de patriotisme alcoolique, il cria : « À nos victoires sur la France ! »

Toutes grises qu'elles étaient, les femmes se turent ; et Rachel, frissonnante, se retourna : « Tu sais, j'en connais des Français, devant qui tu ne dirais pas ça. »

Mais le petit marquis, la tenant toujours sur ses genoux, se mit à rire, rendu très gai par le vin : « Ah ! ah ! ah ! je n'en ai jamais vu, moi. Sitôt que nous paraissons, ils foutent le camp ! »

La fille, exaspérée, lui cria dans la figure : « Tu mens, salop ! »

Durant une seconde, il fixa sur elle ses yeux clairs, comme il les fixait sur les tableaux dont il crevait la toile à coups de revolver, puis il se mit à rire : « Ah ! oui, parlons-en, la belle ! serions-nous ici, s'ils étaient braves ! » Et il s'animait : « Nous sommes leurs maîtres ! à nous la France ! »

Elle quitta ses genoux d'une secousse et retomba sur sa chaise. Il se leva, tendit son verre jusqu'au milieu de la table et répéta : « À nous la France et les Français, les bois, les champs et les maisons de France ! »

Les autres, tout à fait saouls, secoués soudain par un enthousiasme militaire, un enthousiasme de brutes, saisirent leurs verres en vociférant : « Vive la Prusse ! » et les vidèrent d'un seul trait.

Les filles ne protestaient point, réduites au silence et prises de peur. Rachel elle-même se taisait, impuissante à répondre.

Alors, le petit marquis posa sur la tête de la juive sa coupe de champagne emplie à nouveau : « À nous aussi, cria-t-il, toutes les femmes de France ! »

Elle se leva si vite, que le cristal, culbuté, vida, comme pour un baptême, le vin jaune dans ses cheveux noirs, et il tomba, se brisant à terre. Les lèvres tremblantes, elle bravait du regard l'officier qui riait toujours, et elle balbutia, d'une voix étranglée de colère : « Ça, ça, ça n'est pas vrai, par exemple, vous n'aurez pas les femmes de France. »

Il s'assit pour rire à son aise, et, cherchant l'accent parisien : « Elle est pien ponne, pien ponne, qu'est-ce alors que tu viens faire ici, pétite ? »

Interdite, elle se tut d'abord, comprenant mal dans son trouble, puis, dès qu'elle eut bien saisi ce qu'il disait, elle lui jeta, indignée et véhémente : « Moi ! moi ! Je ne suis pas une femme, moi, je suis une putain ; c'est bien tout ce qu'il faut à des Prussiens. »

Elle n'avait point fini qu'il la giflait à toute volée ; mais comme il levait encore une fois la main, affolée de rage, elle saisit sur la table un petit couteau de dessert à lame d'argent, et si brusquement, qu'on ne vit rien d'abord, elle le lui piqua droit dans le cou, juste au creux où la poitrine commence.

Un mot qu'il prononçait fut coupé dans sa gorge ; et il resta béant, avec un regard effroyable.

Tous poussèrent un rugissement, et se levèrent en tumulte ; mais ayant jeté sa chaise dans les jambes du lieutenant Otto, qui s'écroula tout au long, elle courut à la fenêtre, l'ouvrit avant qu'on eût pu l'atteindre, et s'élança dans la nuit, sous la pluie qui tombait toujours.

En deux minutes, M^lle Fifi fut morte. Alors Fritz et Otto dégainèrent et voulurent massacrer les femmes, qui se traînaient à leurs genoux. Le major, non sans peine, empêcha cette boucherie, fit enfermer dans une chambre, sous la garde de deux hommes, les quatre filles éperdues ; puis comme s'il eût disposé ses soldats pour un combat, il organisa la poursuite de la fugitive, bien certain de la reprendre.

Cinquante hommes, fouettés de menaces, furent lancés dans le parc. Deux cents autres fouillèrent les bois et toutes les maisons de la vallée.

La table, desservie en un instant, servait maintenant de lit mortuaire, et les quatre officiers, rigides, dégrisés, avec la face dure des hommes de guerre en fonctions, restaient debout près des fenêtres, sondaient la nuit.

L'averse torrentielle continuait. Un clapotis continu emplissait les ténèbres, un flottant murmure d'eau qui tombe et d'eau qui coule, d'eau qui dégoutte et d'eau qui rejaillit.

Soudain, un coup de feu retentit, puis un autre très loin ; et, pendant quatre heures, on entendit ainsi de temps en temps des détonations proches ou lointaines et des cris de ralliement, des mots étranges lancés comme appel par des voix gutturales.

Au matin, tout le monde rentra. Deux soldats avaient été tués, et trois autres blessés par leurs camarades dans l'ardeur de la chasse et l'effarement de cette poursuite nocturne.

On n'avait pas retrouvé Rachel.

Alors les habitants furent terrorisés, les demeures bouleversées, toute la contrée parcourue, battue, retournée. La juive ne semblait pas avoir laissé une seule trace de son passage.

Le général, prévenu, ordonna d'étouffer l'affaire, pour ne point donner de mauvais exemples dans l'armée, et il frappa d'une peine disciplinaire le commandant, qui punit ses inférieurs. Le général avait dit : « On ne fait pas la guerre pour s'amuser et caresser des filles publiques. » Et le comte de Farlsberg, exaspéré, résolut de se venger sur le pays.

Comme il lui fallait un prétexte afin de sévir sans contrainte, il fit venir le curé et lui ordonna de sonner la cloche à l'enterrement du marquis d'Eyrik.

Contre toute attente, le prêtre se montra docile, humble, plein d'égards. Et quand le corps de M^{lle} Fifi, porté par des soldats, précédé, entouré, suivi de soldats qui marchaient le fusil chargé, quitta le château d'Uville, allant au cimetière, pour la première fois la

cloche tinta son glas funèbre avec une allure allègre, comme si une main amie l'eût caressée.

Elle sonna le soir encore, et le lendemain aussi, et tous les jours ; elle carillonna tant qu'on voulut. Parfois même, la nuit, elle se mettait toute seule en branle, et jetait doucement deux ou trois sons dans l'ombre, prise de gaietés singulières, réveillée on ne sait pourquoi. Tous les paysans du lieu la dirent alors ensorcelée ; et personne, sauf le curé et le sacristain, n'approchait plus du clocher.

C'est qu'une pauvre fille vivait là-haut, dans l'angoisse et la solitude, nourrie en cachette par ces deux hommes.

Elle y resta jusqu'au départ des troupes allemandes. Puis, un soir, le curé, ayant emprunté le char à bancs du boulanger, conduisit lui-même sa prisonnière jusqu'à la porte de Rouen. Arrivé là, le prêtre l'embrassa ; elle descendit et regagna vivement à pied le logis public, dont la patronne la croyait morte.

Elle en fut tirée quelque temps après par un patriote sans préjugés qui l'aima pour sa belle action, puis l'ayant ensuite chérie pour elle-même, l'épousa, en fit une Dame qui valut autant que beaucoup d'autres.

(23 mars 1882.)

LA FOLLE

À Robert de Bonnières[1].

Tenez, dit M. Mathieu d'Endolin, les bécasses me rappellent une bien sinistre anecdote de la guerre.

Vous connaissez ma propriété dans le faubourg de Cormeil[2]. Je l'habitais au moment de l'arrivée des Prussiens.

J'avais alors pour voisine une espèce de folle, dont l'esprit s'était égaré sous les coups du malheur. Jadis, à l'âge de vingt-cinq ans, elle avait perdu, en un seul mois, son père, son mari et son enfant nouveau-né.

Quand la mort est entrée une fois dans une maison, elle y revient presque toujours immédiatement, comme si elle connaissait la porte.

La pauvre jeune femme, foudroyée par le chagrin, prit le lit, délira pendant six semaines. Puis, une sorte de lassitude calme succédant à cette crise violente, elle resta sans mouvement, mangeant à peine, remuant seulement les yeux. Chaque fois qu'on voulait la faire lever, elle criait comme si on l'eût tuée. On la laissa donc toujours couchée, ne la tirant de ses draps que

1. Robert de Bonnières de Wierre (1850-1905), chroniqueur au *Figaro,* au *Gaulois,* au *Gil Blas,* avait publié en 1881 un recueil de récits en vers, *Les Contes des fées.*
2. Il existe, près de Pont-Audemer, un village du nom de Cormeilles.

pour les soins de sa toilette et pour retourner ses matelas.

Une vieille bonne restait près d'elle, la faisant boire de temps en temps ou mâcher un peu de viande froide. Que se passait-il dans cette âme désespérée ? On ne le sut jamais ; car elle ne parla plus. Songeait-elle aux morts ? Rêvassait-elle tristement sans souvenir précis ? Ou bien sa pensée anéantie restait-elle immobile comme de l'eau sans courant ?

Pendant quinze années, elle demeura ainsi fermée et inerte.

La guerre vint ; et, dans les premiers jours de décembre, les Prussiens pénétrèrent à Cormeil.

Je me rappelle cela comme d'hier. Il gelait à fendre les pierres ; et j'étais étendu moi-même dans un fauteuil, immobilisé par la goutte [1], quand j'entendis le battement lourd et rythmé de leurs pas. De ma fenêtre, je les vis passer.

Ils défilaient interminablement, tous pareils, avec ce mouvement de pantins qui leur est particulier. Puis les chefs distribuèrent leurs hommes aux habitants. J'en eus dix-sept. La voisine, la folle, en avait douze, dont un commandant, vrai soudard, violent, bourru.

Pendant les premiers jours tout se passa normalement. On avait dit à l'officier d'à côté que la dame était malade ; et il ne s'en inquiéta guère. Mais bientôt cette femme qu'on ne voyait jamais l'irrita. Il s'informa de la maladie ; on répondit que son hôtesse était couchée depuis quinze ans par suite d'un violent chagrin. Il n'en crut rien sans doute, et s'imagina que la pauvre insensée ne quittait pas son lit par fierté, pour ne pas voir les Prussiens, et ne leur point parler, et ne les point frôler.

Il exigea qu'elle le reçût ; on le fit entrer dans sa chambre. Il demanda, d'un ton brusque :

1. Maladie des articulations due aux excès de nourriture et de boisson.

« Je vous prierai, Matame, de fous lever et de tes-centre pour qu'on fous foie. »

Elle tourna vers lui ses yeux vagues, ses yeux vides, et ne répondit pas.

Il reprit :

« Che ne tolérerai bas d'insolence. Si fous ne fous levez bas de ponne volonté, che trouverai pien un moyen de fous faire promener toute seule. »

Elle ne fit pas un geste, toujours immobile comme si elle ne l'eût pas vu.

Il rageait, prenant ce silence calme pour une marque de mépris suprême. Et il ajouta :

« Si vous n'êtes pas tescentue temain... »

Puis, il sortit.

Le lendemain, la vieille bonne, éperdue, la voulut habiller ; mais la folle se mit à hurler en se débattant. L'officier monta bien vite ; et la servante, se jetant à ses genoux, cria :

« Elle ne veut pas, Monsieur, elle ne veut pas. Pardonnez-lui ; elle est si malheureuse. »

Le soldat restait embarrassé, n'osant, malgré sa colère, la faire tirer du lit par ses hommes. Mais soudain il se mit à rire et donna des ordres en allemand.

Et bientôt on vit sortir un détachement qui soutenait un matelas comme on porte un blessé. Dans ce lit qu'on n'avait point défait, la folle, toujours silencieuse, restait tranquille, indifférente aux événements, tant qu'on la laissait couchée. Un homme par-derrière portait un paquet de vêtements féminins.

Et l'officier prononça en se frottant les mains :

« Nous ferrons pien si vous ne poufez bas vous hapiller toute seule et faire une bétite bromenate. »

Puis on vit s'éloigner le cortège dans la direction de la forêt d'Imauville [1].

Deux heures plus tard les soldats revinrent tout seuls.

1. Entre Bolbec et Fécamp. Le frère de Maupassant, Hervé, était né au château de Grainville-Ymauville.

On ne revit plus la folle. Qu'en avaient-ils fait ? Où l'avaient-ils portée ! On ne le sut jamais.

La neige tombait maintenant jour et nuit, ensevelissant la plaine et les bois sous un linceul de mousse glacée. Les loups venaient hurler jusqu'à nos portes.

La pensée de cette femme perdue me hantait ; et je fis plusieurs démarches auprès de l'autorité prussienne, afin d'obtenir des renseignements. Je faillis être fusillé.

Le printemps revint. L'armée d'occupation s'éloigna. La maison de ma voisine restait fermée ; l'herbe drue poussait dans les allées.

La vieille bonne était morte pendant l'hiver. Personne ne s'occupait plus de cette aventure ; moi seul y songeais sans cesse.

Qu'avaient-ils fait de cette femme ? s'était-elle enfuie à travers les bois ! L'avait-on recueillie quelque part, et gardée dans un hôpital sans pouvoir obtenir d'elle aucun renseignement. Rien ne venait alléger mes doutes ; mais, peu à peu, le temps apaisa le souci de mon cœur.

Or à l'automne suivant, les bécasses passèrent en masse ; et, comme ma goutte me laissait un peu de répit, je me traînai jusqu'à la forêt. J'avais déjà tué quatre ou cinq oiseaux à long bec, quand j'en abattis un qui disparut dans un fossé plein de branches. Je fus obligé d'y descendre pour y ramasser ma bête. Je la trouvai tombée auprès d'une tête de mort. Et brusquement le souvenir de la folle m'arriva dans la poitrine comme un coup de poing. Bien d'autres avaient expiré dans ces bois peut-être en cette année sinistre ; mais je ne sais pourquoi, j'étais sûr, sûr, vous dis-je, que je rencontrais la tête de cette misérable maniaque.

Et soudain je compris, je devinai tout. Ils l'avaient abandonnée sur ce matelas, dans la forêt froide et déserte ; et, fidèle à son idée fixe, elle s'était laissée mourir sous l'épais et léger duvet des neiges et sans remuer le bras ou la jambe.

Puis les loups l'avaient dévorée.

Et les oiseaux avaient fait leur nid avec la laine de son lit déchiré.

J'ai gardé ce triste ossement. Et je fais des vœux pour que nos fils ne voient plus jamais de guerre.

(5 décembre 1882.)

DEUX AMIS

Paris était bloqué, affamé et râlant[1]. Les moineaux se faisaient bien rares sur les toits, et les égouts se dépeuplaient. On mangeait n'importe quoi[2].

Comme il se promenait tristement par un clair matin de janvier le long du boulevard extérieur, les mains dans les poches de sa culotte d'uniforme[3] et le ventre vide, M. Morissot, horloger de son état et pantouflard par occasion, s'arrêta net devant un confrère qu'il reconnut pour un ami. C'était M. Sauvage, une connaissance du bord de l'eau.

Chaque dimanche, avant la guerre, Morissot partait dès l'aurore, une canne en bambou d'une main, une boîte en fer-blanc sur le dos. Il prenait le chemin de fer d'Argenteuil, descendait à Colombes, puis gagnait à pied l'île Marante. À peine arrivé en ce lieu de ses rêves, il se mettait à pêcher ; il pêchait jusqu'à la nuit.

Chaque dimanche, il rencontrait là un petit homme replet et jovial, M. Sauvage, mercier, rue Notre-Dame-de-Lorette, autre pêcheur fanatique. Ils passaient souvent une demi-journée côte à côte, la ligne à la main

1. Cette première phrase est en fait un alexandrin.
2. Cf. Hugo : *L'Année terrible* (1872) : « On mangeait du cheval, du rat, de l'ours, de l'âne. »
3. M. Morissot faisait apparemment partie de la garde nationale (cf. *Boule de suif*, note 3, p. 28).

et les pieds ballants au-dessus du courant ; et ils s'étaient pris d'amitié l'un pour l'autre.

En certains jours, ils ne parlaient pas. Quelquefois ils causaient ; mais ils s'entendaient admirablement sans rien dire, ayant des goûts semblables et des sensations identiques.

Au printemps, le matin, vers dix heures, quand le soleil rajeuni faisait flotter sur le fleuve tranquille cette petite buée qui coule avec l'eau, et versait dans le dos des deux enragés pêcheurs une bonne chaleur de saison nouvelle, Morissot parfois disait à son voisin : « Hein ! quelle douceur ! » et M. Sauvage répondait : « Je ne connais rien de meilleur. » Et cela leur suffisait pour se comprendre et s'estimer.

À l'automne, vers la fin du jour, quand le ciel, ensanglanté par le soleil couchant, jetait dans l'eau des figures de nuages écarlates, empourprait le fleuve entier, enflammait l'horizon, faisait rouges comme du feu les deux amis, et dorait les arbres roussis déjà, frémissants d'un frisson d'hiver, M. Sauvage regardait en souriant Morissot et prononçait : « Quel spectacle ! » Et Morissot émerveillé répondait, sans quitter des yeux son flotteur : « Cela vaut mieux que le boulevard, hein ? »

Dès qu'ils se furent reconnus, ils se serrèrent les mains énergiquement, tout émus de se retrouver en des circonstances si différentes. M. Sauvage, poussant un soupir, murmura : « En voilà des événements ! » Morissot, très morne, gémit : « Et quel temps ! C'est aujourd'hui le premier beau jour de l'année. »

Le ciel était, en effet, tout bleu et plein de lumière.

Ils se mirent à marcher côte à côte, rêveurs et tristes. Morissot reprit : « Et la pêche ? hein ! quel bon souvenir ! »

M. Sauvage demanda : « Quand y retournerons-nous ? »

Ils entrèrent dans un petit café et burent ensemble une absinthe ; puis ils se remirent à se promener sur les trottoirs.

Morissot s'arrêta soudain : « Une seconde verte [1], hein ? » M. Sauvage y consentit : « À votre disposition. » Et ils pénétrèrent chez un autre marchand de vins.

Ils étaient fort étourdis en sortant, troublés comme des gens à jeun dont le ventre est plein d'alcool. Il faisait doux. Une brise caressante leur chatouillait le visage.

M. Sauvage, que l'air tiède achevait de griser, s'arrêta : « Si on y allait ?

— Où ça ?

— À la pêche, donc.

— Mais où ?

— Mais à notre île. Les avant-postes français sont auprès de Colombes. Je connais le colonel Dumoulin ; on nous laissera passer facilement. »

Morissot frémit de désir : « C'est dit. J'en suis. » Et ils se séparèrent pour prendre leurs instruments.

Une heure après, ils marchaient côte à côte sur la grand'route. Puis ils gagnèrent la villa qu'occupait le colonel. Il sourit de leur demande et consentit à leur fantaisie. Ils se remirent en marche, munis d'un laissez-passer.

Bientôt ils franchirent les avant-postes, traversèrent Colombes abandonné, et se trouvèrent au bord des petits champs de vigne qui descendent vers la Seine. Il était environ onze heures.

En face, le village d'Argenteuil semblait mort. Les hauteurs d'Orgemont et de Sannois dominaient tout le pays. La grande plaine qui va jusqu'à Nanterre était vide, toute vide, avec ses cerisiers nus et ses terres grises.

M. Sauvage, montrant du doigt les sommets, murmura : « Les Prussiens sont là-haut ! » Et une inquiétude paralysait les deux amis devant ce pays désert.

« Les Prussiens ! » Ils n'en avaient jamais aperçu, mais ils les sentaient là depuis des mois, autour de

1. Terme populaire : absinthe.

Paris, ruinant la France, pillant, massacrant, affamant, invisibles et tout-puissants. Et une sorte de terreur superstitieuse s'ajoutait à la haine qu'ils avaient pour ce peuple inconnu et victorieux.

Morissot balbutia : « Hein ! si nous allions en rencontrer ? »

M. Sauvage répondit, avec cette gouaillerie parisienne reparaissant malgré tout :

« Nous leur offririons une friture. »

Mais ils hésitaient à s'aventurer dans la campagne, intimidés par le silence de tout l'horizon.

À la fin, M. Sauvage se décida : « Allons, en route ! mais avec précaution. » Et ils descendirent dans un champ de vigne, courbés en deux, rampant, profitant des buissons pour se couvrir, l'œil inquiet, l'oreille tendue.

Une bande de terre nue restait à traverser pour gagner le bord du fleuve. Ils se mirent à courir ; et dès qu'ils eurent atteint la berge, ils se blottirent dans les roseaux secs.

Morissot colla sa joue par terre pour écouter si on ne marchait pas dans les environs. Il n'entendit rien. Ils étaient bien seuls, tout seuls.

Ils se rassurèrent et se mirent à pêcher.

En face d'eux, l'île Marante abandonnée les cachait à l'autre berge. La petite maison du restaurant était close, semblait délaissée depuis des années.

M. Sauvage prit le premier goujon. Morissot attrapa le second, et d'instant en instant ils levaient leurs lignes avec une petite bête argentée frétillant au bout du fil : une vraie pêche miraculeuse.

Ils introduisaient délicatement les poissons dans une poche de filet à mailles très serrées, qui trempait à leurs pieds. Et une joie délicieuse les pénétrait, cette joie qui vous saisit quand on retrouve un plaisir aimé dont on est privé depuis longtemps.

Le bon soleil leur coulait sa chaleur entre les épaules ; ils n'écoutaient plus rien ; ils ne pensaient plus à rien ; ils ignoraient le reste du monde ; ils pêchaient.

Mais soudain un bruit sourd qui semblait venir de sous terre fit trembler le sol. Le canon se remettait à tonner.

Morissot tourna la tête, et par-dessus la berge il aperçut, là-bas, sur la gauche, la grande silhouette du Mont-Valérien [1], qui portait au front une aigrette blanche, une buée de poudre qu'il venait de cracher.

Et aussitôt un second jet de fumée partit du sommet de la forteresse ; et quelques instants après une nouvelle détonation gronda.

Puis d'autres suivirent, et de moment en moment, la montagne jetait son haleine de mort, soufflait ses vapeurs laiteuses qui s'élevaient lentement dans le ciel calme, faisaient un nuage au-dessus d'elle.

M. Sauvage haussa les épaules : « Voilà qu'ils recommencent », dit-il.

Morissot, qui regardait anxieusement plonger coup sur coup la plume de son flotteur, fut pris soudain d'une colère d'homme paisible contre ces enragés qui se battaient ainsi, et il grommela : « Faut-il être stupide pour se tuer comme ça ! »

M. Sauvage reprit : « C'est pis que des bêtes. »

Et Morissot, qui venait de saisir une ablette, déclara : « Et dire que ce sera toujours ainsi tant qu'il y aura des gouvernements. »

M. Sauvage l'arrêta : « La République n'aurait pas déclaré la guerre... »

Morissot l'interrompit : « Avec les rois on a la guerre au-dehors ; avec la République on a la guerre au-dedans. »

Et tranquillement ils se mirent à discuter, débrouillant les grands problèmes politiques avec une raison saine d'hommes doux et bornés, tombant d'accord sur ce point, qu'on ne serait jamais libres. Et le Mont-Valérien tonnait sans repos, démolissant à coups de

1. Sur cette colline (à l'ouest de Paris, sur la rive gauche de la Seine) se trouvait un fort qui joua un rôle très important pendant le siège de Paris.

boulet des maisons françaises, broyant des vies, écrasant des êtres, mettant fin à bien des rêves, à bien des joies attendues, à bien des bonheurs espérés, ouvrant en des cœurs de femmes, en des cœurs de filles, en des cœurs de mères, là-bas, en d'autres pays, des souffrances qui ne finiraient plus.

« C'est la vie », déclara M. Sauvage.

« Dites plutôt que c'est la mort », reprit en riant Morissot.

Mais ils tressaillirent effarés, sentant bien qu'on venait de marcher derrière eux ; et ayant tourné les yeux, ils aperçurent, debout contre leurs épaules, quatre hommes, quatre grands hommes armés et barbus, vêtus comme des domestiques en livrée et coiffés de casquettes plates, les tenant en joue au bout de leurs fusils.

Les deux lignes s'échappèrent de leurs mains et se mirent à descendre la rivière.

En quelques secondes, ils furent saisis, attachés, emportés, jetés dans une barque et passés dans l'île.

Et derrière la maison qu'ils avaient crue abandonnée, ils aperçurent une vingtaine de soldats allemands.

Une sorte de géant velu, qui fumait, à cheval sur une chaise, une grande pipe de porcelaine, leur demanda, en excellent français : « Eh bien, Messieurs, avez-vous fait bonne pêche ? »

Alors un soldat déposa aux pieds de l'officier le filet plein de poissons, qu'il avait eu soin d'emporter. Le Prussien sourit : « Eh ! eh ! je vois que ça n'allait pas mal. Mais il s'agit d'autre chose. Écoutez-moi et ne vous troublez pas.

« Pour moi, vous êtes deux espions envoyés pour me guetter. Je vous prends et je vous fusille. Vous faisiez semblant de pêcher, afin de mieux dissimuler vos projets. Vous êtes tombés entre mes mains, tant pis pour vous ; c'est la guerre.

« Mais comme vous êtes sortis par les avant-postes, vous avez assurément un mot d'ordre pour rentrer. Donnez-moi ce mot d'ordre et je vous fais grâce. »

Les deux amis, livides, côte à côte, les mains agitées d'un léger tremblement nerveux, se taisaient.

L'officier reprit : « Personne ne le saura jamais, vous rentrerez paisiblement. Le secret disparaîtra avec vous. Si vous refusez, c'est la mort, et tout de suite. Choisissez. »

Ils demeuraient immobiles sans ouvrir la bouche.

Le Prussien, toujours calme, reprit en étendant la main vers la rivière : « Songez que dans cinq minutes vous serez au fond de cette eau. Dans cinq minutes ! Vous devez avoir des parents ? »

Le Mont-Valérien tonnait toujours.

Les deux pêcheurs restaient debout et silencieux. L'Allemand donna des ordres dans sa langue. Puis il changea sa chaise de place pour ne pas se trouver trop près des prisonniers ; et douze hommes vinrent se placer à vingt pas, le fusil au pied.

L'officier reprit : « Je vous donne une minute, pas deux secondes de plus. »

Puis il se leva brusquement, s'approcha des deux Français, prit Morissot sous le bras, l'entraîna plus loin, lui dit à voix basse : « Vite, ce mot d'ordre ? Votre camarade ne saura rien, j'aurai l'air de m'attendrir. »

Morissot ne répondit rien.

Le Prussien entraîna alors M. Sauvage et lui posa la même question.

M. Sauvage ne répondit pas.

Ils se retrouvèrent côte à côte.

Et l'officier se mit à commander. Les soldats élevèrent leurs armes.

Alors le regard de Morissot tomba par hasard sur le filet plein de goujons, resté dans l'herbe, à quelques pas de lui.

Un rayon de soleil faisait briller le tas de poissons qui s'agitaient encore. Et une défaillance l'envahit. Malgré ses efforts, ses yeux s'emplirent de larmes.

Il balbutia : « Adieu, monsieur Sauvage. »

M. Sauvage répondit : « Adieu, monsieur Morissot. »

Ils se serrèrent la main, secoués des pieds à la tête par d'invincibles tremblements.

L'officier cria : « Feu ! »

Les douze coups n'en firent qu'un.

M. Sauvage tomba d'un bloc sur le nez. Morissot, plus grand, oscilla, pivota et s'abattit en travers sur son camarade, le visage au ciel, tandis que des bouillons de sang s'échappaient de sa tunique crevée à la poitrine.

L'Allemand donna de nouveaux ordres.

Ses hommes se dispersèrent, puis revinrent avec des cordes et des pierres qu'ils attachèrent aux pieds des deux morts ; puis ils les portèrent sur la berge.

Le Mont-Valérien ne cessait pas de gronder, coiffé maintenant d'une montagne de fumée.

Deux soldats prirent Morissot par la tête et par les jambes ; deux autres saisirent M. Sauvage de la même façon. Les corps, un instant balancés avec force, furent lancés au loin, décrivirent une courbe, puis plongèrent, debout, dans le fleuve, les pierres entraînant les pieds d'abord.

L'eau rejaillit, bouillonna, frissonna, puis se calma, tandis que de toutes petites vagues s'en venaient jusqu'aux rives.

Un peu de sang flottait.

L'officier, toujours serein, dit à mi-voix : « C'est le tour des poissons maintenant. »

Puis il revint vers la maison.

Et soudain il aperçut le filet aux goujons dans l'herbe. Il le ramassa, l'examina, sourit, cria : « Wilhem ! »

Un soldat accourut, en tablier blanc. Et le Prussien, lui jetant la pêche des deux fusillés, commanda : « Fais-moi frire tout de suite ces petits animaux-là pendant qu'ils sont encore vivants. Ce sera délicieux. »

Puis il se remit à fumer sa pipe.

(24 mars 1883.)

SAINT-ANTOINE

À X. Charmes[1].

On l'appelait Saint-Antoine[2], parce qu'il se nommait Antoine, et aussi peut-être parce qu'il était bon vivant, joyeux, farceur, puissant mangeur et fort buveur, et vigoureux trousseur de servantes, bien qu'il eût plus de soixante ans.

C'était un grand paysan du pays de Caux, haut en couleur, gros de poitrine et de ventre, et perché sur de longues jambes qui semblaient trop maigres pour l'ampleur du corps.

Veuf, il vivait seul avec sa bonne et ses deux valets dans sa ferme qu'il dirigeait en madré compère, soigneux de ses intérêts, entendu dans les affaires et dans l'élevage du bétail, et dans la culture de ses terres. Ses deux fils et ses trois filles mariés avec avantage vivaient aux environs, et venaient, une fois par mois, dîner avec

1. Chef de cabinet du ministre de l'Instruction publique, Bardoux. Sur la demande de Flaubert, il procura à Maupassant, en 1878, une place d'employé dans son ministère.
2. Antoine le Grand (saint Antoine), anachorète égyptien (251-356), fondateur de l'érémitisme chrétien, célèbre pour ses visions ou « tentations ». À la foire Saint-Romain de Rouen, on pouvait voir à l'époque de Maupassant un spectacle de marionnettes qui racontait, sur le mode burlesque, l'histoire de saint Antoine tourmenté par les démons qui lui avaient volé son cochon familier. Sur saint Antoine. cf. Flaubert : *La Tentation de saint Antoine.*

le père. Sa vigueur était célèbre dans tout le pays d'alen-
tour ; on disait, en manière de proverbe : « Il est fort
comme Saint-Antoine. »

Lorsque arriva l'invasion prussienne, Saint-Antoine,
au cabaret, promettait de manger une armée, car il était
hâbleur comme un vrai Normand, un peu couard et
fanfaron. Il tapait du poing sur la table de bois, qui
sautait en faisant danser les tasses et les petits verres,
et il criait, la face rouge et l'œil sournois, dans une
fausse colère de bon vivant : « Faudra que j'en mange,
nom de Dieu ! » Il comptait bien que les Prussiens ne
viendraient pas jusqu'à Tanneville[1] ; mais lorsqu'il
apprit qu'ils étaient à Rautôt, il ne sortit plus de sa
maison, et il guettait sans cesse la route par la petite
fenêtre de sa cuisine, s'attendant à tout moment à voir
passer des baïonnettes.

Un matin, comme il mangeait la soupe avec ses ser-
viteurs, la porte s'ouvrit, et le maire de la commune,
maître Chicot, parut suivi d'un soldat coiffé d'un cas-
que noir à pointe de cuivre. Saint-Antoine se dressa
d'un bond ; et tout son monde le regardait, s'attendant
à le voir écharper le Prussien ; mais il se contenta de
serrer la main du maire qui lui dit : « En v'là un pour
toi, Saint-Antoine. Ils sont venus c'te nuit. Fais pas de
bêtises surtout, vu qu'ils parlent de fusiller et de brû-
ler tout si seulement il arrive la moindre chose. Te v'là
prévenu. Donne-li à manger, il a l'air d'un bon gars.
Bonsoir, je vas chez l's'autres. Y en a pour tout le
monde. » Et il sortit.

Le père Antoine, devenu pâle, regarda son Prussien.
C'était un gros garçon à la chair grasse et blanche, aux
yeux bleus, au poil blond, barbu jusqu'aux pommet-
tes, qui semblait idiot, timide et bon enfant. Le Nor-
mand malin le pénétra tout de suite, et, rassuré, lui fit
signe de s'asseoir. Puis il lui demanda : « Voulez-vous

1. Noms imaginaires mais qui évoquent de très près ceux de villa-
ges normands réels : Manneville, Routot, situés entre Bourg-Achard
et Pont-Audemer.

de la soupe ? » L'étranger ne comprit pas. Antoine alors eut un coup d'audace, et, lui poussant sous le nez une assiette pleine : « Tiens, avale ça, gros cochon. »

Le soldat répondit : « Ya » et se mit à manger goulûment pendant que le fermier triomphant, sentant sa réputation reconquise, clignait de l'œil, à ses serviteurs qui grimaçaient étrangement, ayant en même temps grand'peur et envie de rire.

Quand le Prussien eut englouti son assiettée, Saint-Antoine lui en servit une autre qu'il fit disparaître également ; mais il recula devant la troisième, que le fermier voulait lui faire manger de force, en répétant : « Allons fous-toi ça dans le ventre. T'engraisseras ou tu diras pourquoi, va, mon cochon ! »

Et le soldat, comprenant seulement qu'on voulait le faire manger tout son saoul, riait d'un air content, en faisant signe qu'il était plein.

Alors Saint-Antoine, devenu tout à fait familier, lui tapa sur le ventre en criant : « Y en a-t-il dans la bedaine à mon cochon ! » Mais soudain il se tordit, rouge à tomber d'une attaque, ne pouvant plus parler. Une idée lui était venue qui le faisait étouffer de rire : « C'est ça, c'est ça, saint Antoine et son cochon. V'là mon cochon ! » Et les trois serviteurs éclatèrent à leur tour.

Le vieux était si content qu'il fit apporter l'eau-de-vie, la bonne, le fil en dix [1], et qu'il en régala tout le monde. On trinqua avec le Prussien, qui claqua de la langue par flatterie, pour indiquer qu'il trouvait ça fameux. Et Saint-Antoine lui criait dans le nez : « Hein ? En v'là d' la fine ! T'en bois pas comme ça chez toi, mon cochon. »

Dès lors, le père Antoine ne sortit plus sans son Prussien. Il avait trouvé là son affaire, c'était sa vengeance à lui, sa vengeance de gros malin. Et tout le pays, qui

1. Eau-de-vie extrêmement forte (cf. Zola : *L'Assommoir*).

crevait de peur, riait à se tordre, derrière le dos des vain-
queurs, de la farce de Saint-Antoine. Vraiment, dans
la plaisanterie il n'avait pas son pareil. Il n'y avait que
lui pour inventer des choses comme ça. Cré coquin, va !

Il s'en allait chez les voisins, tous les jours après midi,
bras dessus bras dessous avec son Allemand qu'il pré-
sentait d'un air gai en lui tapant sur l'épaule : « Tenez,
v'là mon cochon, r'gardez-moi s'il engraisse, c't'ani-
mal-là. »

Et les paysans s'épanouissaient. « Est-il donc rigolo,
ce bougre d'Antoine ! »

« J'te l'vends, Césaire, trois pistoles.

— Je l'prends, Antoine, et j't'invite à manger du
boudin.

— Mé, c'que j'veux, c'est d'ses pieds.

— Tâte-li l'ventre, tu verras qu'il n'a que d'la
graisse. »

Et tout le monde clignait de l'œil, sans rire trop haut
cependant, de peur que le Prussien devinât à la fin
qu'on se moquait de lui. Antoine seul, s'enhardissant
tous les jours, lui pinçait les cuisses en criant : « Rien
qu'du gras » ; lui tapait sur le derrière en hurlant :
« Tout ça d'la couenne » ; l'enlevait dans ses bras de
vieux colosse capable de porter une enclume en décla-
rant : « Il pèse six cents, et pas de déchet. »

Et il avait pris l'habitude de faire offrir à manger
à son cochon partout où il entrait avec lui. C'était là
le grand plaisir, le grand divertissement de tous les
jours : « Donnez-li de c'que vous voudrez, il avale
tout. » Et on offrait à l'homme du pain et du beurre,
des pommes de terre, du fricot froid, de l'andouille qui
faisait dire : « De la vôtre, et du choix. »

Le soldat, stupide et doux, mangeait par politesse,
enchanté de ces attentions, se rendait malade pour ne
pas refuser ; et il engraissait vraiment, serré mainte-
nant dans son uniforme, ce qui ravissait Saint-Antoine
et lui faisait répéter : « Tu sais, mon cochon, faudra
te faire faire une autre cage. »

Ils étaient devenus, d'ailleurs, les meilleurs amis du

monde ; et quand le vieux allait à ses affaires dans les environs, le Prussien l'accompagnait de lui-même pour le seul plaisir d'être avec lui.

Le temps était rigoureux ; il gelait dur ; le terrible hiver de 1870 semblait jeter ensemble tous les fléaux sur la France.

Le père Antoine, qui préparait les choses de loin et profitait des occasions, prévoyant qu'il manquerait de fumier pour les travaux du printemps, acheta celui d'un voisin qui se trouvait dans la gêne ; et il fut convenu qu'il irait chaque soir avec son tombereau chercher une charge d'engrais.

Chaque jour donc il se mettait en route à l'approche de la nuit et se rendait à la ferme des Haules, distante d'une demi-lieue, toujours accompagné de son cochon. Et chaque jour c'était une fête de nourrir l'animal. Tout le pays accourait là comme on va, le dimanche, à la grand'messe.

Le soldat, cependant, commençait à se méfier ; et quand on riait trop fort il roulait des yeux inquiets qui, parfois, s'allumaient d'une flamme de colère.

Or, un soir, quand il eut mangé à sa contenance, il refusa d'avaler un morceau de plus ; et il essaya de se lever pour s'en aller. Mais Saint-Antoine l'arrêta d'un tour de poignet, et lui posant ses deux mains puissantes sur les épaules il le rassit si durement que la chaise s'écrasa sous l'homme.

Une gaieté de tempête éclata ; et Antoine, radieux, ramassant son cochon, fit semblant de le panser pour le guérir ; puis il déclara : « Puisque tu n'veux pas manger, tu vas boire, nom de Dieu ! » Et on alla chercher de l'eau-de-vie au cabaret.

Le soldat roulait des yeux méchants : mais il but néanmoins ; il but tant qu'on voulut ; et Saint-Antoine lui tenait la tête, à la grande joie des assistants.

Le Normand, rouge comme une tomate, le regard en feu, emplissait les verres, trinquait en gueulant : « à la tienne ! » Et le Prussien, sans prononcer un mot, entonnait coup sur coup des lampées de cognac.

C'était une lutte, une bataille, une revanche ! À qui boirait le plus, nom d'un nom ! Ils n'en pouvaient ni l'un ni l'autre quand le litre fut séché. Mais aucun des deux n'était vaincu. Ils s'en allaient manche à manche, voilà tout. Faudrait recommencer le lendemain !

Ils sortirent en titubant et se mirent en route, à côté du tombereau de fumier que traînaient lentement les deux chevaux.

La neige commençait à tomber, et la nuit sans lune s'éclairait tristement de cette blancheur morte des plaines. Le froid saisit les deux hommes, augmentant leur ivresse, et Saint-Antoine, mécontent de n'avoir pas triomphé, s'amusait à pousser l'épaule de son cochon pour le faire culbuter dans le fossé. L'autre évitait les attaques par des retraites ; et, chaque fois, il prononçait quelques mots allemands sur un ton irrité qui faisait rire aux éclats le paysan. À la fin, le Prussien se fâcha ; et juste au moment où Antoine lui lançait une nouvelle bourrade, il répondit par un coup de poing terrible qui fit chanceler le colosse.

Alors, enflammé d'eau-de-vie, le vieux saisit l'homme à bras le corps, le secoua quelques secondes comme il eût fait d'un petit enfant, et il le lança à toute volée de l'autre côté du chemin. Puis, content de cette exécution, il croisa ses bras pour rire de nouveau.

Mais le soldat se releva vivement, nu-tête, son casque ayant roulé, et dégainant son sabre, il se précipita sur le père Antoine.

Quand il vit cela, le paysan saisit son fouet par le milieu, son grand fouet de houx, droit, fort et souple comme un nerf de bœuf.

Le Prussien arriva, le front baissé, l'arme en avant, sûr de tuer. Mais le vieux, attrapant à pleine main la lame dont la pointe allait lui crever le ventre, l'écarta, et il frappa d'un coup sec sur la tempe, avec la poignée du fouet, son ennemi qui s'abattit à ses pieds.

Puis il regarda, effaré, stupide d'étonnement, le corps d'abord secoué de spasmes, puis immobile sur le ventre. Il se pencha, le retourna, le considéra quelque

temps. L'homme avait les yeux clos ; et un filet de sang coulait d'une fente au coin du front. Malgré la nuit, le père Antoine distinguait la tache brune de ce sang sur la neige.

Il restait là, perdant la tête, tandis que son tombereau s'en allait toujours, au pas tranquille des chevaux.

Qu'allait-il faire ? Il serait fusillé ! On brûlerait sa ferme, on ruinerait le pays ! Que faire ? que faire ? Comment cacher le corps, cacher la mort, tromper les Prussiens ? Il entendit des voix au loin, dans le grand silence des neiges. Alors, il s'affola, et, ramassant le casque, il recoiffa sa victime ; puis, l'empoignant par les reins, il l'enleva, courut, rattrapa son attelage et lança le corps sur le fumier. Une fois chez lui, il aviserait.

Il allait à petits pas, se creusant la cervelle, ne trouvant rien. Il se voyait, il se sentait perdu. Il rentra dans sa cour. Une lumière brillait à une lucarne, sa servante ne dormait pas encore ; alors il fit vivement reculer sa voiture jusqu'au bord du trou à l'engrais. Il songeait qu'en renversant la charge, le corps posé dessus tomberait dessous dans la fosse ; et il fit basculer le tombereau.

Comme il l'avait prévu, l'homme fut enseveli sous le fumier. Antoine aplanit le tas avec sa fourche, puis la planta dans la terre à côté. Il appela son valet, ordonna de mettre les chevaux à l'écurie ; et il rentra dans sa chambre.

Il se coucha, réfléchissant toujours à ce qu'il allait faire, mais aucune idée ne l'illuminait, son épouvante allait croissant dans l'immobilité du lit. On le fusillerait ! il suait de peur ; ses dents claquaient ; il se releva grelottant, ne pouvant plus tenir dans ses draps.

Alors il descendit à la cuisine, prit la bouteille de fine dans le buffet, et remonta. Il but deux grands verres de suite jetant une ivresse nouvelle par-dessus l'ancienne, sans calmer l'angoisse de son âme. Il avait fait là un joli coup, nom de Dieu d'imbécile !

Il marchait maintenant de long en large, cherchant

des ruses, des explications et des malices ; et, de temps en temps, il se rinçait la bouche avec une gorgée de fil en dix pour se mettre du cœur au ventre.

Et il ne trouvait rien. Mais rien.

Vers minuit, son chien de garde, une sorte de demi-loup qu'il appelait « Dévorant », se mit à hurler à la mort. Le père Antoine frémit jusque dans les moelles ; et, chaque fois que la bête reprenait son gémissement lugubre et long, un frisson de peur courait sur la peau du vieux.

Il s'était abattu sur une chaise, les jambes cassées, hébété, n'en pouvant plus, attendant avec anxiété que « Dévorant » recommençât sa plainte, et secoué par tous les sursauts dont la terreur fait vibrer nos nerfs.

L'horloge d'en bas sonna cinq heures. Le chien ne se taisait pas. Le paysan devenait fou. Il se leva pour aller déchaîner la bête, pour ne plus l'entendre. Il descendit, ouvrit la porte, s'avança dans la nuit.

La neige tombait toujours. Tout était blanc. Les bâtiments de la ferme faisaient de grandes taches noires. L'homme s'approcha de la niche. Le chien tirait sur sa chaîne. Il le lâcha. Alors « Dévorant » fit un bond, puis s'arrêta net, le poil hérissé, les pattes tendues, les crocs au vent, le nez tourné vers le fumier.

Saint-Antoine, tremblant de la tête aux pieds, balbutia : « Qué qu't'as donc, sale rosse ? » et il avança de quelques pas, fouillant de l'œil l'ombre indécise, l'ombre terne de la cour.

Alors il vit une forme, une forme d'homme assis sur son fumier !

Il regardait cela, perclus d'horreur et haletant. Mais, soudain, il aperçut auprès de lui le manche de sa fourche piquée dans la terre ; il l'arracha du sol ; et, dans un de ces transports de peur qui rendent téméraires les plus lâches, il se rua en avant, pour voir.

C'était lui, son Prussien, sorti fangeux de sa couche d'ordure qui l'avait réchauffé, ranimé. Il s'était assis machinalement, et il restait là, sous la neige qui le poudrait, souillé de saleté et de sang, encore hébété

par l'ivresse, étourdi par le coup, épuisé par sa bles-
sure.

Il aperçut Antoine, et, trop abruti pour rien com-
prendre, il fit un mouvement afin de se lever. Mais le
vieux, dès qu'il l'eut reconnu, écuma ainsi qu'une bête
enragée.

Il bredouillait : « Ah ! cochon ! cochon ! t'es pas
mort ! Tu vas me dénoncer, à c't'heure... Attends...
attends ! »

Et, s'élançant sur l'Allemand, il jeta en avant de
toute la vigueur de ses deux bras sa fourche levée
comme une lance, et il lui enfonça jusqu'au manche
les quatre pointes de fer dans la poitrine.

Le soldat se renversa sur le dos en poussant un long
soupir de mort, tandis que le vieux paysan, retirant son
arme des plaies, la replongeait coup sur coup dans le
ventre, dans l'estomac, dans la gorge, frappant comme
un forcené, trouant de la tête aux pieds le corps palpi-
tant dont le sang fuyait par gros bouillons.

Puis il s'arrêta, essoufflé de la violence de sa besogne,
aspirant l'air à grandes gorgées, apaisé par le meurtre
accompli.

Alors, comme les coqs chantaient dans les poulail-
lers et comme le jour allait poindre, il se mit à l'œuvre
pour ensevelir l'homme.

Il creusa un trou dans le fumier, trouva la terre,
fouilla plus bas encore, travaillant d'une façon désor-
donnée, dans un emportement de force avec des mou-
vements furieux des bras et de tout le corps.

Lorsque la tranchée fut assez creuse, il roula le cada-
vre dedans, avec la fourche, rejeta la terre dessus, la
piétina longtemps, remit en place le fumier, et il sourit
en voyant la neige épaisse qui complétait sa besogne,
et couvrait les traces de son voile blanc.

Puis il repiqua sa fourche sur le tas d'ordure et ren-
tra chez lui. Sa bouteille encore à moitié pleine d'eau-
de-vie était restée sur la table. Il la vida d'une haleine,
se jeta sur son lit, et s'endormit profondément.

Il se réveilla dégrisé, l'esprit calme et dispos, capable de juger le cas et de prévoir l'événement.

Au bout d'une heure il courait le pays en demandant partout des nouvelles de son soldat. Il alla trouver les officiers, pour savoir, disait-il, pourquoi on lui avait repris son homme.

Comme on connaissait leur liaison, on ne le soupçonna pas ; et il dirigea même les recherches en affirmant que le Prussien allait chaque soir courir le cotillon.

Un vieux gendarme en retraite, qui tenait une auberge dans le village voisin et qui avait une jolie fille, fut arrêté et fusillé.

(3 avril 1883.)

L'AVENTURE
DE WALTER SCHNAFFS

A Robert Pinchon[1].

Depuis son entrée en France avec l'armée d'invasion, Walter Schnaffs se jugeait le plus malheureux des hommes. Il était gros, marchait avec peine, souffrait beaucoup et souffrait affreusement des pieds qu'il avait fort plats et fort gras. Il était en outre pacifique et bienveillant, nullement magnanime[2] ou sanguinaire, père de quatre enfants qu'il adorait et marié avec une jeune femme blonde, dont il regrettait désespérément chaque soir les tendresses, les petits soins et les baisers. Il aimait se lever tard et se coucher tôt, manger lentement de bonnes choses et boire de la bière dans les brasseries. Il songeait en outre que tout ce qui est doux dans l'existence disparaît avec la vie ; et il gardait au cœur une haine épouvantable, instinctive et raisonnée en même temps, pour les canons, les fusils, les revolvers et les sabres, mais surtout pour les baïonnettes, se sentant

1. Ami de Maupassant depuis 1861, il faisait partie de l'équipage du bateau *La Feuille à l'envers* et a collaboré à « la pièce *absolument lubrique* » écrite et représentée par Maupassant et ses amis en 1875, *À la Feuille de Rose, maison turque*. Il apparaît dans *Mouche* (1890) sous le nom de *La Tôque*.
2. Qui a l'âme grande, ici : courageux.

incapable de manœuvrer assez vivement cette arme rapide pour défendre son gros ventre.

Et, quand il se couchait sur la terre, la nuit venue, roulé dans son manteau à côté des camarades qui ron-flaient, il pensait longuement aux siens laissés là-bas et aux dangers semés sur sa route : « S'il était tué, que deviendraient les petits ? Qui donc les nourrirait et les élèverait ? À l'heure même, ils n'étaient pas riches, mal-gré les dettes qu'il avait contractées en partant pour leur laisser quelque argent. » Et Walter Schnaffs pleurait quelquefois.

Au commencement des batailles il se sentait dans les jambes de telles faiblesses qu'il se serait laissé tomber, s'il n'avait songé que toute l'armée lui passerait sur le corps. Le sifflement des balles hérissait le poil sur sa peau.

Depuis des mois il vivait ainsi dans la terreur et dans l'angoisse.

Son corps d'armée s'avançait vers la Normandie ; et il fut un jour envoyé en reconnaissance avec un fai-ble détachement qui devait simplement explorer une partie du pays et se replier ensuite. Tout semblait calme dans la campagne ; rien n'indiquait une résistance préparée.

Or, les Prussiens descendaient avec tranquillité dans une petite vallée que coupaient des ravins profonds quand une fusillade violente les arrêta net, jetant bas une vingtaine des leurs ; et une troupe de francs-tireurs[1], sortant brusquement d'un petit bois grand comme la main, s'élança en avant, la baïonnette au fusil.

Walter Schnaffs demeura d'abord immobile, telle-ment surpris et éperdu qu'il ne pensait même pas à fuir. Puis un désir fou de détaler le saisit ; mais il songea aussitôt qu'il courait comme une tortue en comparai-son des maigres Français qui arrivaient en bondissant

1. Cf. p. 28, note 1.

comme un troupeau de chèvres. Alors, apercevant à six pas devant lui un large fossé plein de broussailles couvertes de feuilles sèches, il y sauta à pieds joints, sans songer même à la profondeur, comme on saute d'un pont dans une rivière.

Il passa, à la façon d'une flèche, à travers une couche épaisse de lianes et de ronces aiguës qui lui déchirèrent la face et les mains, et il tomba lourdement assis sur un lit de pierres.

Levant aussitôt les yeux, il vit le ciel par le trou qu'il avait fait. Ce trou révélateur le pouvait dénoncer, et il se traîna avec précaution, à quatre pattes, au fond de cette ornière, sous le toit de branchages enlacés, allant le plus vite possible, en s'éloignant du lieu du combat. Puis il s'arrêta et s'assit de nouveau, tapi comme un lièvre au milieu des hautes herbes sèches.

Il entendit pendant quelque temps encore des détonations, des cris et des plaintes. Puis les clameurs de la lutte s'affaiblirent, cessèrent. Tout redevint muet et calme.

Soudain quelque chose remua contre lui. Il eut un sursaut épouvantable. C'était un petit oiseau qui, s'étant posé sur une branche, agitait des feuilles mortes. Pendant près d'une heure, le cœur de Walter Schnaffs en battit à grands coups pressés.

La nuit venait, emplissant d'ombre le ravin. Et le soldat se mit à songer. Qu'allait-il faire ? Qu'allait-il devenir ? Rejoindre son armée ?... Mais comment ? Mais par où ? Et il lui faudrait recommencer l'horrible vie d'angoisses, d'épouvantes, de fatigues et de souffrances qu'il menait depuis le commencement de la guerre ! Non ! Il ne se sentait plus ce courage ! Il n'aurait plus l'énergie qu'il fallait pour supporter les marches et affronter les dangers de toutes les minutes.

Mais que faire ? Il ne pouvait rester dans ce ravin et s'y cacher jusqu'à la fin des hostilités. Non, certes. S'il n'avait pas fallu manger, cette perspective ne l'aurait pas trop atterré ; mais il fallait manger, manger tous les jours.

Et il se trouvait ainsi tout seul, en armes, en uniforme, sur le territoire ennemi, loin de ceux qui le pouvaient défendre. Des frissons lui couraient sur la peau.

Soudain il pensa : « Si seulement j'étais prisonnier ! » et son cœur frémit de désir, d'un désir violent, immodéré, d'être prisonnier des Français. Prisonnier ! Il serait sauvé, nourri, logé, à l'abri des balles et des sabres, sans appréhension possible, dans une bonne prison bien gardée. Prisonnier ! Quel rêve !

Et sa résolution fut prise immédiatement :

« Je vais me constituer prisonnier. »

Il se leva, résolu à exécuter ce projet sans tarder d'une minute. Mais il demeura immobile, assailli soudain par des réflexions fâcheuses et par des terreurs nouvelles.

Où allait-il se constituer prisonnier ? Comment ? De quel côté ? Et des images affreuses, des images de mort, se précipitèrent dans son âme.

Il allait courir des dangers terribles en s'aventurant seul avec son casque à pointe, par la campagne.

S'il rencontrait des paysans ? Ces paysans, voyant un Prussien perdu, un Prussien sans défense, le tueraient comme un chien errant ! Ils le massacreraient avec leurs fourches, leurs pioches, leurs faux, leurs pelles ! Ils en feraient une bouillie, une pâtée, avec l'acharnement des vaincus exaspérés.

S'il rencontrait des francs-tireurs ? Ces francs-tireurs, des enragés sans loi ni discipline, le fusilleraient pour s'amuser, pour passer une heure, histoire de rire en voyant sa tête. Et il se croyait déjà appuyé contre un mur en face de douze canons de fusils, dont les petits trous ronds et noirs semblaient le regarder.

S'il rencontrait l'armée française elle-même ? Les hommes d'avant-garde le prendraient pour un éclaireur, pour quelque hardi et malin troupier parti seul en reconnaissance, et ils lui tireraient dessus. Et il entendait déjà les détonations irrégulières des soldats couchés dans les broussailles, tandis que lui, debout au milieu d'un champ, s'affaissait, troué comme une écumoire par les balles qu'il sentait dans sa chair.

Il se rassit, désespéré. Sa situation lui paraissait sans issue.

La nuit était tout à fait venue, la nuit muette et noire. Il ne bougeait plus, tressaillant à tous les bruits inconnus et légers qui passent dans les ténèbres. Un lapin, tapant du cul au bord d'un terrier, faillit faire s'enfuir Walter Schnaffs. Les cris des chouettes lui déchiraient l'âme, le traversant de peurs soudaines, douloureuses comme des blessures. Il écarquillait ses gros yeux pour tâcher de voir dans l'ombre ; et il s'imaginait à tout moment entendre marcher près de lui.

Après d'interminables heures et des angoisses de damné, il aperçut, à travers son plafond de branchages, le ciel qui devenait clair. Alors un soulagement immense le pénétra ; ses membres se détendirent, reposés soudain ; son cœur s'apaisa ; ses yeux se fermèrent. Il s'endormit.

Quand il se réveilla, le soleil lui parut arrivé à peu près au milieu du ciel ; il devait être midi. Aucun bruit ne troublait la paix morne des champs ; et Walter Schnaffs s'aperçut qu'il était atteint d'une faim aiguë.

Il bâillait, la bouche humide à la pensée du saucisson, du bon saucisson des soldats ; et son estomac lui faisait mal.

Il se leva, fit quelques pas, sentit que ses jambes étaient faibles, et se rassit pour réfléchir. Pendant deux ou trois heures encore, il établit le pour et le contre, changeant à tout moment de résolution, combattu, malheureux, tiraillé par les raisons les plus contraires.

Une idée lui parut enfin logique et pratique, c'était de guetter le passage d'un villageois seul, sans armes, et sans outils de travail dangereux, de courir au-devant de lui et de se remettre en ses mains en lui faisant bien comprendre qu'il se rendait.

Alors il ôta son casque, dont la pointe le pouvait trahir, et il sortit sa tête au bord de son trou, avec des précautions infinies.

Aucun être isolé ne se montrait à l'horizon. Là-bas, à droite, un petit village envoyait au ciel la fumée de

ses toits, la fumée des cuisines ! Là-bas à gauche, il apercevait, au bout des arbres d'une avenue, un grand château flanqué de tourelles.

Il attendit jusqu'au soir, souffrant affreusement, ne voyant rien que des vols de corbeaux, n'entendant rien que les plaintes sourdes de ses entrailles.

Et la nuit encore tomba sur lui.

Il s'allongea au fond de sa retraite et il s'endormit d'un sommeil fiévreux, hanté de cauchemars, d'un sommeil d'homme affamé.

L'aurore se leva de nouveau sur sa tête. Il se remit en observation. Mais la campagne restait vide comme la veille ; et une peur nouvelle entrait dans l'esprit de Walter Schnaffs, la peur de mourir de faim ! Il se voyait étendu au fond de son trou, sur le dos, les deux yeux fermés. Puis des bêtes, des petites bêtes de toute sorte s'approchaient de son cadavre et se mettaient à le manger, l'attaquant partout à la fois, se glissant sous ses vêtements pour mordre sa peau froide. Et un grand corbeau lui piquait les yeux de son bec effilé.

Alors, il devint fou, s'imaginant qu'il allait s'évanouir de faiblesse et ne plus pouvoir marcher. Et déjà, il s'apprêtait à s'élancer vers le village, résolu à tout oser, à tout braver, quand il aperçut trois paysans qui s'en allaient aux champs avec leurs fourches sur l'épaule, et il se replongea dans sa cachette.

Mais, dès que le soir obscurcit la plaine, il sortit lentement du fossé, et se mit en route, courbé, craintif, le cœur battant, vers le château lointain, préférant entrer là-dedans plutôt qu'au village qui lui semblait redoutable comme une tanière pleine de tigres.

Les fenêtres d'en bas brillaient. Une d'elles était même ouverte ; et une forte odeur de viande cuite s'en échappait, une odeur qui pénétra brusquement dans le nez et jusqu'au fond du ventre de Walter Schnaffs ; qui le crispa, le fit haleter, l'attirant irrésistiblement, lui jetant au cœur une audace désespérée.

Et brusquement, sans réfléchir, il apparut, casqué, dans le cadre de la fenêtre.

Huit domestiques dînaient autour d'une grande table. Mais soudain une bonne demeura béante, laissant tomber son verre, les yeux fixes. Tous les regards suivirent le sien !

On aperçut l'ennemi !

Seigneur ! les Prussiens attaquaient le château !...

Ce fut d'abord un cri, un seul cri, fait de huit cris poussés sur huit tons différents, un cri d'épouvante horrible, puis une levée tumultueuse, une bousculade, une mêlée, une fuite éperdue vers la porte du fond. Les chaises tombaient, les hommes renversaient les femmes et passaient dessus. En deux secondes, la pièce fut vide, abandonnée, avec la table couverte de mangeaille en face de Walter Schnaffs stupéfait, toujours debout dans sa fenêtre.

Après quelques instants d'hésitation, il enjamba le mur d'appui et s'avança vers les assiettes. Sa faim exaspérée le faisait trembler comme un fiévreux : mais une terreur le retenait, le paralysait encore. Il écouta. Toute la maison semblait frémir ; des portes se fermaient, des pas rapides couraient sur le plancher du dessus. Le Prussien inquiet tendait l'oreille à ces confuses rumeurs ; puis il entendit des bruits sourds comme si des corps fussent tombés dans la terre molle, au pied des murs, des corps humains sautant du premier étage.

Puis tout mouvement, toute agitation cessèrent, et le grand château devint silencieux comme un tombeau.

Walter Schnaffs s'assit devant une assiette restée intacte, et il se mit à manger. Il mangeait par grandes bouchées comme s'il eût craint d'être interrompu trop tôt, de n'en pouvoir engloutir assez. Il jetait à deux mains les morceaux dans sa bouche ouverte comme une trappe ; et des paquets de nourriture lui descendaient coup sur coup dans l'estomac, gonflant sa gorge en passant. Parfois, il s'interrompait, prêt à crever à la façon d'un tuyau trop plein. Il prenait alors la cruche au cidre et se déblayait l'œsophage comme on lave un conduit bouché.

Il vida toutes les assiettes, tous les plats et toutes les

bouteilles ; puis, saoul de liquide et de mangeaille, abruti, rouge, secoué par des hoquets, l'esprit troublé et la bouche grasse, il déboutonna son uniforme pour souffler, incapable d'ailleurs de faire un pas. Ses yeux se fermaient, ses idées s'engourdissaient ; il posa son front pesant dans ses bras croisés sur la table, et il perdit doucement la notion des choses et des faits.

Le dernier croissant éclairait vaguement l'horizon au-dessus des arbres du parc. C'était l'heure froide qui précède le jour.

Des ombres glissaient dans les fourrés, nombreuses et muettes ; et parfois, un rayon de lune faisait reluire dans l'ombre une pointe d'acier.

Le château tranquille dressait sa grande silhouette noire. Deux fenêtres seules brillaient encore au rez-de-chaussée.

Soudain, une voix tonnante hurla :

« En avant ! nom d'un nom ! à l'assaut ! mes enfants ! »

Alors, en un instant, les portes, les contrevents et les vitres s'enfoncèrent sous un flot d'hommes qui s'élança, brisa, creva tout, envahit la maison. En un instant cinquante soldats armés jusqu'aux cheveux bondirent dans la cuisine où reposait pacifiquement Walter Schnaffs, et, lui posant sur la poitrine cinquante fusils chargés, le culbutèrent, le roulèrent, le saisirent, le lièrent des pieds à la tête.

Il haletait d'ahurissement, trop abruti pour comprendre, battu, crossé[1] et fou de peur.

Et tout d'un coup, un gros militaire chamarré d'or lui planta son pied sur le ventre en vociférant :

« Vous êtes mon prisonnier, rendez-vous ! »

Le Prussien n'entendit que ce seul mot « prisonnier », et il gémit : « *ya, ya, ya* ».

1. Battu avec la crosse d'un fusil.

Il fut relevé, ficelé sur une chaise, et examiné avec une vive curiosité par ses vainqueurs qui soufflaient comme des baleines. Plusieurs s'assirent, n'en pouvant plus d'émotion et de fatigue.

Il souriait, lui, il souriait maintenant, sûr d'être enfin prisonnier !

Un autre officier entra et prononça :

« Mon colonel, les ennemis se sont enfuis ; plusieurs semblent avoir été blessés. Nous restons maîtres de la place. »

Le gros militaire qui s'essuyait le front vociféra : « Victoire ! »

Et il écrivit sur un petit agenda de commerce tiré de sa poche :

« Après une lutte acharnée, les Prussiens ont dû battre en retraite, emportant leurs morts et leurs blessés, qu'on évalue à cinquante hommes hors de combat. Plusieurs sont restés entre nos mains. »

Le jeune officier reprit :

« Quelles dispositions dois-je prendre, mon colonel ? »

Le colonel répondit :

« Nous allons nous replier pour éviter un retour offensif avec de l'artillerie et des forces supérieures. »

Et il donna l'ordre de repartir.

La colonne se reforma dans l'ombre, sous les murs du château, et se mit en mouvement, enveloppant de partout Walter Schnaffs garrotté, tenu par six guerriers le revolver au poing.

Des reconnaissances furent envoyées pour éclairer la route. On avançait avec prudence, faisant halte de temps en temps.

Au jour levant, on arrivait à la sous-préfecture de La Roche-Oysel [1], dont la garde nationale avait accompli ce fait d'armes.

1. Nom fictif. Mais il existe bien, entre Elbeuf et Rouen, un Oisel.

La population anxieuse et surexcitée attendait. Quand on aperçut le casque du prisonnier, des clameurs formidables éclatèrent. Les femmes levaient les bras ; des vieilles pleuraient ; un aïeul lança sa béquille au Prussien et blessa le nez d'un de ses gardiens.

Le colonel hurlait :

« Veillez à la sûreté du captif. »

On parvint enfin à la maison de ville[1]. La prison fut ouverte, et Walter Schnaffs jeté dedans, libre de liens.

Deux cents hommes en armes montèrent la garde autour du bâtiment.

Alors, malgré des symptômes d'indigestion qui le tourmentaient depuis quelque temps, le Prussien, fou de joie, se mit à danser, à danser éperdument, en levant les bras et les jambes, à danser en poussant des cris frénétiques, jusqu'au moment où il tomba, épuisé au pied d'un mur.

Il était prisonnier ! Sauvé !

C'est ainsi que le château de Champignet fut repris à l'ennemi après six heures seulement d'occupation.

Le colonel Ratier, marchand de drap, qui enleva cette affaire à la tête des gardes nationaux de La Roche-Oysel, fut décoré.

(11 avril 1883.)

1. « Maison commune, l'hôtel où s'assemblent les officiers municipaux » (Littré), l'équivalent des actuelles mairies.

LE PÈRE MILON

Depuis un mois, le large soleil jette aux champs sa flamme cuisante. La vie radieuse éclôt sous cette averse de feu ; la terre est verte à perte de vue. Jusqu'aux bords de l'horizon, le ciel est bleu. Les fermes normandes semées par la plaine semblent, de loin, de petits bois, enfermées dans leur ceinture de hêtres élancés. De près, quand on ouvre la barrière vermoulue, on croit voir un jardin géant, car tous les antiques pommiers, osseux comme les paysans, sont en fleur. Les vieux troncs noirs, crochus, tordus, alignés par la cour, étalent sous le ciel leurs dômes éclatants, blancs et roses. Le doux parfum de leur épanouissement se mêle aux grasses senteurs des étables ouvertes et aux vapeurs du fumier qui fermente, couvert de poules.

Il est midi. La famille dîne à l'ombre du poirier planté devant la porte : le père, la mère, les quatre enfants, les deux servantes et les trois valets. On ne parle guère. On mange la soupe, puis on découvre le plat de fricot [1] plein de pommes de terre au lard.

De temps en temps, une servante se lève et va remplir au cellier la cruche au cidre.

L'homme, un grand gars de quarante ans, contemple, contre sa maison, une vigne restée nue, et courant,

1. Populaire : toute viande en ragoût.

tordue comme un serpent, sous les volets, tout le long du mur.

Il dit enfin : « La vigne au père bourgeonne de bonne heure c't'année. P't-être qu'a donnera. »

La femme aussi se retourne et regarde, sans dire un mot.

Cette vigne est plantée juste à la place où le père a été fusillé.

C'était pendant la guerre de 1870. Les Prussiens occupaient tout le pays. Le général Faidherbe[1], avec l'armée du Nord, leur tenait tête.

Or l'état-major prussien s'était posté dans cette ferme. Le vieux paysan qui la possédait, le père Milon, Pierre, les avait reçus et installés de son mieux.

Depuis un mois l'avant-garde allemande restait en observation dans le village. Les Français demeuraient immobiles, à dix lieues de là ; et cependant, chaque nuit, des uhlans[2] disparaissaient.

Tous les éclaireurs isolés, ceux qu'on envoyait faire des rondes, alors qu'ils partaient à deux ou trois seulement, ne rentraient jamais.

On les ramassait morts, au matin, dans un champ, au bord d'une cour, dans un fossé. Leurs chevaux eux-mêmes gisaient le long des routes, égorgés d'un coup de sabre.

Ces meurtres semblaient accomplis par les mêmes hommes, qu'on ne pouvait découvrir.

Le pays fut terrorisé. On fusilla des paysans sur une simple dénonciation, on emprisonna des femmes ; on

1. Après la défaite de Sedan, Gambetta confia au général Fai-dherbe (1818-1889) le commandement de l'armée du Nord, dont la résistance empêcha les Prussiens d'occuper les départements du Nord. Faidherbe remporta quelques victoires (Pont-Noyelles ; Bapaume) mais fut battu à Saint-Quentin le 19 janvier 1871.

2. Cf. p. 21, note 1.

voulut obtenir, par la peur, des révélations des enfants. On ne découvrit rien.

Mais voilà qu'un matin, on aperçut le père Milon étendu dans son écurie, la figure coupée d'une balafre.

Deux uhlans éventrés furent retrouvés à trois kilomètres de la ferme. Un d'eux tenait encore à la main son arme ensanglantée. Il s'était battu, défendu.

Un conseil de guerre ayant été aussitôt constitué en plein air, devant la ferme, le vieux fut amené.

Il avait soixante-huit ans. Il était petit, maigre, un peu tors, avec de grandes mains pareilles à des pinces de crabe. Ses cheveux ternes, rares et légers comme un duvet de jeune canard, laissaient voir partout la chair du crâne. La peau brune et plissée du cou montrait de grosses veines qui s'enfonçaient sous les mâchoires et reparaissaient aux tempes. Il passait dans la contrée pour avare et difficile en affaires.

On le plaça debout, entre quatre soldats, devant la table de cuisine tirée dehors. Cinq officiers et le colonel s'assirent en face de lui.

Le colonel prit la parole en français :

« Père Milon, depuis que nous sommes ici, nous n'avons eu qu'à nous louer de vous. Vous avez toujours été complaisant et même attentionné pour nous. Mais aujourd'hui une accusation terrible pèse sur vous, et il faut que la lumière se fasse. Comment avez-vous reçu la blessure que vous portez sur la figure ? »

Le paysan ne répondit rien.

Le colonel reprit :

« Votre silence vous condamne, père Milon. Mais je veux que vous me répondiez, entendez-vous ? Savez-vous qui a tué les deux uhlans qu'on a trouvés ce matin près du Calvaire ? »

Le vieux articula nettement :

« C'est mé. »

Le colonel, surpris, se tut une seconde, regardant fixement le prisonnier. Le père Milon demeurait impassible, avec son air abruti de paysan, les yeux baissés

comme s'il eût parlé à son curé. Une seule chose pouvait révéler un trouble intérieur, c'est qu'il avalait coup sur coup sa salive, avec un effort visible, comme si sa gorge eût été tout à fait étranglée.

La famille du bonhomme, son fils Jean, sa bru et deux petits enfants se tenaient à dix pas en arrière, effarés et consternés.

Le colonel reprit :

« Savez-vous aussi qui a tué tous les éclaireurs de notre armée qu'on retrouve chaque matin, par la campagne, depuis un mois ? »

Le vieux répondit avec la même impassibilité de brute :

« C'est mé.

— C'est vous qui les avez tués tous ?

— Tretous [1], oui, c'est mé.

— Vous seul ?

— Mé seul.

— Dites-moi comment vous vous y preniez. »

Cette fois l'homme parut ému ; la nécessité de parler longtemps le gênait visiblement. Il balbutia :

« Je sais-ti mé ? J'ai fait ça comme ça s'trouvait. »

Le colonel reprit :

« Je vous préviens qu'il faudra que vous me disiez tout. Vous ferez donc bien de vous décider immédiatement. Comment avez-vous commencé ? »

L'homme jeta un regard inquiet sur sa famille attentive derrière lui. Il hésita un instant encore, puis, tout à coup, se décida.

« Je r'venais un soir, qu'il était p't-être dix heures, le lend'main que vous étiez ici. Vous, et pi vos soldats, vous m'aviez pris pour pus de chinquante écus de fourrage avec une vaque et deux moutons. Je me dis : "Tant qu'i me prendront de fois ving écus, tant que je leur y revaudrai ça." Et pi j'avais d'autres choses itou su l'cœur, que j'vous dirai. Vl'à qu'j'en aperçois un d'vos

1. Régionalisme normand pour « tous ».

cavaliers qui fumait sa pipe su mon fossé, derrière ma grange. J'allai décrocher ma faux et je r'vins à p'tits pas par-derrière, qu'il n'entendit seulement rien. Et j'li coupai la tête d'un coup, d'un seul, comme un épi, qu'il n'a pas seulement dit "ouf !". Vous n'auriez qu'à chercher au fond d'la mare : vous le trouveriez dans un sac à charbon, avec une pierre de la barrière.

« J'avais mon idée. J'pris tous ses effets d'puis les bottes jusqu'au bonnet et je les cachai dans le four à plâtre [1] du bois Martin, derrière la cour. »

Le vieux se tut. Les officiers, interdits, se regardaient. L'interrogatoire recommença ; et voici ce qu'ils apprirent :

Une fois son meurtre accompli, l'homme avait vécu avec cette pensée : « Tuer des Prussiens ! » Il les haïssait d'une haine sournoise et acharnée de paysan cupide et patriote aussi. Il avait son idée, comme il disait. Il attendit quelques jours.

On le laissait libre d'aller et de venir, d'entrer et de sortir à sa guise, tant il s'était montré humble envers les vainqueurs, soumis et complaisant. Or il voyait, chaque soir, partir les estafettes ; et il sortit, une nuit, ayant entendu le nom du village où se rendaient les cavaliers, et ayant appris, dans la fréquentation des soldats, les quelques mots d'allemand qu'il lui fallait.

Il sortit de sa cour, se glissa dans le bois, gagna le four à plâtre, pénétra au fond de la longue galerie et, ayant retrouvé par terre les vêtements du mort, il s'en vêtit.

Alors il se mit à rôder par les champs, rampant, suivant les talus pour se cacher, écoutant les moindres bruits, inquiet comme un braconnier.

Lorsqu'il crut l'heure arrivée, il se rapprocha de la

1. Construction voûtée, ouverte par en haut, servant à la préparation du plâtre.

route et se cacha dans une broussaille. Il attendit
encore. Enfin, vers minuit, un galop de cheval sonna
sur la terre dure du chemin. L'homme mit l'oreille à
terre pour s'assurer qu'un seul cavalier s'approchait,
puis il s'apprêta.

Le uhlan arrivait au grand trot, rapportant des dépê-
ches. Il allait, l'œil en éveil, l'oreille tendue. Dès qu'il
ne fut plus qu'à dix pas, le père Milon se traîna au tra-
vers de la route en gémissant : « Hilfe ! Hilfe ! À
l'aide, à l'aide ! » Le cavalier s'arrêta, reconnut un
Allemand démonté, le crut blessé, descendit de cheval,
s'approcha sans soupçonner rien, et, comme il se pen-
chait sur l'inconnu, il reçut au milieu du ventre la lon-
gue lame courbée du sabre. Il s'abattit, sans agonie,
secoué seulement par quelques frissons suprêmes.

Alors le Normand, radieux d'une joie muette de
vieux paysan, se releva, et, pour son plaisir, coupa la
gorge du cadavre. Puis, il le traîna jusqu'au fossé et
l'y jeta.

Le cheval, tranquille, attendait son maître. Le père
Milon se mit en selle, et il partit au galop à travers les
plaines.

Au bout d'une heure, il aperçut encore deux uhlans
côte à côte qui rentraient au quartier. Il alla droit sur
eux, criant encore : Hilfe ! Hilfe ! Les Prussiens le lais-
saient venir, reconnaissant l'uniforme, sans méfiance
aucune. Et il passa, le vieux, comme un boulet entre
les deux, les abattant l'un et l'autre avec son sabre et
un revolver.

Puis il égorgea les chevaux, des chevaux allemands !
Puis il rentra doucement au four à plâtre et cacha un
cheval au fond de la sombre galerie. Il y quitta son uni-
forme, reprit ses hardes de gueux et, regagnant son lit,
dormit jusqu'au matin.

Pendant quatre jours, il ne sortit pas, attendant la
fin de l'enquête ouverte ; mais, le cinquième jour, il
repartit, et tua encore deux soldats par le même stra-
tagème. Dès lors, il ne s'arrêta plus. Chaque nuit, il
errait, il rôdait à l'aventure, abattant des Prussiens

tantôt ici, tantôt là, galopant par les champs déserts, sous la lune, uhlan perdu, chasseur d'hommes. Puis, sa tâche finie, laissant derrière lui des cadavres couchés le long des routes, le vieux cavalier rentrait cacher au fond du four à plâtre son cheval et son uniforme.

Il allait vers midi, d'un air tranquille, porter de l'avoine et de l'eau à sa monture restée au fond du souterrain, et il la nourrissait à profusion, exigeant d'elle un grand travail.

Mais, la veille, un de ceux qu'il avait attaqués se tenait sur ses gardes et avait coupé d'un coup de sabre la figure du vieux paysan.

Il les avait tués cependant tous les deux ! Il était revenu encore, avait caché le cheval et repris ses humbles habits ; mais, en rentrant, une faiblesse l'avait saisi et il s'était traîné jusqu'à l'écurie, ne pouvant plus gagner la maison.

On l'avait trouvé là tout sanglant, sur la paille...

Quand il eut fini son récit, il releva soudain la tête et regarda fièrement les officiers prussiens.

Le colonel, qui tirait sa moustache, lui demanda :

« Vous n'avez plus rien à dire ?

— Non, pus rien ; l'compte est juste : j'en ai tué seize, pas un de pus, pas un de moins.

— Vous savez que vous allez mourir ?

— J'vous ai pas d'mandé de grâce.

— Avez-vous été soldat ?

— Oui. J'ai fait campagne, dans le temps. Et puis, c'est vous qu'avez tué mon père, qu'était soldat de l'Empereur premier. Sans compter que vous avez tué mon fils cadet, François, le mois dernier, auprès d'Évreux. Je vous en devais, j'ai payé. Je sommes quittes. »

Les officiers se regardaient.

Le vieux reprit :

« Huit pour mon père, huit pour mon fieu, je sommes quittes. J'ai pas été vous chercher querelle, mé !

J'vous connais point ! J'sais pas seulement d'où qu'vous v'nez. Vous v'là chez mé, que vous y commandez comme si c'était chez vous. Je m'suis vengé su l's autres. J'm'en r'pens point. »

Et, redressant son torse ankylosé, le vieux croisa ses bras dans une pose d'humble héros.

Les Prussiens se parlèrent bas longtemps. Un capitaine, qui avait aussi perdu son fils, le mois dernier, défendait ce gueux magnanime.

Alors le colonel se leva et, s'approchant du père Milon, baissant la voix :

« Écoutez, le vieux, il y a peut-être un moyen de vous sauver la vie, c'est de... »

Mais le bonhomme n'écoutait point, et, les yeux plantés droit sur l'officier vainqueur, tandis que le vent agitait les poils follets de son crâne, il fit une grimace affreuse qui crispa sa maigre face toute coupée par la balafre, et, gonflant sa poitrine, il cracha, de toute sa force, en pleine figure du Prussien.

Le colonel, affolé, leva la main, et l'homme, pour la seconde fois, lui cracha par la figure.

Tous les officiers s'étaient dressés et hurlaient des ordres en même temps.

En moins d'une minute, le bonhomme, toujours impassible, fut collé contre le mur et fusillé, alors qu'il envoyait des sourires à Jean, son fils aîné, à sa bru et aux deux petits, qui regardaient, éperdus.

(22 mai 1883.)

TOMBOUCTOU[1]

Le boulevard[2], ce fleuve de vie, grouillait dans la poudre d'or du soleil couchant. Tout le ciel était rouge, aveuglant ; et, derrière la Madeleine, une immense nuée flamboyante jetait dans toute la longue avenue une oblique averse de feu, vibrante comme une vapeur de brasier.

La foule gaie, palpitante, allait sous cette brume enflammée et semblait dans une apothéose. Les visages étaient dorés ; les chapeaux noirs et les habits avaient des reflets de pourpre ; le vernis des chaussures jetait des flammes sur l'asphalte des trottoirs.

Devant les cafés, un peuple d'hommes buvait des boissons brillantes et colorées qu'on aurait prises pour des pierres précieuses fondues dans le cristal.

Au milieu des consommateurs aux légers vêtements plus foncés, deux officiers en grande tenue faisaient baisser tous les yeux par l'éblouissement de leurs dorures. Ils causaient, joyeux sans motif, dans cette gloire de vie, dans ce rayonnement radieux du soir ; et ils

1. Ce nom évoque la conquête et la colonisation de l'Afrique et plus particulièrement la ville mystérieuse découverte par l'explorateur René Caillé en 1828.
2. Le boulevard (les boulevards de la Madeleine, des Capucines, des Italiens) était à la fin du XIXᵉ siècle un des hauts lieux de la vie parisienne. Maupassant lui a consacré une chronique du *Gil Blas* le 25 mars 1884. Un des cafés du boulevard des Italiens *(le Helder)* était connu pour sa clientèle d'officiers.

regardaient la foule, les hommes lents et les femmes pressées qui laissaient derrière elles une odeur savoureuse et troublante.

Tout à coup un nègre énorme, vêtu de noir, ventru, chamarré de breloques sur un gilet de coutil [1], la face luisante comme si elle eût été cirée, passa devant eux avec un air de triomphe. Il riait aux passants, il riait aux vendeurs de journaux, il riait au ciel éclatant, il riait à Paris entier. Il était si grand qu'il dépassait toutes les têtes ; et, derrière lui, tous les badauds se retournaient pour le contempler de dos.

Mais soudain il aperçut les officiers, et, culbutant les buveurs, il s'élança. Dès qu'il fut devant leur table, il planta sur eux ses yeux luisants et ravis, et les coins de sa bouche lui montèrent jusqu'aux oreilles, découvrant ses dents blanches, claires comme un croissant de lune dans un ciel noir. Les deux hommes, stupéfaits, contemplaient ce géant d'ébène, sans rien comprendre à sa gaieté.

Et il s'écria, d'une voix qui fit rire toutes les tables :

« Bonjou, mon lieutenant. »

Un des officiers était chef de bataillon, l'autre colonel. Le premier dit :

« Je ne vous connais pas, Monsieur ; j'ignore ce que vous me voulez. »

Le nègre reprit :

« Moi aimé beaucoup toi, lieutenant Védié, siège Bézi, beaucoup raisin, cherché moi. »

L'officier, tout à fait éperdu, regardait fixement l'homme, cherchant au fond de ses souvenirs ; mais brusquement il s'écria :

« Tombouctou ? »

Le nègre, radieux, tapa sur sa cuisse en poussant un rire d'une invraisemblable violence et beuglant :

1. « Toile serrée et lisse, propre à faire [...] des habits d'été » (Littré).

« Si, si, ya, mon lieutenant, reconné Tombouctou, ya, bonjou. »

Le commandant lui tendit la main en riant lui-même de tout son cœur. Alors Tombouctou redevint grave. Il saisit la main de l'officier, et, si vite que l'autre ne put l'empêcher, il la baisa, selon la coutume nègre et arabe. Confus, le militaire lui dit d'une voix sévère :

« Allons, Tombouctou, nous ne sommes pas en Afrique. Assieds-toi là et dis-moi comment je te trouve ici. »

Tombouctou tendit son ventre, et, bredouillant, tant il parlait vite :

« Gagné beaucoup d'argent, beaucoup, grand' estaurant, bon mangé, Prussiens, moi, beaucoup volé, beaucoup, cuisine française, Tombouctou, cuisinié de l'Empéeu, deux cent mille francs à moi. Ah ! ah ! ah ! ah ! »

Et il riait, tordu, hurlant avec une folie de joie dans le regard.

Quand l'officier, qui comprenait son étrange langage, l'eut interrogé quelque temps, il lui dit :

« Eh bien, au revoir, Tombouctou ; à bientôt. »

Le nègre aussitôt se leva, serra, cette fois, la main qu'on lui tendait, et, riant toujours, cria :

« Bonjour, bonjou, mon lieutenant ! »

Il s'en alla, si content, qu'il gesticulait en marchant, et qu'on le prenait pour un fou.

Le colonel demanda :

« Qu'est-ce que cette brute ?

— Un brave garçon et un brave soldat. Je vais vous dire ce que je sais de lui ; c'est assez drôle. »

Vous savez qu'au commencement de la guerre de 1870 je fus enfermé dans Bézières[1], que ce nègre

1. Nom fictif. Sans doute s'agit-il d'un village d'Alsace (cf. les vignes), province annexée (ainsi que la Lorraine) par la Prusse.

appelle Bézi. Nous n'étions point assiégés, mais bloqués. Les lignes prussiennes nous entouraient de partout, hors de portée des canons, ne tirant pas non plus sur nous, mais nous affamant peu à peu.

J'étais alors lieutenant. Notre garnison se trouvait composée de troupes de toute nature, débris de régiments écharpés, fuyards, maraudeurs séparés des corps d'armée. Nous avions de tout enfin, même onze turcos[1] arrivés un soir on ne sait comment, on ne sait par où. Ils s'étaient présentés aux portes de la ville, harassés, déguenillés, affamés et saouls. On me les donna.

Je reconnus bientôt qu'ils étaient rebelles à toute discipline, toujours dehors et toujours gris. J'essayai de la salle de police, même de la prison, rien n'y fit. Mes hommes disparaissaient des jours entiers, comme s'ils se fussent enfoncés sous terre, puis reparaissaient ivres à tomber. Ils n'avaient pas d'argent. Où buvaient-ils ? Et comment, et avec quoi ?

Cela commençait à m'intriguer vivement, d'autant plus que ces sauvages m'intéressaient avec leur rire éternel et leur caractère de grands enfants espiègles.

Je m'aperçus alors qu'ils obéissaient aveuglément au plus grand d'eux tous, celui que vous venez de voir. Il les gouvernait à son gré, préparait leurs mystérieuses entreprises en chef tout-puissant et incontesté. Je le fis venir chez moi et je l'interrogeai. Notre conversation dura bien trois heures, tant j'avais de peine à pénétrer son surprenant charabia[2]. Quant à lui, le pauvre diable, il faisait des efforts inouïs pour être compris, inventait des mots, gesticulait, suait de peine, s'essuyait le front, soufflait, s'arrêtait et repartait brus-

1. Populaire : terme désignant les tirailleurs algériens que les Russes, pendant la campagne de Crimée, avaient pris pour des Turcs en raison de leurs vêtements.

2. Populaire : patois des Auvergnats ; par extension : « tout parler qu'on ne comprend pas » (Littré).

quement quand il croyait avoir trouvé un nouveau
moyen de s'expliquer.

Je devinai enfin qu'il était fils d'un grand chef, d'une
sorte de roi nègre des environs de Tombouctou. Je lui
demandai son nom. Il répondit quelque chose comme
Chavaharibouhalikhranafotapolara. Il me parut plus
simple de lui donner le nom de son pays : « Tombouc-
tou ». Et, huit jours plus tard, toute la garnison ne le
nommait plus autrement.

Mais une envie folle nous tenait de savoir où cet ex-
prince africain trouvait à boire. Je le découvris d'une
singulière façon.

J'étais un matin sur les remparts, étudiant l'horizon,
quand j'aperçus dans une vigne quelque chose qui
remuait. On arrivait au temps des vendanges, les rai-
sins étaient mûrs, mais je ne songeais guère à cela. Je
pensai qu'un espion s'approchait de la ville, et j'orga-
nisai une expédition complète pour saisir le rôdeur. Je
pris moi-même le commandement, après avoir obtenu
l'autorisation du général.

J'avais fait sortir, par trois portes différentes, trois
petites troupes qui devaient se joindre auprès de la vigne
suspecte et la cerner. Pour couper la retraite à l'espion,
un de ces détachements avait à faire une marche d'une
heure au moins. Un homme resté en observation sur
les murs m'indiqua par signe que l'être aperçu n'avait
point quitté le champ. Nous allions en grand silence,
rampant, presque couchés dans les ornières. Enfin,
nous touchons au point désigné ; je déploie brusque-
ment mes soldats, qui s'élancent dans la vigne, et trou-
vent... Tombouctou voyageant à quatre pattes au
milieu des ceps et mangeant du raisin, ou plutôt hap-
pant du raisin comme un chien qui mange sa soupe,
à pleine bouche, à la plante même, en arrachant la
grappe d'un coup de dents.

Je voulus le faire relever ; et il n'y fallait pas son-
ger, et je compris alors pourquoi il se traînait ainsi sur
les mains et sur les genoux. Dès qu'on l'eut planté sur
ses jambes, il oscilla quelques secondes, tendit les bras

et s'abattit sur le nez. Il était gris comme je n'ai jamais
vu un homme être gris.

On le rapporta sur deux échalas. Il ne cessa de rire
tout le long de la route en gesticulant des bras et des
jambes.

C'était là tout le mystère. Mes gaillards buvaient au
raisin lui-même. Puis, lorsqu'ils étaient saouls à ne plus
bouger, ils dormaient sur place.

Quant à Tombouctou, son amour de la vigne pas-
sait toute croyance et toute mesure. Il vivait là-dedans
à la façon des grives, qu'il haïssait d'ailleurs, haine de
rival jaloux. Il répétait sans cesse :

« Les gives mangé tout le raisin, capules ! »

Un soir on vint me chercher. On apercevait par la
plaine quelque chose arrivant vers nous. Je n'avais
point pris ma lunette et je distinguais fort mal. On eût
dit un grand serpent qui se déroulait, un convoi, que
sais-je ?

J'envoyai quelques hommes au-devant de cette
étrange caravane qui fit bientôt son entrée triomphale.
Tombouctou et neuf de ses compagnons portaient sur
une sorte d'autel, fait avec des chaises de campagne,
huit têtes coupées, sanglantes et grimaçantes. Le
dixième turco traînait un cheval à la queue duquel un
autre était attaché, et six autres bêtes suivaient encore,
retenues de la même façon.

Voici ce que j'appris. Étant partis aux vignes, mes
Africains avaient aperçu tout à coup un détachement
prussien s'approchant d'un village. Au lieu de fuir, ils
s'étaient cachés ; puis, lorsque les officiers eurent mis
pied à terre devant une auberge pour se rafraîchir, les
onze gaillards s'élancèrent, mirent en fuite les uhlans
qui se crurent attaqués, tuèrent les deux sentinelles, plus
le colonel et les cinq officiers de son escorte.

Ce jour-là, j'embrassai Tombouctou. Mais je m'aper-
çus qu'il marchait avec peine. Je le crus blessé, il se mit
à rire et me dit :

« Moi, povisions pou pays. »

C'est que Tombouctou ne faisait point la guerre pour l'honneur, mais bien pour le gain. Tout ce qu'il trouvait, tout ce qui lui paraissait avoir une valeur quelconque, tout ce qui brillait surtout, il le plongeait dans sa poche ! Quelle poche ! un gouffre qui commençait à la hanche et finissait aux chevilles. Ayant retenu un terme de troupier, il l'appelait sa « profonde », et c'était sa profonde, en effet !

Donc il avait détaché l'or des uniformes prussiens, le cuivre des casques, les boutons, etc., et jeté le tout dans sa « profonde » qui était pleine à déborder.

Chaque jour, il précipitait là-dedans tout objet luisant qui lui tombait sous les yeux, morceaux d'étain ou pièces d'argent, ce qui lui donnait parfois une tournure infiniment drôle.

Il comptait remporter cela au pays des autruches, dont il semblait bien le frère, ce fils de roi torturé par le besoin d'engloutir les corps brillants. S'il n'avait pas eu sa profonde, qu'aurait-il fait ? Il les aurait sans doute avalés.

Chaque matin sa poche était vide. Il avait donc un magasin général où s'entassaient ses richesses. Mais où ? Je ne l'ai pu découvrir.

Le général, prévenu du haut fait de Tombouctou, fit bien vite enterrer les corps demeurés au village voisin, pour qu'on ne découvrît point qu'ils avaient été décapités. Les Prussiens y revinrent le lendemain. Le maire et sept habitants notables furent fusillés sur-le-champ, par représailles, comme ayant dénoncé la présence des Allemands.

L'hiver était venu. Nous étions harassés et désespérés. On se battait maintenant tous les jours. Les hommes affamés ne marchaient plus. Seuls les huit turcos (trois avaient été tués) demeuraient gras et luisants, vigoureux et toujours prêts à se battre. Tombouctou engraissait même. Il me dit un jour :

« Toi beaucoup faim, moi bon viande. »

Et il m'apporta en effet un excellent filet. Mais de quoi ! Nous n'avions plus ni bœufs, ni moutons, ni chèvres, ni ânes, ni porcs. Il était impossible de se procurer du cheval. Je réfléchis à tout cela après avoir dévoré ma viande. Alors une pensée horrible me vint. Ces nègres étaient nés bien près du pays où l'on mange des hommes ! Et chaque jour tant de soldats tombaient autour de la ville ! J'interrogeai Tombouctou. Il ne voulut pas répondre. Je n'insistai point, mais je refusai désormais ses présents.

Il m'adorait. Une nuit, la neige nous surprit aux avant-postes. Nous étions assis par terre. Je regardais avec pitié les pauvres nègres grelottant sous cette poussière blanche et glacée. Comme j'avais grand froid, je me mis à tousser. Je sentis aussitôt quelque chose s'abattre sur moi, comme une grande et chaude couverture. C'était le manteau de Tombouctou qu'il me jetait sur les épaules.

Je me levai et, lui rendant son vêtement :

« Garde ça, mon garçon ; tu en as plus besoin que moi. »

Il répondit :

« Non, mon lieutenant, pou toi, moi pas besoin, moi chaud, chaud. »

Et il me contemplait avec des yeux suppliants.

Je repris :

« Allons, obéis, garde ton manteau, je le veux. »

Le nègre alors se leva, tira son sabre qu'il savait rendre coupant comme une faux, et tenant de l'autre main sa large capote que je refusais :

« Si toi pas gadé manteau, moi coupé ; pésonne manteau. »

Il l'aurait fait. Je cédai.

Huit jours plus tard, nous avions capitulé. Quelques-uns d'entre nous avaient pu s'enfuir. Les autres allaient sortir de la ville et se rendre aux vainqueurs.

Je me dirigeais vers la place d'Armes où nous devions nous réunir, quand je demeurai stupide d'étonnement devant un nègre géant vêtu de coutil blanc et coiffé d'un chapeau de paille. C'était Tombouctou. Il semblait radieux et se promenait, les mains dans ses poches, devant une petite boutique où l'on voyait en montre deux assiettes et deux verres.

Je lui dis :

« Qu'est-ce que tu fais ? »

Il répondit :

« Moi pas pati, moi bon cuisinié, moi fait mangé colonel, Algéie ; moi mangé Pussiens, beaucoup volé, beaucoup. »

Il gelait à dix degrés. Je grelottais devant ce nègre en coutil. Alors il me prit par le bras et me fit entrer. J'aperçus une enseigne démesurée qu'il allait pendre devant sa porte sitôt que nous serions partis, car il avait quelque pudeur.

Et je lus, tracé par la main de quelque complice, cet appel :

CUISINE MILITAIRE
DE M. TOMBOUCTOU

ANCIEN CUISINIER DE S. M. L'EMPEREUR

Artiste de Paris. — Prix modérés.

Malgré le désespoir qui me rongeait le cœur, je ne pus m'empêcher de rire, et je laissai mon nègre à son nouveau commerce.

Cela ne valait-il pas mieux que de le faire emmener prisonnier ?

Vous venez de voir qu'il a réussi, le gaillard.

Bézières, aujourd'hui, appartient à l'Allemagne. Le restaurant Tombouctou est un commencement de revanche.

(2 août 1883.)

UN DUEL [1]

La guerre était finie [2] ; les Allemands occupaient la France ; le pays palpitait comme un lutteur vaincu tombé sous le genou du vainqueur.

De Paris affolé, affamé, désespéré, les premiers trains sortaient, allant aux frontières nouvelles, traversant avec lenteur les campagnes et les villages. Les premiers voyageurs regardaient par les portières les plaines ruinées et les hameaux incendiés. Devant les portes des maisons restées debout, des soldats prussiens, coiffés du casque noir à la pointe de cuivre, fumaient leur pipe, à cheval sur des chaises. D'autres travaillaient ou causaient comme s'ils eussent fait partie des familles. Quand on passait les villes, on voyait des régiments entiers manœuvrant sur les places, et, malgré le bruit des roues, les commandements rauques arrivaient par instants.

1. Le duel, bien qu'illégal, continuait d'être une institution bien établie. Maupassant lui consacra une chronique du *Gil Blas* (8 décembre 1881) et préfaça en 1883 le livre de Ludovic de Vaux, *Les Tireurs au pistolet*. Bien que très hostile à cette « nécessité stupide imposée par la bêtise humaine », il faillit lui-même se battre avec Jean Lorrain qui, dans son roman *Très Russe* (1886), avait tracé de lui un portrait férocement désobligeant — et transparent — sous le nom de Jean de Beaufrilan, « étalon modèle littéraire et plastique du grand haras Flaubert, Zola et Cie ».
2. Le 1er mars 1871, les préliminaires de paix ont été ratifiés par l'Assemblée.

M. Dubuis, qui avait fait partie de la garde natio-
nale de Paris pendant toute la durée du siège, allait
rejoindre en Suisse [1] sa femme et sa fille, envoyées par
prudence à l'étranger, avant l'invasion.

La famine et les fatigues n'avaient point diminué son
gros ventre de marchand riche et pacifique. Il avait subi
les événements terribles avec une résignation désolée
et des phrases amères sur la sauvagerie des hommes.
Maintenant qu'il gagnait la frontière, la guerre finie,
il voyait pour la première fois des Prussiens, bien qu'il
eût fait son devoir sur les remparts et monté bien des
gardes par les nuits froides.

Il regardait avec une terreur irritée ces hommes armés
et barbus installés comme chez eux sur la terre de
France, et il se sentait à l'âme une sorte de fièvre de
patriotisme impuissant, en même temps que ce grand
besoin, que cet instinct nouveau de prudence qui ne
nous a plus quittés.

Dans son compartiment, deux Anglais, venus pour
voir, regardaient de leurs yeux tranquilles et curieux.
Ils étaient gros aussi tous deux et causaient en leur lan-
gue, parcourant parfois leur guide, qu'ils lisaient à
haute voix en cherchant à bien reconnaître les lieux
indiqués.

Tout à coup, le train s'étant arrêté à la gare d'une
petite ville, un officier prussien monta avec son grand
bruit de sabre sur le double marchepied du wagon. Il
était grand, serré dans son uniforme et barbu jusqu'aux
yeux. Son poil roux semblait flamber, et ses longues
moustaches, plus pâles, s'élançaient des deux côtés du
visage, qu'elles coupaient en travers.

Les Anglais aussitôt se mirent à le contempler avec
des sourires de curiosité satisfaite, tandis que
M. Dubuis faisait semblant de lire un journal. Il se

1. La Suisse (comme d'ailleurs l'Angleterre, cf. *Boule de suif*,
p. 33) servit d'asile à ceux qui fuyaient l'invasion prussienne.

GUY DE MAUPASSANT

...âche d'en faire une douzaine comme ça ! et tu seras un homme" G. Flaubert.

Flaubert fut l'ami, le maître, le modèle de Maupassant
et veilla sur ses débuts littéraires.

Le succès de "Boule de suif"
fut immédiat et rendit son auteur
célèbre du jour au lendemain.
Certains exploitèrent sans
scrupules ce succès, comme
en témoigne cette publication
antisémite qui détourne
honteusement le titre
et l'esprit du récit
de Maupassant.

"Je me suis fait une loi absolue de ne jamais publier
mon portrait toutes les fois que je peux l'empêcher...

2

*"Les portraitistes m'assomment et mon portrait
exposé m'agace" (1884).*

MAUPASSANT PAR LUI-MÊME

"Je prends tout avec indifférence et passe les deux tiers de
mon temps à m'ennuyer profondément. J'occupe le troi-
sième tiers à écrire des lignes que je vends le plus cher possi-
ble en me désolant d'être obligé de faire ce métier abomina-
ble" (1884).

...nos œuvres appartiennent au public
mais pas nos figures" (1891).

*"La guerre ét‹
finie ; les Alleman‹
occupaient la Franc
le pays palpit‹
comme un lutte
tombé sous le gen‹
du vainqueur (p. 14‹
Ci-dessus, "Le désas‹
de Sedan" (187‹
Ci-contre, "Le Pige‹
par Pu‹
de Chavann‹*

"Quand j'entends prononcer ce mot : la guerre, il me vient
un effarement, comme si on me parlait...

4

Ci-contre,
"La Mort
du commandant
Berbegier"
en 1870,
par E. Detaille;
ci-dessous,
"Combat dans
les rues
du Bourget."

REJOINDRE
SON ARMÉE?

"Et il lui faudrait re-
commencer l'horrible
vie d'angoisses, d'épou-
vantes, de fatigues et
de souffrances qu'il
menait depuis le com-
mencement de la
guerre! Non! Il ne se
sentait plus le cou-
rage!" (p. 117).

...d'une chose lointaine, finie, abominable,
monstrueuse, contre nature" (p. 243).

5

En haut, "La Diligence," par V. Adam (1850).
Au centre, "La Diligence vers l'Ouest," film de G. Douglas (1966) et remake de "La Chevauchée fantastique."

" 'Boule de suif ' [...] est un chef-d'œuvre ;
je maintiens le mot :...

"La Petite Capeline rose," 1882, par J.-E. Blanche.

BOULE DE SUIF

"Sa figure était une pomme rouge, un bouton de pivoine prêt à fleurir, et là-dedans s'ouvraient, en haut, des yeux noirs magnifiques, ombragés de grands cils épais [...] ; en bas, une bouche charmante, étroite, humide pour le baiser, meublée de quenottes luisantes et microscopiques" (p. 38).

... un chef-d'œuvre de composition,
de comique et d'observation" (G. Flaubert).

"Le marquis [...] venait de lui souffler un jet de tabac dans la bouche. Elle ne se fâcha point" (p. 84). "Mademoiselle Fifi," à la télévision (Claude Santelli, 1988).

Boule de suif, Irma, Rachel :
en inventant la prostituée patriote...

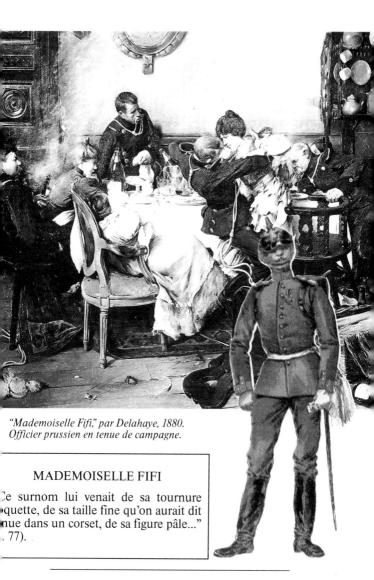

"Mademoiselle Fifi," par Delahaye, 1880.
Officier prussien en tenue de campagne.

MADEMOISELLE FIFI

"Ce surnom lui venait de sa tournure coquette, de sa taille fine qu'on aurait dit prise dans un corset, de sa figure pâle..." (p. 77).

Maupassant renouvelle la thématique du récit de guerre tout autant que celle de la "fille de noces."

"La Folle," par Th. Géricault

L'HÉROÏSME ATROCE D'UNE MÈRE
"La vieille Sauvage, restant debout, devant son logis détruit, armée de son fusil, celui du fils, de crainte qu'un des hommes n'échappât.
Quand elle vit que c'était fini, elle jeta son arme dans le brasier [...]
On trouva la femme assise sur un tronc d'arbre, tranquille et satisfaite" (p. 157).

La guerre, si elle révèle la lâcheté des bourgeois bien-pensant et l'héroïsme des humbles, paysans ou putains,...

Ci-dessus, "Les Traînards," par Fleury-Chenu, 1870.
Ci-dessous, "Cour de ferme," par A. Sisley.

... met surtout à nu les forces obscures, incontrôlables
qui habitent l'être humain.

MOHAMMED-FRIPOUILLE

"Il chargea, tout seul, ce bataillon de femelles en loques, et il se mit à sabrer [...] avec une telle rage [...] qu'on voyait tomber un corps blanc chaque fois que s'abattait son bras.

Il était tellement terrible que les femmes épouvantées, s'enfuirent [...], laissant sur la place une douzaine de mortes ou de blessées dont le sang rouge tachait les vêtements pâles" (p. 192).

Ci-contre, "Zouave," par E. Detaill
Ci-dessous, "Campement de Bédouins," par S. Uss

Maupassant voue une même exécration à la guerre qu'il a vécue en 1870, guerre de défense nationale,...

Ci-dessus, "Tirailleurs d'Afrique" et, ci-dessous, "Camp lors de la campagne de Tunisie," par E. Detaille.

... et à celles que la France mène en Afrique du Nord pour assurer son empire colonial.

Stagecoach, "La Chevauchée fantastique," J. Ford (1948).

Sur fond de débâcle et d'invasion, l'histoire d'une prosti-tuée patriote dénonce les préjugés, l'hypocrisie,...

Claire Trevor, "Boule de suif" au pays du western.

LE MÉPRIS DES GREDINS HONNÊTES

"Boule de suif, dans la tête et l'effarement de son lever, n'avait pu penser à rien ; et elle regardait exaspérée, suffoquant de rage, tous ces gens qui mangeaient placidement [...]

Personne ne la regardait, ne songeait à elle. Elle se sentait noyée dans le mépris de ces gredins honnêtes qui l'avaient sacrifiée d'abord, rejetée ensuite, comme une chose malpropre et inutile" (p. 72).

Micheline Presle, "Boule de suif"...

chez Christian-Jaque, 1945.

...l'étroitesse d'esprit d'une bonne société
sûre de son bon droit.

"... un magnifique échantillon de la goujaterie naturelle au militaire victorieux..." (p. 56). L. Salou, dans le film de Christian-Jaque.

CRÉDIT PHOTOGRAPHIQUES

P. 1 : Kharbine-Tapabor. P. 2 : Roger-Viollet ; Dagli Orti. P. 3 : J.-L. Charmet. P. 4 : "Le Désastre de Sedan"/Dagli Orti ; "Le Pigeon" par P. de Chavannes/Roger-Viollet. P. 5 : "Mort du commandant Berbegier" par E. Detaille, Paris, musée de l'Armée/H. Josse ; "Combat dans les rues du Bourget en 1870"/Dagli Orti. P. 6 : Dagli Orti ; Prod/DB. P. 7 : "La Petite Capeline rose" par J. Emile-Blanche, Paris, musée du Petit Palais/Dagli Orti by Spadem 1991. P. 8 : Kipa. P. 9 : Roger-Viollet ; J.-L. Charmet. P. 10 : "La Folle" par Th. Gericault, Paris, musée du Louvre/Dagli Orti. P. 11 : "Les Traînards" par Fleury Chenu, Paris, musée d'Orsay/H. Josse ; "Cour de ferme" par A. Sisley, Paris, musée d'Orsay/H. Josse. P. 12 : "Zouave" par E. Detaille, Paris, musée de l'Armée/Dagli Orti ; "Campement de Bédouins" par S. Ussi, Rome, musée d'Art moderne/Dagli Orti. P. 13 : gravures d'E. Detaille, Paris, musée de l'Armée/Dagli Orti. Pp. 14, 15, 16 : Prod/DB. 4e de couverture : Guerre franco-prussienne de 1870, Paris, musée Carnavalet/Dagli Orti.

tenait blotti dans son coin, comme un voleur en face d'un gendarme.

Le train se remit en marche. Les Anglais continuaient à causer, à chercher les lieux précis des batailles ; et soudain, comme l'un d'eux tendait le bras vers l'horizon en indiquant un village, l'officier prussien prononça en français, en étendant ses longues jambes et se renversant sur le dos :

« Ché tué touze Français tans ce fillage. Ché bris plus te cent brisonniers. »

Les Anglais, tout à fait intéressés, demandèrent aussitôt :

« Aoh ! comment s'appelé, cette village ? »

Le Prussien répondit : « Pharsbourg[1]. »

Il reprit :

« Ché bris ces bolissons de Français par les oreilles. »

Et il regardait M. Dubuis en riant orgueilleusement dans son poil.

Le train roulait, traversant toujours des hameaux occupés. On voyait les soldats allemands le long des routes, au bord des champs, debout au coin des barrières, ou causant devant les cafés. Ils couvraient la terre comme les sauterelles d'Afrique.

L'officier tendit la main :

« Si ch'afais le gommandement, ch'aurais bris Paris, et brûlé tout, et tué tout le monde. Blus de France ! »

Les Anglais, par politesse, répondirent simplement :

« Aoh yes. »

Il continua :

« Tans vingt ans, toute l'Europe, toute, abartiendra à nous. La Brusse blus forte que tous. »

Les Anglais inquiets ne répondaient plus. Leurs faces, devenues impassibles, semblaient de cire entre leurs longs favoris. Alors l'officier prussien se mit à

1. Nom fictif. La ville de Phalsbourg, près de Saverne, résista courageusement aux Prussiens pendant l'hiver 1870-1871.

rire. Et, toujours renversé sur le dos, il blagua. Il bla-
guait la France écrasée, insultait les ennemis à terre ;
il blaguait l'Autriche, vaincue naguère[1], il blaguait la
défense acharnée et impuissante des départements ; il
blaguait les mobiles[2], l'artillerie inutile. Il annonça
que Bismarck[3] allait bâtir une ville de fer avec les
canons capturés. Et soudain il mit ses bottes contre la
cuisse de M. Dubuis, qui détournait les yeux, rouge
jusqu'aux oreilles.

Les Anglais semblaient devenus indifférents à tout,
comme s'ils s'étaient trouvés brusquement renfermés
dans leur île, loin des bruits du monde.

L'officier tira sa pipe et, regardant fixement le Fran-
çais :

« Vous n'auriez bas de tabac ? »

M. Dubuis répondit :

« Non, Monsieur. »

L'Allemand reprit :

« Je fous brie t'aller en acheter gand le gonvoi
s'arrêtera. »

Et il se mit à rire de nouveau :

« Je vous tonnerai un bourboire. »

Le train siffla, ralentissant sa marche. On passait
devant les bâtiments incendiés d'une gare ; puis on
s'arrêta tout à fait.

L'Allemand ouvrit la portière et, prenant par le bras
M. Dubuis :

« Allez faire ma gommission, fite, fite ! »

1. La victoire prussienne de Sadowa, le 3 juillet 1866, marqua le
déclin de l'Autriche et le début de la puissance expansionniste de la
Prusse. L'officier prussien semble prendre à son compte le chant
nationaliste de 1848, *Deutschland über alles*, qui devait devenir en
1919 l'hymne national allemand.

2. Cf. p. 27, note 1.

3. Homme d'État prussien (1815-1898). Devenu, après la guerre
de 70, chancelier du Reich et président du Conseil de Prusse, il
s'efforça de consolider l'Empire allemand (proclamé le 18 janvier
1871 dans la galerie des Glaces de Versailles) et de faire triompher
l'unitarisme prussien.

Un détachement prussien occupait la station. D'autres soldats regardaient, debout, le long des grilles de bois. La machine déjà sifflait pour repartir. Alors, brusquement, M. Dubuis s'élança sur le quai et, malgré les gestes du chef de gare, il se précipita dans le compartiment voisin.

Il était seul ! Il ouvrit son gilet, tant son cœur battait, et il s'essuya le front, haletant.

Le train s'arrêta de nouveau dans une station. Et tout à coup l'officier parut à la portière et monta suivi bientôt des deux Anglais que la curiosité poussait. L'Allemand s'assit en face du Français et, riant toujours :

« Fous n'afez pas voulu faire ma gommission. »

M. Dubuis répondit :

« Non, Monsieur. »

Le train venait de repartir.

L'officier dit :

« Che fais gouper fotre moustache pour bourrer ma pipe. »

Et il avança la main vers la figure de son voisin.

Les Anglais, toujours impassibles, regardaient de leurs yeux fixes.

Déjà, l'Allemand avait pris une pincée de poils et tirait dessus, quand M. Dubuis d'un revers de main lui releva le bras et, le saisissant au collet, le rejeta sur la banquette. Puis, fou de colère, les tempes gonflées, les yeux pleins de sang, l'étranglant toujours d'une main, il se mit avec l'autre, fermée, à lui taper furieusement des coups de poing par la figure. Le Prussien se débattait, tâchait de tirer son sabre, d'étreindre son adversaire couché sur lui. Mais M. Dubuis l'écrasait du poids énorme de son ventre, et tapait, tapait sans repos, sans prendre haleine, sans savoir où tombaient ses coups. Le sang coulait ; l'Allemand, étranglé, râlait, crachait ses dents, essayait, mais en vain, de rejeter ce gros homme exaspéré, qui l'assommait.

Les Anglais s'étaient levés et rapprochés pour mieux

voir. Ils se tenaient debout, pleins de joie et de curiosité, prêts à parier pour ou contre chacun des combattants.

Et soudain M. Dubuis, épuisé par un pareil effort, se releva et se rassit sans dire un mot.

Le Prussien ne se jeta pas sur lui, tant il demeurait effaré, stupide d'étonnement et de douleur. Quand il eut repris haleine, il prononça :

« Si fous ne foulez pas me rendre raison avec le bistolet, che vous tuerai. »

M. Dubuis répondit :

« Quand vous voudrez. Je veux bien. »

L'Allemand reprit :

« Foici la ville de Strasbourg, che brendrai deux officiers bour témoins, ché le temps avant que le train rebarte. »

M. Dubuis, qui soufflait autant que la machine, dit aux Anglais :

« Voulez-vous être mes témoins ? »

Tous deux répondirent ensemble :

« Aoh yes ! »

Et le train s'arrêta.

En une minute, le Prussien avait trouvé deux camarades qui apportèrent des pistolets, et on gagna les remparts.

Les Anglais sans cesse tiraient leur montre, pressant le pas, hâtant les préparatifs, inquiets de l'heure pour ne point manquer le départ.

M. Dubuis n'avait jamais tenu un pistolet. On le plaça à vingt pas de son ennemi. On lui demanda :

« Êtes-vous prêt ? »

En répondant « oui, Monsieur », il s'aperçut qu'un des Anglais avait ouvert son parapluie pour se garantir du soleil.

Une voix commanda :

« Feu ! »

M. Dubuis tira, au hasard, sans attendre, et il aperçut avec stupeur le Prussien debout en face de lui qui chancelait, levait les bras et tombait raide sur le nez. Il l'avait tué.

Un Anglais cria un « Aoh » vibrant de joie, de curiosité satisfaite et d'impatience heureuse. L'autre, qui tenait toujours sa montre à la main, saisit M. Dubuis par le bras, et l'entraîna au pas gymnastique, vers la gare.

Le premier Anglais marquait le pas, tout en courant, les poings fermés, les coudes au corps.

« Une, deux ! une, deux ! »

Et tous trois de front trottaient, malgré leurs ventres, comme trois grotesques d'un journal pour rire.

Le train partait. Ils sautèrent dans leur voiture. Alors, les Anglais, ôtant leurs toques de voyage, les levèrent en les agitant, puis, trois fois de suite, ils crièrent :

« Hip, hip, hip, hurrah ! »

Puis ils tendirent gravement, l'un après l'autre, la main droite à M.·Dubuis, et ils retournèrent s'asseoir côte à côte dans leur coin.

(14 août 1883.)

LA MÈRE SAUVAGE

À Georges Pouchet [1].

I

Je n'étais point revenu à Virelogne depuis quinze ans. J'y retournai chasser, à l'automne, chez mon ami Serval, qui avait enfin fait reconstruire son château, détruit par les Prussiens.

J'aimais ce pays infiniment. Il est des coins du monde délicieux qui ont pour les yeux un charme sensuel. On les aime d'un amour physique. Nous gardons, nous autres que séduit la terre, des souvenirs tendres pour certaines sources, certains bois, certains étangs, certaines collines, vus souvent et qui nous ont attendris à la façon des événements heureux. Quelquefois même la pensée retourne vers un coin de forêt, ou un bout de berge, ou un verger poudré de fleurs, aperçus une seule fois, par un jour gai, et restés en notre cœur comme ces images de femmes rencontrées dans la rue, un matin de printemps, avec une toilette claire et transparente, et qui nous laissent dans l'âme et dans la chair un désir inapaisé, inoubliable, la sensation du bonheur coudoyé.

À Virelogne, j'aimais toute la campagne, semée de

1. Ami de Flaubert, professeur d'anatomie comparée au Muséum.

petits bois et traversée par des ruisseaux qui couraient dans le sol comme des veines, portant le sang à la terre. On pêchait là-dedans des écrevisses, des truites et des anguilles ! Bonheur divin ! On pouvait se baigner par places, et on trouvait souvent des bécassines dans les hautes herbes qui poussaient sur les bords de ces minces cours d'eau.

J'allais, léger comme une chèvre, regardant mes deux chiens fourrager devant moi. Serval, à cent mètres sur ma droite, battait un champ de luzerne. Je tournai les buissons qui forment la limite du bois des Saudres, et j'aperçus une chaumière en ruine.

Tout à coup, je me la rappelai telle que je l'avais vue pour la dernière fois, en 1869, propre, vêtue de vignes avec des poules devant la porte. Quoi de plus triste qu'une maison morte, avec son squelette debout, déla-bré, sinistre ?

Je me rappelai aussi qu'une bonne femme m'avait fait boire un verre de vin là-dedans, un jour de grande fatigue, et que Serval m'avait dit alors l'histoire des habitants. Le père, vieux braconnier, avait été tué par les gendarmes. Le fils, que j'avais vu autrefois, était un grand garçon sec qui passait également pour un féroce destructeur de gibier. On les appelait les Sauvage.

Était-ce un nom ou un sobriquet ?

Je hélai Serval. Il s'en vint de son long pas d'échas-sier.

Je lui demandai :

« Que sont devenus les gens de là ? »

Et il me conta cette aventure.

II

Lorsque la guerre fut déclarée, le fils Sauvage, qui avait alors trente-trois ans, s'engagea, laissant la mère seule au logis. On ne la plaignait pas trop, la vieille, parce qu'elle avait de l'argent, on le savait.

Elle resta donc toute seule dans cette maison isolée si loin du village, sur la lisière du bois. Elle n'avait pas peur, du reste, étant de la même race que ses hommes, une rude vieille, haute et maigre, qui ne riait pas souvent et avec qui on ne plaisantait point. Les femmes des champs ne rient guère d'ailleurs. C'est affaire aux hommes, cela ! Elles ont l'âme triste et bornée, ayant une vie morne et sans éclaircie. Le paysan apprend un peu de gaieté bruyante au cabaret, mais sa compagne reste sérieuse avec une physionomie constamment sévère. Les muscles de leur face n'ont point appris les mouvements du rire.

La mère Sauvage continua son existence ordinaire dans sa chaumière, qui fut bientôt couverte par les neiges. Elle s'en venait au village, une fois par semaine, chercher du pain et un peu de viande ; puis elle retournait dans sa masure. Comme on parlait des loups, elle sortait le fusil au dos, le fusil du fils, rouillé, avec la crosse usée par le frottement de la main ; et elle était curieuse à voir, la grande Sauvage, un peu courbée, allant à lentes enjambées par la neige, le canon de l'arme dépassant la coiffe noire qui lui serrait la tête et emprisonnait ses cheveux blancs, que personne n'avait jamais vus.

Un jour les Prussiens arrivèrent. On les distribua aux habitants, selon la fortune et les ressources de chacun. La vieille, qu'on savait riche, en eut quatre.

C'étaient quatre gros garçons à la chair blonde, à la barbe blonde, aux yeux bleus, demeurés gras malgré les fatigues qu'ils avaient endurées déjà, et bons enfants, bien qu'en pays conquis. Seuls chez cette femme âgée, ils se montrèrent pleins de prévenances pour elle, lui épargnant, autant qu'ils le pouvaient, des fatigues et des dépenses. On les voyait tous les quatre faire leur toilette autour du puits, le matin, en manches de chemise, mouillant à grande eau, dans le jour cru des neiges, leur chair blanche et rose d'hommes du Nord, tandis que la mère Sauvage allait et venait, préparant la soupe. Puis on les voyait nettoyer la cuisine,

frotter les carreaux, casser du bois, éplucher les pommes de terre, laver le linge, accomplir toutes les besognes de la maison, comme quatre bons fils autour de leur mère.

Mais elle pensait sans cesse au sien, la vieille, à son grand maigre au nez crochu, aux yeux bruns, à la forte moustache qui faisait sur sa lèvre un bourrelet de poils noirs. Elle demandait chaque jour, à chacun des soldats installés à son foyer :

« Savez-vous où est parti le régiment français, vingt-troisième de marche ? Mon garçon est dedans. »

Ils répondaient : « Non, bas su, bas savoir tu tout. » Et, comprenant sa peine et ses inquiétudes, eux qui avaient des mères là-bas, ils lui rendaient mille petits soins. Elle les aimait bien, d'ailleurs, ses quatre enne-mis ; car les paysans n'ont guère les haines patrioti-ques ; cela n'appartient qu'aux classes supérieures. Les humbles, ceux qui paient le plus parce qu'ils sont pau-vres et que toute charge nouvelle les accable, ceux qu'on tue par masses, qui forment la vraie chair à canon, parce qu'ils sont le nombre, ceux qui souffrent enfin le plus cruellement des atroces misères de la guerre, parce qu'ils sont les plus faibles et les moins résistants, ne comprennent guère ces ardeurs belliqueuses, ce point d'honneur excitable et ces prétendues combinaisons politiques qui épuisent en six mois deux nations, la vic-torieuse comme la vaincue.

On disait dans le pays, en parlant des Allemands de la mère Sauvage :

« En v'là quatre qu'ont trouvé leur gîte. »

Or, un matin, comme la vieille femme était seule au logis, elle aperçut au loin dans la plaine un homme qui venait vers sa demeure. Bientôt elle le reconnut, c'était le piéton [1] chargé de distribuer les lettres. Il lui remit un papier plié et elle tira de son étui les lunettes dont elle se servait pour coudre ; puis elle lut :

1. Facteur de campagne qui effectuait sa tournée à pied.

« Madame Sauvage, la présente est pour vous por-
ter une triste nouvelle. Votre garçon Victor a été tué
hier par un boulet, qui l'a censément coupé en deux
parts. J'étais tout près, vu que nous nous trouvions côte
à côte dans la compagnie et qu'il me parlait de vous
pour vous prévenir au jour même s'il lui arrivait
malheur.

« J'ai pris dans sa poche sa montre pour vous la
reporter quand la guerre sera finie.

« Je vous salue amicalement.

« CÉSAIRE RIVOT,
« *Soldat de 2ᵉ classe au 23ᵉ de marche.* »

La lettre était datée de trois semaines.

Elle ne pleurait point. Elle demeurait immobile, tel-
lement saisie, hébétée, qu'elle ne souffrait même pas
encore. Elle pensait : « V'là Victor qu'est tué, main-
tenant. » Puis peu à peu les larmes montèrent à ses
yeux, et la douleur envahit son cœur. Les idées lui
venaient une à une, affreuses, torturantes. Elle ne
l'embrasserait plus, son enfant, son grand, plus
jamais ! Les gendarmes avaient tué le père, les Prus-
siens avaient tué le fils... Il avait été coupé en deux par
un boulet. Et il lui semblait qu'elle voyait la chose, la
chose horrible : la tête tombant, les yeux ouverts, tan-
dis qu'il mâchait le coin de sa grosse moustache, comme
il faisait aux heures de colère.

Qu'est-ce qu'on avait fait de son corps, après ? Si
seulement on lui avait rendu son enfant, comme on lui
avait rendu son mari, avec sa balle au milieu du front !

Mais elle entendit un bruit de voix. C'étaient les Prus-
siens qui revenaient du village. Elle cacha bien vite la
lettre dans sa poche et elle les reçut tranquillement avec
sa figure ordinaire, ayant eu le temps de bien essuyer
ses yeux.

Ils riaient tous les quatre, enchantés, car ils rappor-
taient un beau lapin, volé sans doute, et ils faisaient

signe à la vieille qu'on allait manger quelque chose de bon.

Elle se mit tout de suite à la besogne pour préparer le déjeuner ; mais, quand il fallut tuer le lapin, le cœur lui manqua. Ce n'était pas le premier pourtant ! Un des soldats l'assomma d'un coup de poing derrière les oreilles.

Une fois la bête morte, elle fit sortir le corps rouge de la peau ; mais la vue du sang qu'elle maniait, qui lui couvrait les mains, du sang tiède qu'elle sentait se refroidir et se coaguler, la faisait trembler de la tête aux pieds ; et elle voyait toujours son grand coupé en deux, et tout rouge aussi, comme cet animal encore palpitant.

Elle se mit à table avec ses Prussiens, mais elle ne put manger, pas même une bouchée. Ils dévorèrent le lapin sans s'occuper d'elle. Elle les regardait de côté, sans parler, mûrissant une idée, et le visage tellement impassible qu'ils ne s'aperçurent de rien.

Tout à coup, elle demanda : « Je ne sais seulement point vos noms, et v'là un mois que nous sommes ensemble. » Ils comprirent, non sans peine, ce qu'elle voulait, et dirent leurs noms. Cela ne lui suffisait pas ; elle se les fit écrire sur un papier, avec l'adresse de leurs familles, et, reposant ses lunettes sur son grand nez, elle considéra cette écriture inconnue, puis elle plia la feuille et la mit dans sa poche, par-dessus la lettre qui lui disait la mort de son fils.

Quand le repas fut fini, elle dit aux hommes :

« J'vas travailler pour vous. »

Et elle se mit à monter du foin dans le grenier où ils couchaient.

Ils s'étonnèrent de cette besogne ; elle leur expliqua qu'ils auraient moins froid ; et ils l'aidèrent. Ils entassaient les bottes jusqu'au toit de paille ; et ils se firent ainsi une sorte de grande chambre avec quatre murs de fourrage, chaude et parfumée, où ils dormiraient à merveille.

Au dîner, un d'eux s'inquiéta de voir que la mère Sauvage ne mangeait point encore. Elle affirma qu'elle

avait des crampes. Puis elle alluma un bon feu pour se chauffer, et les quatre Allemands montèrent dans leur logis par l'échelle qui leur servait tous les soirs.

Dès que la trappe fut refermée, la vieille enleva l'échelle, puis rouvrit sans bruit la porte du dehors, et elle retourna chercher des bottes de paille dont elle emplit sa cuisine. Elle allait nu-pieds, dans la neige, si doucement qu'on n'entendait rien. De temps en temps elle écoutait les ronflements sonores et inégaux des quatre soldats endormis.

Quand elle jugea suffisants ses préparatifs, elle jeta dans le foyer une des bottes, et, lorsqu'elle fut enflammée, elle l'éparpilla sur les autres, puis elle ressortit et regarda.

Une clarté violente illumina en quelques secondes tout l'intérieur de la chaumière, puis ce fut un brasier effroyable, un gigantesque four ardent, dont la lueur jaillissait par l'étroite fenêtre et jetait sur la neige un éclatant rayon.

Puis un grand cri partit du sommet de la maison, puis ce fut une clameur de hurlements humains, d'appels déchirants d'angoisse et d'épouvante. Puis, la trappe s'étant écroulée à l'intérieur, un tourbillon de feu s'élança dans le grenier, perça le toit de paille, monta dans le ciel comme une immense flamme de torche ; et toute la chaumière flamba.

On n'entendait plus rien dedans que le crépitement de l'incendie, le craquement des murs, l'écroulement des poutres. Le toit tout à coup s'effondra, et la carcasse ardente de la demeure lança dans l'air, au milieu d'un nuage de fumée, un grand panache d'étincelles.

La campagne, blanche, éclairée par le feu, luisait comme une nappe d'argent teintée de rouge.

Une cloche, au loin, se mit à sonner.

La vieille Sauvage restait debout, devant son logis détruit, armée de son fusil, celui du fils, de crainte qu'un des hommes n'échappât.

Quand elle vit que c'était fini, elle jeta son arme dans le brasier. Une détonation retentit.

Des gens arrivaient, des paysans, des Prussiens.

On trouva la femme assise sur un tronc d'arbre, tranquille et satisfaite.

Un officier allemand, qui parlait le français comme un fils de France, lui demanda :

« Où sont vos soldats ? »

Elle tendit son bras maigre vers l'amas rouge de l'incendie qui s'éteignait, et elle répondit d'une voix forte :

« Là-dedans ! »

On se pressait autour d'elle. Le Prussien demanda :

« Comment le feu a-t-il pris ? »

Elle prononça :

« C'est moi qui l'ai mis. »

On ne la croyait pas, on pensait que le désastre l'avait soudain rendue folle. Alors, comme tout le monde l'entourait et l'écoutait, elle dit la chose d'un bout à l'autre, depuis l'arrivée de la lettre jusqu'au dernier cri des hommes flambés avec sa maison. Elle n'oublia pas un détail de ce qu'elle avait ressenti ni de ce qu'elle avait fait.

Quand elle eut fini, elle tira de sa poche deux papiers, et, pour les distinguer aux dernières lueurs du feu, elle ajusta encore ses lunettes, puis elle prononça, montrant l'un : « Ça, c'est la mort de Victor. » Montrant l'autre, elle ajouta, en désignant les ruines rouges d'un coup de tête : « Ça, c'est leurs noms pour qu'on écrive chez eux. » Elle tendit tranquillement la feuille blanche à l'officier, qui la tenait par les épaules, et elle reprit :

« Vous écrirez comment c'est arrivé, et vous direz à leurs parents que c'est moi qui a fait ça. Victoire Simon, la Sauvage ! N'oubliez pas. »

L'officier criait des ordres en allemand. On la saisit, on la jeta contre les murs encore chauds de son logis. Puis douze hommes se rangèrent vivement en face d'elle, à vingt mètres. Elle ne bougea point. Elle avait compris ; elle attendait.

Un ordre retentit, qu'une longue détonation suivit

aussitôt. Un coup attardé partit tout seul, après les autres.

La vieille ne tomba point. Elle s'affaissa comme si on lui eût fauché les jambes.

L'officier prussien s'approcha. Elle était presque coupée en deux, et dans sa main crispée elle tenait sa lettre baignée de sang.

Mon ami Serval ajouta :

« C'est par représailles que les Allemands ont détruit le château du pays, qui m'appartenait. »

Moi, je pensais aux mères des quatre doux garçons brûlés là-dedans ; et à l'héroïsme atroce de cette autre mère, fusillée contre ce mur.

Et je ramassai une petite pierre, encore noircie par le feu.

(3 mars 1884.)

L'HORRIBLE

La nuit tiède descendait lentement.

Les femmes étaient restées dans le salon de la villa. Les hommes, assis ou à cheval sur les chaises du jardin, fumaient, devant la porte, en cercle autour d'une table ronde chargée de tasses et de petits verres.

Leurs cigares brillaient comme des yeux, dans l'ombre épaissie de minute en minute. On venait de raconter un affreux accident arrivé la veille : deux hommes et trois femmes noyés sous les yeux des invités, en face, dans la rivière.

Le général de G... prononça :

— Oui, ces choses-là sont émouvantes, mais elles ne sont pas horribles.

L'horrible, ce vieux mot, veut dire beaucoup plus que terrible. Un affreux accident comme celui-là émeut, bouleverse, effare : il n'affole pas. Pour qu'on éprouve l'horreur il faut plus que l'émotion de l'âme et plus que le spectacle d'un mort affreux, il faut, soit un frisson de mystère, soit une sensation d'épouvante anormale, hors nature. Un homme qui meurt, même dans les conditions les plus dramatiques, ne fait pas horreur ; un champ de bataille n'est pas horrible ; le sang n'est pas horrible ; les crimes les plus vils sont rarement horribles.

Tenez, voici deux exemples personnels qui m'ont fait comprendre ce qu'on peut entendre par l'Horreur.

C'était pendant la guerre de 1870. Nous nous retirions vers Pont-Audemer, après avoir traversé Rouen. L'armée, vingt mille hommes environ, vingt mille hommes de déroute, débandés, démoralisés, épuisés, allait se reformer au Havre.

La terre était couverte de neige. La nuit tombait. On n'avait rien mangé depuis la veille. On fuyait vite, les Prussiens n'étant pas loin.

Toute la campagne normande, livide, tachée par les ombres des arbres entourant les fermes, s'étendait sous un ciel noir, lourd et sinistre.

On n'entendait rien autre chose dans la lueur terne du crépuscule qu'un bruit confus, mou et cependant démesuré de troupeau marchant, un piétinement infini, mêlé d'un vague cliquetis de gamelles ou de sabres. Les hommes, courbés, voûtés, sales, souvent même haillonneux, se traînaient, se hâtaient dans la neige, d'un long pas éreinté.

La peau des mains collait à l'acier des crosses, car il gelait affreusement cette nuit-là. Souvent je voyais un petit moblot[1] ôter ses souliers pour aller pieds nus, tant il souffrait dans sa chaussure ; et il laissait dans chaque empreinte une trace de sang. Puis au bout de quelque temps il s'asseyait dans un champ pour se reposer quelques minutes, et il ne se relevait point. Chaque homme assis était un homme mort.

En avons-nous laissé derrière nous, de ces pauvres soldats épuisés, qui comptaient bien repartir tout à l'heure, dès qu'ils auraient un peu délassé leurs jambes roidies ! Or, à peine avaient-ils cessé de se mouvoir, de faire circuler, dans leur chair gelée, leur sang presque inerte, qu'un engourdissement invincible les figeait, les clouait à terre, fermait leurs yeux, paralysait en une seconde cette mécanique humaine surmenée. Et ils s'affaissaient un peu, le front sur leurs genoux, sans tomber tout à fait pourtant, car leurs

1. Cf. p. 27, note 1.

reins et leurs membres devenaient immobiles, durs comme du bois, impossibles à plier ou à redresser.

Et nous autres, plus robustes, nous allions toujours, glacés jusqu'aux moelles, avançant par une force de mouvement donné, dans cette nuit, dans cette neige, dans cette campagne froide et mortelle, écrasés par le chagrin, par la défaite, par le désespoir, surtout étreints par l'abominable sensation de l'abandon, de la fin, de la mort, du néant.

J'aperçus deux gendarmes qui tenaient par le bras un petit homme singulier, vieux, sans barbe, d'aspect vraiment surprenant.

Ils cherchaient un officier, croyant avoir pris un espion.

Le mot « espion » courut aussitôt parmi les traînards et on fit cercle autour du prisonnier. Une voix cria : « Faut le fusiller ! » Et tous ces soldats qui tombaient d'accablement, ne tenant debout que parce qu'ils s'appuyaient sur leurs fusils, eurent soudain ce frisson de colère furieuse et bestiale qui pousse les foules au massacre.

Je voulus parler ; j'étais alors chef de bataillon ; mais on ne reconnaissait plus les chefs, on m'aurait fusillé moi-même.

Un des gendarmes me dit :

« Voilà trois jours qu'il nous suit. Il demande à tout le monde des renseignements sur l'artillerie. »

J'essayai d'interroger cet être :

« Que faites-vous ? Que voulez-vous ? Pourquoi accompagnez-vous l'armée ? »

Il bredouilla quelques mots en un patois inintelligible.

C'était vraiment un étrange personnage, aux épaules étroites, à l'œil sournois, et si troublé devant moi que je ne doutais plus vraiment que ce ne fût un espion. Il semblait fort âgé et faible. Il me considérait en dessous, avec un air humble, stupide et rusé.

Les hommes autour de nous criaient :

« Au mur ! au mur ! »

Je dis aux gendarmes :

« Vous répondez du prisonnier ?... »

Je n'avais point fini de parler qu'une poussée terrible me renversa, et je vis, en une seconde, l'homme saisi par les troupiers furieux, terrassé, frappé, traîné au bord de la route et jeté contre un arbre. Il tomba presque mort déjà dans la neige.

Et aussitôt on le fusilla. Les soldats tiraient sur lui, rechargeaient leurs armes, tiraient de nouveau avec un acharnement de brutes. Ils se battaient pour avoir leur tour, défilaient devant le cadavre et tiraient toujours dessus, comme on défile devant un cercueil pour jeter de l'eau bénite.

Mais tout d'un coup un cri passa :

« Les Prussiens ! les Prussiens ! »

Et j'entendis, par tout l'horizon, la rumeur immense de l'armée éperdue qui courait.

La panique, née de ces coups de feu sur ce vagabond, avait affolé les exécuteurs eux-mêmes, qui, sans comprendre que l'épouvante venait d'eux, se sauvèrent et disparurent dans l'ombre.

Je restai seul devant le corps avec les deux gendarmes, que leur devoir avait retenus près de moi.

Ils relevèrent cette viande broyée, moulue et sanglante.

« Il faut le fouiller », leur dis-je.

Et je tendis une boîte d'allumettes-bougies que j'avais dans ma poche. Un des soldats éclairait l'autre. J'étais debout entre les deux.

Le gendarme qui maniait le corps déclara :

« Vêtu d'une blouse bleue, d'une chemise blanche, d'un pantalon et d'une paire de souliers. »

La première allumette s'éteignit ; on alluma la seconde. L'homme reprit, en retournant les poches :

« Un couteau de corne, un mouchoir à carreaux, une tabatière, un bout de ficelle, un morceau de pain. »

La seconde allumette s'éteignit. On alluma la troisième. Le gendarme après avoir longtemps palpé le cadavre déclara :

« C'est tout. »

Je dis :

« Déshabillez-le. Nous trouverons peut-être quelque chose contre la peau. »

Et, pour que les deux soldats pussent agir en même temps, je me mis moi-même à les éclairer. Je les voyais à la lueur rapide et vite éteinte de l'allumette, ôter les vêtements un à un, mettre à nu ce paquet sanglant de chair encore chaude et morte.

Et soudain un d'eux balbutia :

« Nom d'un nom, mon commandant, c'est une femme ! »

Je ne saurais vous dire quelle étrange et poignante sensation d'angoisse me remua le cœur. Je ne le pouvais croire, et je m'agenouillai dans la neige, devant cette bouillie informe, pour voir : c'était une femme !

Les deux gendarmes, interdits et démoralisés, attendaient que j'émisse un avis.

Mais je ne savais que penser, que supposer.

Alors le brigadier prononça lentement :

« Peut-être qu'elle venait chercher son éfant qu'était soldat d'artillerie et dont elle n'avait pas de nouvelles. »

Et l'autre répondit :

« P't'être ben que oui tout de même. »

Et moi qui avais vu des choses bien terribles, je me mis à pleurer. Et je sentis, en face de cette morte, dans cette nuit glacée, au milieu de cette plaine noire, devant ce mystère, devant cette inconnue assassinée, ce que veut dire ce mot : « Horreur ».

Or, j'ai eu cette même sensation, l'an dernier, en interrogeant un des survivants de la mission Flatters [1], un tirailleur algérien [2].

1. Le lieutenant-colonel Flatters fut chargé en 1879 de reconnaître un tracé permettant de prolonger le transsaharien jusqu'au Soudan. Il accomplit deux missions, au début et à la fin de 1880. Trahi par ses guides, il fut massacré avec ses compagnons par les Touaregs, le 16 février 1881, à un point d'eau. Maupassant a pu lire le récit de cette aventure tragique dans un ouvrage publié en 1883, *Voyage de la mission Flatters au pays des Touaregs Azdjers*.
2. Soldat de certaines troupes d'infanterie, hors du territoire métropolitain, formées d'autochtones et encadrées par des gradés français.

Vous savez les détails de ce drame atroce. Il en est un cependant que vous ignorez peut-être.

Le colonel allait au Soudan par le désert et traversait l'immense territoire des Touaregs [1], qui sont, dans tout cet océan de sable qui va de l'Atlantique à l'Égypte et du Soudan à l'Algérie, des espèces de pirates comparables à ceux qui ravageaient les mers autrefois.

Les guides qui conduisaient la colonne appartenaient à la tribu des Chambaa, de Ouargla [2].

Or, un jour on établit le camp en plein désert, et les Arabes déclarèrent que, la source étant encore un peu loin, ils iraient chercher de l'eau avec tous les chameaux.

Un seul homme prévint le colonel qu'il était trahi : Flatters n'en crut rien et accompagna le convoi avec les ingénieurs, les médecins et presque tous ses officiers.

Ils furent massacrés autour de la source, et tous les chameaux capturés.

Le capitaine du bureau arabe [3] de Ouargla, demeuré au camp, prit le commandement des survivants, spahis [4] et tirailleurs, et on commença la retraite, en abandonnant les bagages et les vivres, faute de chameaux pour les porter.

Ils se mirent donc en route dans cette solitude sans ombre et sans fin, sous le soleil dévorant qui les brûlait du matin au soir.

Une tribu vint faire sa soumission et apporta des dattes. Elles étaient empoisonnées. Presque tous les Français moururent et, parmi eux, le dernier officier.

Il ne restait plus que quelques spahis, dont le ma-

1. Population nomade du Sahara, d'origine berbère, réputée pour ses vertus guerrières.
2. Oasis du Sahara algérien.
3. Les bureaux arabes furent établis en Afrique après la conquête de l'Algérie. Dotés de fonctions administratives et stratégiques, ils étaient dirigés par des militaires, sauf dans les agglomérations, où ils étaient administrés par des civils.
4. Soldats d'un corps de cavalerie indigène formée dans l'Afrique française dès la conquête en 1830.

réchal des logis Pobéguin [1], plus des tirailleurs indigènes de la tribu de Chambaa. On avait encore deux chameaux. Ils disparurent une nuit avec deux Arabes.

Alors les survivants comprirent qu'il allait falloir s'entre-dévorer, et, sitôt découverte la fuite des deux hommes avec les deux bêtes, ceux qui restaient se séparèrent et se mirent à marcher un à un dans le sable mou, sous la flamme aiguë du ciel, à plus d'une portée de fusil l'un de l'autre.

Ils allaient ainsi tout le jour, soulevant de place en place, dans l'étendue brûlée et plate, ces petites colonnes de poussière qui indiquent de loin les marcheurs dans le désert.

Mais un matin, un des voyageurs brusquement obliqua, se rapprochant de son voisin. Et tous s'arrêtèrent pour regarder.

L'homme vers qui marchait le soldat affamé ne s'enfuit pas, mais il s'aplatit par terre, il mit en joue celui qui s'en venait. Quand il le crut à distance, il tira. L'autre ne fut point touché et il continua d'avancer puis, épaulant à son tour, il tua net son camarade.

Alors de tout l'horizon, les autres accoururent pour chercher leur part. Et celui qui avait tué, dépeçant le mort, le distribua.

Et ils s'espacèrent de nouveau, ces alliés irréconciliables, pour jusqu'au prochain meurtre qui les rapprocherait.

Pendant deux jours ils vécurent de cette chair humaine partagée. Puis la famine étant revenue, celui qui avait tué le premier tua de nouveau. Et de nouveau, comme un boucher, il coupa le cadavre et l'offrit à ses compagnons, en ne conservant que sa portion.

Et ainsi continua cette retraite d'anthropophages.

Le dernier Français, Pobéguin, fut massacré au

1. Le nom — comme l'ensemble de l'anecdote — est authentique.

bord d'un puits, la veille du jour où les secours arrivè-
rent.

Comprenez-vous maintenant ce que j'entends par
l'Horrible ?

Voilà ce que nous raconta, l'autre soir, le général de
G...

(18 mai 1884.)

LE LIT 29

Quand le capitaine Épivent passait dans la rue, toutes les femmes se retournaient. Il présentait vraiment le type du bel officier de hussards [1]. Aussi paradait-il toujours et se pavanait-il sans cesse, fier et préoccupé de sa cuisse, de sa taille et de sa moustache. Il les avait superbes, d'ailleurs, la moustache, la taille et la cuisse. La première était blonde, très forte, tombant martialement sur la lèvre en un beau bourrelet couleur de blé mûr, mais fin, soigneusement roulé, et qui descendait ensuite des deux côtés de la bouche en deux puissants jets de poils tout à fait crânes. La taille était mince comme s'il eût porté corset, tandis qu'une vigoureuse poitrine de mâle, bombée et cambrée, s'élargissait au-dessus. Sa cuisse était admirable, une cuisse de gymnaste, de danseur, dont la chair musclée dessinait tous ses mouvements sous le drap collant du pantalon rouge.

Il marchait en tendant le jarret et en écartant les pieds et les bras, de ce pas un peu balancé des cavaliers, qui sied bien pour faire valoir les jambes et le torse, qui semble vainqueur sous l'uniforme, mais commun sous la redingote.

Comme beaucoup d'officiers, le capitaine Épivent portait mal le costume civil. Il n'avait plus l'air, une

1. Cf. p. 31, note 1.

fois vêtu de drap gris ou noir, que d'un commis de magasin. Mais, en tenue, il triomphait. Il avait d'ailleurs une jolie tête, le nez mince et courbé, l'œil bleu, le front étroit. Il était chauve, par exemple, sans qu'il eût jamais compris pourquoi ses cheveux étaient tombés. Il se consolait en constatant qu'avec de grandes moustaches un crâne un peu nu ne va pas mal.

Il méprisait tout le monde en général avec beaucoup de degrés dans son mépris.

D'abord, pour lui, les bourgeois n'existaient point. Il les regardait, ainsi qu'on regarde les animaux, sans leur accorder plus d'attention qu'on n'en accorde aux moineaux ou aux poules. Seuls, les officiers comptaient dans le monde, mais il n'avait pas la même estime pour tous les officiers. Il ne respectait, en somme, que les beaux hommes, la vraie, l'unique qualité du militaire devant être la prestance. Un soldat, c'était un gaillard, que diable, un grand gaillard créé pour faire la guerre et l'amour, un homme à poigne, à crins et à reins, rien de plus. Il classait les généraux de l'armée française en raison de leur taille, de leur tenue et de l'aspect rébarbatif de leur visage. Bourbaki[1] lui apparaissait comme le plus grand homme de guerre des temps modernes.

Il riait beaucoup des officiers de la ligne qui sont courts et gros et soufflent en marchant, mais il avait surtout une invincible mésestime qui frisait la répugnance pour les pauvres gringalets sortis de l'École polytechnique, ces maigres petits hommes à lunettes, gauches et maladroits, qui semblent autant faits pour l'uniforme qu'un lapin pour dire la messe, affirmait-il. Il s'indignait qu'on tolérât dans l'armée ces avortons aux jambes grêles qui marchent comme des crabes, qui ne boivent pas, qui mangent peu et qui semblent mieux aimer les équations que les belles filles.

1. Général français d'origine grecque. Il s'était fait connaître pendant la campagne de Crimée et jouissait, avant la guerre de 70, d'un très grand prestige. En janvier 1871, il commandait l'armée de l'Est.

Le capitaine Épivent avait des succès constants, des triomphes auprès du beau sexe.

Toutes les fois qu'il soupait en compagnie d'une femme, il se considérait comme certain de finir la nuit en tête à tête, sur le même sommier, et si des obstacles insurmontables empêchaient sa victoire le soir même, il était sûr au moins de la « suite à demain ». Les camarades n'aimaient pas lui faire rencontrer leurs maîtresses, et les commerçants en boutiques, qui avaient de jolies femmes au comptoir de leur magasin, le connaissaient, le craignaient et le haïssaient éperdument.

Quand il passait, la marchande échangeait, malgré elle, avec lui, un regard à travers les vitres de la devanture ; un de ces regards qui valent plus que les paroles tendres, qui contiennent un appel et une réponse, un désir et un aveu. Et le mari qu'une sorte d'instinct avertissait, se retournant brusquement, jetait un coup d'œil furieux sur la silhouette fière et cambrée de l'officier. Et quand le capitaine était passé, souriant et content de son effet, le commerçant, bousculant d'une main nerveuse les objets étalés devant lui, déclarait : « En voilà un grand dindon. Quand est-ce qu'on finira de nourrir tous ces propres-à-rien qui traînent leur ferblanterie[1] dans les rues ? Quant à moi, j'aime mieux un boucher qu'un soldat. S'il a du sang sur son tablier, c'est du sang de bête au moins ; et il est utile à quelque chose, celui-là ; et le couteau qu'il porte n'est pas destiné à tuer des hommes. Je ne comprends pas qu'on tolère sur les promenades que ces meurtriers publics promènent leurs instruments de mort. Il en faut, je le sais bien, mais qu'on les cache au moins, et qu'on ne les habille pas en mascarade avec des culottes rouges et des vestes bleues. On n'habille pas le bourreau en général, n'est-ce pas ? »

La femme, sans répondre, haussait imperceptible-

1. Objets de fer-blanc. Au figuré : chose, marchandise sans valeur. Ici : le sabre, ou les médailles.

ment les épaules, tandis que le mari, devinant le geste sans le voir, s'écriait :

« Faut-il être bête pour aller voir parader ces cocos-là. »

La réputation de conquérant du capitaine Épivent était d'ailleurs établie dans toute l'armée française.

Or, en 1868, son régiment, le 102e hussard, vint tenir garnison à Rouen.

Il fut bientôt connu dans la ville. Il apparaissait tous les soirs, vers cinq heures, sur le cours Boïeldieu, pour prendre l'absinthe au café de la Comédie, mais, avant d'entrer dans l'établissement, il avait soin de faire un tour sur la promenade pour montrer sa jambe, sa taille et sa moustache.

Les commerçants rouennais qui se promenaient aussi, les mains derrière le dos, préoccupés des affaires et parlant de la hausse et de la baisse, lui jetaient cependant un regard et murmuraient :

« Bigre, voilà un bel homme. »

Puis, quand ils le connurent :

« Tiens, le capitaine Épivent ! Quel gaillard tout de même ! »

Les femmes, à sa rencontre, avaient un petit mouvement de tête tout à fait drôle, une sorte de frisson de pudeur, comme si elles s'étaient senties faibles ou dévêtues devant lui. Elles baissaient un peu la tête avec une ombre de sourire sur les lèvres, un désir d'être trouvées charmantes et d'avoir un regard de lui. Quand il se promenait avec un camarade, le camarade ne manquait jamais de murmurer avec une jalousie envieuse, chaque fois qu'il revoyait le même manège :

« Ce bougre d'Épivent, a-t-il de la chance. »

Parmi les filles entretenues de la ville, c'était une lutte, une course, à qui l'enlèverait. Elles venaient toutes, à cinq heures, l'heure des officiers, sur le cours Boïeldieu, et elles traînaient leurs jupes, deux par deux, d'un bout à l'autre du cours, tandis que, deux par deux,

lieutenants, capitaines et commandants, traînaient leurs
sabres sur le trottoir, avant d'entrer au café.

Or, un soir, la belle Irma, la maîtresse, disait-on, de
M. Templier-Papon, le riche manufacturier, fit arrê-
ter sa voiture en face de la Comédie et, descendant, eut
l'air d'aller acheter du papier ou commander des cartes
de visite chez M. Paulard, le graveur, cela pour passer
devant les tables d'officiers et jeter au capitaine Épi-
vent un regard qui voulait dire : « Quand vous vou-
drez » si clairement que le colonel Prune, qui buvait
la verte liqueur [1] avec son lieutenant-colonel, ne put
s'empêcher de grogner :

« Cré cochon. A-t-il de la chance, ce bougre-là ? »

Le mot du colonel fut répété ; et le capitaine Épi-
vent, ému de cette approbation supérieure, passa le len-
demain, en grande tenue, et plusieurs fois de suite, sous
les fenêtres de la belle.

Elle le vit, se montra, sourit.

Le soir même il était son amant.

Ils s'affichèrent, se donnèrent en spectacle, se com-
promirent mutuellement, fiers tous deux d'une pareille
aventure.

Il n'était bruit dans la ville que des amours de la belle
Irma avec l'officier. Seul, M. Templier-Papon les igno-
rait.

Le capitaine rayonnait de gloire ; et, à tout instant,
il répétait :

« Irma vient de me dire — Irma me disait cette nuit
— hier, en dînant avec Irma... »

Pendant plus d'un an, il promena, étala, déploya
dans Rouen cet amour, comme un drapeau pris à
l'ennemi. Il se sentait grandi par cette conquête, envié,
plus sûr de l'avenir, plus sûr de la croix tant désirée,
car tout le monde avait les yeux sur lui, et il suffit de
se trouver bien en vue pour n'être pas oublié.

1. Cliché pour désigner l'absinthe.

Mais voilà que la guerre éclata et que le régiment du capitaine fut envoyé à la frontière un des premiers. Les adieux furent lamentables. Ils durèrent toute une nuit.

Sabre, culotte rouge, képi, dolman [1] chavirés du dos d'une chaise, par terre ; les robes, les jupes, les bas de soie répandus, tombés aussi, mêlés à l'uniforme, en détresse sur le tapis, la chambre bouleversée comme après une bataille, Irma, folle, les cheveux dénoués, jetait ses bras désespérés autour du cou de l'officier, l'étreignant, puis, le lâchant, se roulait sur le sol, renversait les meubles, arrachait les franges des fauteuils, mordait leurs pieds, tandis que le capitaine, fort ému, mais inhabile aux consolations, répétait :

« Irma, ma petite Irma, pas à dire, il le faut. »

Et il essuyait parfois, du bout du doigt, une larme éclose au coin de l'œil.

Ils se séparèrent au jour levant. Elle suivit en voiture son amant jusqu'à la première étape. Et elle l'embrassa presque en face du régiment à l'instant de la séparation. On trouva même ça très gentil, très digne, très bien, et les camarades serrèrent la main du capitaine en lui disant :

« Cré veinard, elle avait du cœur tout de même, cette petite. »

On voyait vraiment là-dedans quelque chose de patriotique.

Le régiment fut fort éprouvé pendant la campagne. Le capitaine se conduisit héroïquement et reçut enfin la croix, puis, la guerre terminée, il revint à Rouen en garnison.

Aussitôt de retour, il demanda des nouvelles d'Irma, mais personne ne put lui en donner de précises.

1. Veste de l'uniforme de hussard.

D'après les uns, elle avait fait la noce avec l'état-major prussien.

D'après les autres, elle s'était retirée chez ses parents, cultivateurs aux environs d'Yvetot.

Il envoya même son ordonnance à la mairie pour consulter le registre des décès. Le nom de sa maîtresse ne s'y trouva pas.

Et il eut un grand chagrin dont il faisait parade. Il mettait même au compte de l'ennemi son malheur, attribuait aux Prussiens qui avaient occupé Rouen la disparition de la jeune femme, et déclarait :

« À la prochaine guerre, ils me le payeront, les gredins. »

Or, un matin, comme il entrait au mess à l'heure du déjeuner, un commissionnaire, vieil homme en blouse, coiffé d'une casquette cirée, lui remit une enveloppe. Il l'ouvrit et lut :

« Mon chéri,

» Je suis à l'hôpital, bien malade, bien malade. Ne reviendras-tu pas me voir ? Ça me ferait tant plaisir !

» IRMA. »

Le capitaine devint pâle, et, remué de pitié, il déclara :

« Nom de nom, la pauvre fille. J'y vais aussitôt le déjeuner. »

Et pendant tout le temps, il raconta à la table des officiers qu'Irma était à l'hôpital ; mais qu'il l'en ferait sortir, cré mâtin. C'était encore la faute de ces sacré nom de Prussiens. Elle avait dû se trouver seule, sans le sou, crevant de misère, car on avait certainement pillé son mobilier.

« Ah ! les salopiauds ! »

Tout le monde était ému en l'écoutant.

À peine eut-il glissé sa serviette roulée dans son rond de bois, qu'il se leva ; et, ayant cueilli son sabre au portemanteau, bombant sa poitrine pour se faire mince,

il agrafa son ceinturon, puis partit d'un pas accéléré pour se rendre à l'hôpital civil [1].

Mais l'entrée du bâtiment hospitalier, où il s'attendait à pénétrer immédiatement, lui fut sévèrement refusée et il dut même aller trouver son colonel à qui il expliqua son cas et dont il obtint un mot pour le directeur.

Celui-ci, après avoir fait poser quelque temps le beau capitaine dans son antichambre, lui délivra enfin une autorisation, avec un salut froid et désapprobateur.

Dès la porte il se sentit gêné dans cet asile de la misère, de la souffrance et de la mort. Un garçon de service le guida.

Il allait sur la pointe des pieds, pour ne pas faire de bruit, dans les longs corridors où flottait une odeur fade de moisi, de maladie et de médicaments. Un murmure de voix, par moments, troublait seul le grand silence de l'hôpital.

Parfois, par une porte ouverte, le capitaine apercevait un dortoir, une file de lits dont les draps étaient soulevés par la forme des corps. Des convalescentes, assises sur des chaises au pied de leurs couches, cousaient, vêtues d'une robe d'uniforme en toile grise, et coiffées d'un bonnet blanc.

Son guide soudain s'arrêta devant une de ces galeries pleines de malades. Sur la porte on lisait, en grosses lettres : « Syphilitiques ». Le capitaine tressaillit ; puis il se sentit rougir. Une infirmière préparait un médicament sur une petite table de bois à l'entrée.

« Je vais vous conduire, dit-elle, c'est au lit 29. »

Et elle se mit à marcher devant l'officier.

Puis elle indiqua une couchette :

« C'est là. »

On ne voyait rien qu'un renflement de couvertures. La tête elle-même était cachée sous le drap.

Partout des figures se dressaient au-dessus des couches,

1. L'hôtel-Dieu de Rouen, où exercèrent le père et le frère de Flaubert.

des figures pâles, étonnées, qui regardaient l'uniforme, des figures de femmes, de jeunes femmes et de vieilles femmes, mais qui semblaient toutes laides, vulgaires, sous l'humble caraco [1] réglementaire.

Le capitaine, tout à fait troublé, qui soutenait son sabre d'une main et portait son képi de l'autre, murmura :

« Irma. »

Un grand mouvement se fit dans le lit, et le visage de sa maîtresse apparut, mais si changé, si fatigué, si maigre, qu'il ne le reconnaissait pas.

Elle haletait, suffoquée par l'émotion, et elle prononça :

« Albert !... Albert !... C'est toi !... Oh !... c'est bien... c'est bien... »

Et des larmes coulèrent de ses yeux.

L'infirmière apportait une chaise :

« Asseyez-vous, Monsieur. »

Il s'assit, et il regardait la face pâle, si misérable de cette fille qu'il avait quittée si belle et si fraîche.

Il dit :

« Qu'est-ce que tu as eu ? »

Elle répondit, tout en pleurant :

« Tu as bien vu, c'est écrit sur la porte. »

Et elle cacha ses yeux sous le bord de ses draps.

Il reprit, éperdu, honteux :

« Comment as-tu attrapé ça, ma pauvre fille ? »

Elle murmura :

« C'est ces salops [2] de Prussiens. Ils m'ont prise presque de force et ils m'ont empoisonnée. »

Il ne trouvait plus rien à ajouter. Il la regardait et tournait son képi sur ses genoux.

Les autres malades le dévisageaient et il croyait sentir une odeur de pourriture, une odeur de chair gâtée et d'infamie dans ce dortoir plein de filles atteintes du mal ignoble et terrible.

1. Vêtement de femme ajusté comme un corsage.
2. Orthographe courante au XIXᵉ siècle, cf. *salopiauds,* p. 175.

Elle murmurait :

« Je ne crois pas que j'en réchappe. Le médecin dit que c'est bien grave. »

Puis apercevant la croix sur la poitrine de l'officier, elle s'écria :

« Oh ! tu es décoré, que je suis contente ! Que je suis contente ! Oh ! si je pouvais t'embrasser ? »

Un frisson de peur et de dégoût courut sur la peau du capitaine, à la pensée de ce baiser.

Il avait envie de s'en aller maintenant, d'être à l'air, de ne plus voir cette femme. Il restait cependant, ne sachant comment faire pour se lever, pour lui dire adieu. Il balbutia :

« Tu ne t'es donc pas soignée. »

Une flamme passa dans les yeux d'Irma : « Non, j'ai voulu me venger, quand j'aurais dû en crever ! Et je les ai empoisonnés aussi, tous, tous, le plus que j'ai pu. Tant qu'ils ont été à Rouen je ne me suis pas soignée. »

Il déclara, d'un ton gêné, où perçait un peu de gaieté :

« Quant à ça, tu as bien fait. »

Elle dit, s'animant, les pommettes rouges :

« Oh oui, il en mourra plus d'un par ma faute, va. Je te réponds que je me suis vengée. »

Il prononça encore :

« Tant mieux. »

Puis, se levant :

« Allons, je vais te quitter parce qu'il faut que je sois chez le colonel à quatre heures. »

Elle eut une grosse émotion :

« Déjà ! tu me quittes déjà ! Oh ! tu viens à peine d'arriver !... »

Mais il voulait partir à tout prix. Il prononça :

« Tu vois bien que je suis venu tout de suite ; mais il faut absolument que je sois chez le colonel à quatre heures. »

Elle demanda :

« C'est toujours le colonel Prune ?

— C'est toujours lui. Il a été blessé deux fois. »

Elle reprit :

« Et tes camarades, y en a-t-il eu de tués ?

— Oui. Saint-Timon, Savagnat, Poli, Sapreval, Robert, de Courson, Pasafil, Santal, Caravan et Poivrin sont morts. Sahel a eu le bras emporté et Courvoisin une jambe écrasée, Paquet a perdu l'œil droit. »

Elle écoutait, pleine d'intérêt. Puis tout à coup elle balbutia :

« Veux-tu m'embrasser, dis, avant de me quitter, M^me Langlois n'est pas là. »

Et, malgré le dégoût qui lui montait aux lèvres, il les posa sur ce front blême, tandis qu'elle, l'entourant de ses bras, jetait des baisers affolés sur le drap bleu de son dolman.

Elle reprit :

« Tu reviendras, dis, tu reviendras. Promets-moi que tu reviendras.

— Oui, je te le promets.

— Quand ça. Peux-tu jeudi ?

— Oui, jeudi.

— Jeudi, deux heures.

— Oui, jeudi deux heures.

— Tu me le promets ?

— Je te le promets.

— Adieu, mon chéri.

— Adieu. »

Et il s'en alla, confus, sous les regards du dortoir, pliant sa haute taille pour se faire petit ; et quand il fut dans la rue, il respira.

Le soir, ses camarades lui demandèrent :

« Eh bien ! Irma ? »

Il répondit d'un ton gêné :

« Elle a eu une fluxion de poitrine, elle est bien mal. »

Mais un petit lieutenant, flairant quelque chose à son air, alla aux informations et, le lendemain, quand le

capitaine entra au mess, il fut accueilli par une décharge de rires et de plaisanteries. On se vengeait, enfin.

On apprit, en outre, qu'Irma avait fait une noce enragée avec l'état-major prussien, qu'elle avait parcouru le pays à cheval avec un colonel de hussards bleus et avec bien d'autres encore, et que, dans Rouen, on ne l'appelait plus que la « femme aux Prussiens ».

Pendant huit jours le capitaine fut la victime du régiment. Il recevait, par la poste, des notes révélatrices, des ordonnances, des indications de médecins spécialistes, même des médicaments dont la nature était inscrite sur le paquet.

Et le colonel, mis au courant, déclara d'un ton sévère :

« Eh bien, le capitaine avait là une jolie connaissance. Je lui en ferai mes compliments. »

Au bout d'une douzaine de jours, il fut appelé par une nouvelle lettre d'Irma. Il la déchira avec rage, et ne répondit pas.

Huit jours plus tard, elle lui écrivit de nouveau qu'elle était tout à fait mal, et qu'elle voulait lui dire adieu.

Il ne répondit pas.

Après quelques jours encore, il reçut la visite de l'aumônier de l'hôpital.

La fille Irma Pavolin, à son lit de mort, le suppliait de venir.

Il n'osa pas refuser de suivre l'aumônier, mais il entra dans l'hôpital le cœur gonflé de rancune méchante, de vanité blessée, d'orgueil humilié.

Il ne la trouva guère changée et pensa qu'elle s'était moquée de lui.

« Qu'est-ce que tu me veux ? dit-il.

— J'ai voulu te dire adieu. Il paraît que je suis tout à fait bas. »

Il ne la crut pas.

« Écoute, tu me rends la risée du régiment, et je ne veux pas que ça continue. »

Elle demanda :

« Qu'est-ce que je t'ai fait, moi ? »

Il s'irrita de n'avoir rien à répondre.

« Ne compte pas que je reviendrai ici pour me faire moquer de moi par tout le monde ! »

Elle le regarda de ses yeux éteints où s'allumait une colère, et elle répéta :

« Qu'est-ce que je t'ai fait, moi ? Je n'ai pas été gentille avec toi, peut-être ? Est-ce que je t'ai quelquefois demandé quelque chose ? Sans toi, je serais restée avec M. Templier-Papon et je ne me trouverais pas ici aujourd'hui. Non, vois-tu, si quelqu'un a des reproches à me faire, ça n'est pas toi. »

Il reprit, d'un ton vibrant :

« Je ne te fais pas de reproches, mais je ne peux pas continuer à venir te voir, parce que ta conduite avec les Prussiens a été la honte de toute la ville. »

Elle s'assit, d'une secousse, dans son lit :

« Ma conduite avec les Prussiens ? Mais quand je te dis qu'ils m'ont prise, et quand je te dis que, si je ne me suis pas soignée, c'est parce que j'ai voulu les empoisonner. Si j'avais voulu me guérir, ça n'était pas difficile, parbleu ! mais je voulais les tuer, moi. Et j'en ai tué, va ! »

Il restait debout.

« Dans tous les cas, c'est honteux », dit-il.

Elle eut une sorte d'étouffement, puis reprit :

« Qu'est-ce qui est honteux, de m'être fait mourir pour les exterminer, dis ? Tu ne parlais pas comme ça quand tu venais chez moi, rue Jeanne-d'Arc [1] ! Ah ! c'est honteux ! Tu n'en aurais pas fait autant, toi, avec ta croix d'honneur ! Je l'ai plus méritée que toi, vois-tu, plus que toi, et j'en ai tué plus que toi, des Prussiens !... »

Il demeurait stupéfait devant elle, frémissant d'indignation.

« Ah ! tais-toi... tu sais... tais-toi... parce que... ces choses-là... je ne permets pas... qu'on y touche... »

1. Quartier bourgeois de Rouen.

Mais elle ne l'écoutait guère :

« Avec ça que vous leur avez fait bien du mal aux Prussiens ! Ça serait-il arrivé si vous les aviez empêchés de venir à Rouen, dis ? C'est vous qui deviez les arrêter, entends-tu. Et je leur ai fait plus de mal que toi, moi, oui, plus de mal, puisque je vais mourir, tandis que tu te balades, toi, et que tu fais le beau pour enjôler les femmes... »

Sur chaque lit une tête s'était dressée et tous les yeux regardaient cet homme en uniforme qui bégayait :

« Tais-toi... tu sais... tais-toi... »

Mais elle ne se taisait pas. Elle criait :

« Ah ! oui, tu es un joli poseur[1]. Je te connais va. Je te connais. Je te dis que je leur ai fait plus de mal que toi, moi, et que j'en ai tué plus que tout ton régiment[2] réuni... va donc... capon[3] ! »

Il s'en allait, en effet, il fuyait, allongeant ses grandes jambes, passant entre les deux rangs de lits où s'agitaient les syphilitiques. Et il entendait la voix haletante, sifflante d'Irma, qui le poursuivait :

« Plus que toi, oui, j'en ai tué plus que toi, plus que toi... »

Il dégringola l'escalier quatre à quatre, et courut s'enfermer chez lui.

Le lendemain, il apprit qu'elle était morte.

(8 juillet 1884.)

1. « Personne qui étudie ses attitudes pour produire de l'effet » (Littré).
2. Sur le modèle du personnage d'Irma, cf. Dossier, p. 266.
3. Poltron, peureux. Vient de chapon : coq châtré.

MOHAMMED-FRIPOUILLE

« Nous allons prendre le café sur le toit ? » demanda le capitaine.

Je répondis :

« Mais oui, certainement. »

Il se leva. Il faisait déjà sombre dans la salle éclairée seulement par la cour intérieure, selon la mode des maisons mauresques. Devant les hautes fenêtres à ogive, des lianes tombaient de la grande terrasse où l'on passait les soirées chaudes de l'été. Il ne restait sur la table que des fruits, des fruits énormes d'Afrique, des raisins gros comme des prunes, des figues molles à la chair violette, des poires jaunes, des bananes allongées et grasses, et des dattes de Tougourt [1] dans un panier d'alfa [2].

Le mauricaud qui servait ouvrit la porte et je montai l'escalier aux murs d'azur qui recevait d'en haut la lumière douce du jour mourant.

Et bientôt je poussai un profond soupir de bonheur en arrivant sur la terrasse. Elle dominait Alger, le port, la rade et les côtes lointaines.

La maison achetée par le capitaine était une ancienne demeure arabe, située au centre de la vieille ville, au

1. Oasis du désert saharien.
2. Nom arabe d'une graminée servant à faire de la sparterie, des cordes, de la pâte à papier.

milieu de ces ruelles en labyrinthe où grouille l'étrange population des côtes d'Afrique.

Au-dessous de nous, les toits plats et carrés descendaient comme des marches de géants jusqu'aux toits obliques de la ville européenne. Derrière ceux-ci, on apercevait les mâts des navires à l'ancre, puis la mer, la pleine mer, bleue et calme sous le ciel calme et bleu.

Nous nous étendîmes sur des nattes, la tête soutenue par des coussins, et, tout en buvant lentement le café savoureux de là-bas, je regardais paraître les premières étoiles dans l'azur assombri. On les apercevait un peu, si loin, si pâles, à peine allumées encore.

Une chaleur légère, une chaleur ailée, nous caressait la peau. Et parfois des souffles plus chauds, pesants, où passait une odeur vague, l'odeur d'Afrique, semblaient l'haleine proche du désert, venue par-dessus les cimes de l'Atlas[1]. Le capitaine, couché sur le dos, prononça :

« Quel pays, mon cher ! comme la vie y est douce ! comme le repos y a quelque chose de particulier, de délicieux ! Comme ces nuits-là sont faites pour rêver ! »

Moi, je regardais toujours naître les étoiles, avec une curiosité molle et vive cependant, avec un bonheur assoupi.

Je murmurai :

« Vous devriez bien me raconter quelque chose de votre vie dans le Sud. »

Le capitaine Marret était un des plus vieux Africains de l'armée, un officier de fortune, ancien spahi, arrivé à coups de sabre.

Grâce à lui, à ses relations, à ses amitiés, j'avais pu accomplir un superbe voyage au désert ; et je venais, ce soir-là, le remercier, avant de retourner en France.

Il dit :

« Quel genre d'histoire voulez-vous ? Il m'est arrivé

1. Chaîne de montagnes d'Afrique du Nord, qui forme une barrière entre la côte méditerranéenne et le Sahara.

tant d'aventures pendant mes douze années de sable, que je n'en sais plus une seule. »

Et je repris :

« Parlez-moi des femmes arabes. »

Il ne répondit pas. Il demeurait étendu, les bras repliés et les mains sous sa tête, et je sentais par moments l'odeur de son cigare, dont la fumée montait droit dans le ciel par cette nuit sans brise.

Et, tout d'un coup, il se mit à rire.

« Ah ! oui, je vais vous raconter une drôle d'affaire qui date de mes premiers temps d'Algérie. »

Nous avions alors dans l'armée d'Afrique des types extraordinaires, comme on n'en voit plus et comme on n'en fait plus, des types qui vous auraient amusé, vous, à vous faire passer toute votre vie dans ce pays.

J'étais simple spahi, un petit spahi de vingt ans, tout blond, et crâne, souple et vigoureux, mon cher, un vrai soldat d'Algérie. On m'avait attaché au commandement militaire de Boghar [1]. Vous connaissez Boghar, qu'on appelle le balcon du Sud, vous avez vu du sommet du fort le commencement de ce pays de feu, rongé, nu, tourmenté, pierreux et rouge. C'est bien là l'antichambre du désert, la frontière brûlante et superbe de l'immense région des solitudes jaunes.

Donc, nous étions à Boghar une quarantaine de spahis, une compagnie de *joyeux* [2], plus un escadron de chasseurs d'Afrique, quand on apprit que la tribu des Ouled-Berghi avait assassiné un voyageur anglais venu on ne sait comment dans ce pays, car les Anglais ont le diable au corps.

1. Nom ancien de Ksar El-Boukari, ville d'Algérie, dans la vallée du Chélif, à 80 kilomètres de Médéa. Elle était le siège d'un bureau arabe.
2. Troupe d'infanterie légère, en Afrique, qui avait la réputation d'être composée de maraudeurs et de têtes brûlées, indisciplinés mais courageux.

Il fallait faire justice de ce crime commis sur un Européen ; mais le commandant supérieur hésitait à envoyer une colonne, trouvant vraiment qu'un Anglais ne valait pas tant de mouvement.

Or, comme il causait de cette affaire avec le capitaine et le lieutenant, un maréchal des logis [1] des spahis, qui attendait pour le rapport, proposa, tout à coup, d'aller châtier la tribu si on lui donnait six hommes seulement.

Vous savez que dans le Sud on est plus libre que dans les garnisons des villes, et il existe, entre l'officier et le soldat, une sorte de camaraderie qu'on ne retrouve pas ailleurs.

Le capitaine se mit à rire :

« Toi, mon brave ?

— Oui, mon cap'taine, et, si vous le désirez, je vous ramènerai toute la tribu prisonnière. »

Le commandant, qui était un fantaisiste, le prit au mot :

« Tu partiras demain matin avec six hommes de ton choix et, si tu n'accomplis pas ta promesse, gare à toi ! »

Le sous-officier souriait dans sa moustache.

« Ne craignez rien, mon commandant. Mes prisonniers seront ici mercredi midi, au plus tard. »

Ce maréchal des logis, Mohammed-Fripouille, comme on l'appelait, était un homme vraiment surprenant, un Turc, un vrai Turc, entré au service de la France, après une vie ballottée, et pas très claire, sans doute. Il avait voyagé en beaucoup de lieux, en Grèce, en Asie Mineure, en Égypte, en Palestine, et il avait dû laisser pas mal de forfaits sur sa route. C'était un vrai bachi-bouzouk [2], hardi, noceur, féroce et gai, d'une gaieté calme d'Oriental. Il était gros, très gros, mais souple comme un singe, et il montait à cheval

1. Sous-officier des troupes à cheval.
2. Soldat irrégulier de l'armée turque.

d'une façon merveilleuse. Ses moustaches, invraisem-
blablement épaisses et longues, éveillaient toujours en
moi une idée confuse de croissant de lune et de cime-
terre. Il haïssait les Arabes d'une haine exaspérée, et
il les traitait avec une cruauté sournoise épouvantable,
inventant sans cesse des ruses nouvelles, des perfidies
calculées et terribles.

Il était, en outre, d'une force incroyable et d'une
audace invraisemblable.

Le commandant lui dit :

« Choisis tes hommes, mon gaillard. »

Mohammed me prit. Il avait confiance en moi, ce
brave, et je lui demeurai dévoué corps et âme pour ce
choix, qui me fit autant de plaisir que la croix d'hon-
neur, plus tard.

Donc nous partîmes le lendemain matin, dès l'aurore,
tous les sept, rien que nous sept. Mes camarades étaient
de ces bandits, de ces forbans qui, après avoir maraudé
et vagabondé dans tous les pays possibles, finissent par
prendre du service dans une légion étrangère quelcon-
que. Notre armée d'Afrique était alors pleine de ces cra-
pules, excellents soldats, mais peu scrupuleux.

Mohammed avait donné à porter à chacun de nous
une dizaine de bouts de corde, longs d'un mètre envi-
ron. J'étais chargé, en outre, comme étant le plus jeune
et le moins lourd, d'une grande corde entière, de cent
mètres. Comme on lui demandait ce qu'il voulait faire
avec toute cette ficelle, il répondit de son air sournois
et placide :

« C'est pour la pêche à l'Arabe. »

Et il clignait de l'œil avec malice, mouvement qu'il
avait appris d'un vieux chasseur d'Afrique parisien.

Il marchait en tête de notre troupe, coiffé d'un tur-
ban rouge qu'il portait toujours en campagne, et il sou-
riait d'un air ravi dans son énorme moustache.

Il était vraiment beau, ce large Turc, avec son ven-
tre puissant, ses épaules de colosse et son air tranquille.
Il montait un cheval blanc, de taille moyenne, mais

robuste ; et le cavalier semblait dix fois trop gros pour sa monture.

Nous nous étions engagés dans un petit vallon pierreux, nu, tout jaune, qui tombe dans la vallée du Chélif, et nous causions de notre expédition. Mes compagnons avaient tous les accents possibles, car on trouvait parmi eux un Espagnol, deux Grecs, un Américain et trois Français. Quant à Mohammed-Fripouille, il grasseyait [1] d'une façon invraisemblable.

Le soleil, le terrible soleil, le soleil du Sud, qu'on ne connaît point de l'autre côté de la Méditerranée, nous tombait sur les épaules, et nous avancions au pas, comme on fait toujours là-bas.

Tout le jour, on marcha sans rencontrer un arbre ni un Arabe.

Vers une heure de l'après-midi, nous avions mangé, auprès d'une petite source qui coulait entre les pierres, le pain et le mouton sec emportés dans notre sac, puis au bout de vingt minutes de repos, on s'était remis en route.

Vers six heures du soir, enfin, après un long détour que nous avait fait faire notre chef, nous découvrîmes, derrière un mamelon, une tribu campée. Les tentes brunes, basses, faisaient des taches sombres sur la terre jaune, semblaient de gros champignons du désert poussés au pied de ce monticule rouge calciné par le soleil.

C'étaient nos gens. Un peu plus loin, au bord d'une plaine d'alfa d'un vert sombre, les chevaux attachés pâturaient.

Mohammed ordonna : « Au galop ! » et nous arrivâmes comme un ouragan au milieu du campement. Les femmes, affolées, couvertes de haillons blancs qui pendaient et flottaient autour d'elles, rentraient vivement dans leurs tanières de toile, rampant et se courbant, et criant comme des bêtes chassées. Les hommes,

1. Grasseyer : prononcer les *r* d'une façon imparfaite, comme des *l*.

au contraire, sortaient de tous les côtés pour songer à se défendre.

Nous allions droit sur la tente la plus haute, celle de l'agha.

Nous gardions le sabre au fourreau, à l'exemple de Mohammed, qui galopait d'une façon singulière. Il demeurait absolument immobile, assis tout droit sur son petit cheval qui se démenait sous lui comme un furieux pour porter cette masse. Et la tranquillité du cavalier aux longues moustaches contrastait étrangement avec la vivacité de l'animal.

Le chef indigène sortit de sa tente comme nous arrivions devant. C'était un grand homme maigre, noir, avec un œil luisant, le front en saillie, le sourcil en arc de cercle. Il cria, en arabe :

« Que voulez-vous ? »

Mohammed, arrêtant net son cheval, lui répondit, dans sa langue :

« C'est toi qui as tué le voyageur anglais ? »

L'agha prononça, d'une voix forte :

« Je n'ai pas d'interrogatoire à subir de toi. »

C'était autour de nous comme une tempête grondante. Les Arabes accouraient de tous les côtés, nous pressaient, nous enfermaient, vociféraient.

Ils avaient l'air d'oiseaux de proie féroces avec leur grand nez recourbé, leur face maigre aux os saillants, leurs larges vêtements agités par leurs gestes.

Mohammed souriait, son turban de travers, l'œil excité, et je voyais comme des frissons de plaisir sur ses joues un peu tombantes, charnues et ridées.

Il reprit, d'une voix tonnante qui domina les clameurs :

« La mort à celui qui a donné la mort ! »

Et il tendit son revolver vers la face brune de l'agha. Je vis un peu de fumée sortir du canon ; puis une écume rose de cervelle et de sang jaillit du front du chef. Il tomba, foudroyé, sur le dos, en ouvrant les bras, qui soulevèrent, comme des ailes, les pans flottants de son burnous.

Certes, je crus mon dernier jour venu, tant le tumulte fut terrible autour de nous.

Mohammed avait tiré son sabre. Nous dégaînâmes comme lui. Il cria, en écartant d'un moulinet ceux qui le serraient le plus :

« La vie sauve à ceux qui se soumettront ! La mort aux autres ! »

Et, saisissant de sa poigne d'hercule le plus proche, il le coucha sur sa selle, lui lia les mains, en hurlant vers nous :

« Faites comme moi et sabrez ceux qui résisteront. »

En cinq minutes, nous eûmes capturé une vingtaine d'Arabes dont nous attachions solidement les poignets. Puis on poursuivit les fuyards ; car ç'avait été une déroute autour de nous à la vue des sabres nus. On ramena encore une trentaine d'hommes environ.

Par toute la plaine, on apercevait des choses blanches qui couraient. Les femmes traînaient leurs enfants et poussaient des clameurs aiguës. Les chiens jaunes, pareils à des chacals, tournaient autour de nous en aboyant, et nous montraient leurs crocs pâles.

Mohammed, qui semblait fou de joie, sauta de cheval d'un bond, et, saisissant la corde que j'avais apportée :

« Attention, les enfants, dit-il, deux hommes à terre. »

Alors il fit une chose terrible et drôle : un chapelet de prisonniers, ou plutôt un chapelet de pendus. Il avait attaché solidement les deux poings du premier captif, puis il fit un nœud coulant autour de son cou avec la même corde qui serrait de nouveau le bras du suivant, puis s'enroulait ensuite à sa gorge. Nos cinquante prisonniers se trouvèrent bientôt liés de telle sorte que le moindre mouvement de l'un pour s'enfuir l'eût étranglé, ainsi que ses deux voisins. Tout geste qu'ils faisaient tirait sur le nœud coulant du col, et il leur fallait marcher d'un pas égal sans s'écarter d'un rien l'un de l'autre, sous peine de tomber aussitôt comme un lièvre pris au collet.

Quand cette étrange besogne fut finie, Mohammed
se mit à rire, de son rire silencieux qui lui secouait le
ventre sans qu'aucun bruit sortît de sa bouche.

« Ça, c'est la chaîne arabe », dit-il.

Nous-mêmes, nous commencions à nous tordre
devant la figure effarée et piteuse des prisonniers.

« Maintenant, cria notre chef, un pieu à chaque
bout, les enfants, attachez-moi ça. »

On fixa en effet un pieu à chaque bout de ce ruban
de captifs blancs pareils à des fantômes, et qui demeu-
raient immobiles comme s'ils eussent été changés en
pierres.

« Et dînons », prononça le Turc.

On alluma du feu et on fit cuire un mouton que nous
dépeçâmes de nos mains. Puis on mangea des dattes
trouvées dans les tentes ; on but du lait obtenu de la
même façon et on ramassa quelques bijoux d'argent
oubliés par les fugitifs.

Nous achevions tranquillement notre repas quand
j'aperçus, sur la colline d'en face, un singulier rassem-
blement. C'étaient les femmes qui s'étaient sauvées tout
à l'heure, rien que les femmes. Et elles venaient vers
nous en courant. Je les montrai à Mohammed-Fri-
pouille.

Il sourit.

« C'est le dessert ! » dit-il.

Oh ! oui, le dessert !

Elles arrivaient, galopant comme des forcenées, et
bientôt nous fûmes criblés de pierres qu'elles nous lan-
çaient sans arrêter leur course, et nous vîmes qu'elles
étaient armées de couteaux, de pieux de tente et de vieil-
les vaisselles.

Mohammed cria : « À cheval ! » Il était temps.
L'attaque fut terrible. Elles venaient délivrer les pri-
sonniers et cherchaient à couper la corde. Le Turc,
comprenant le danger, devint furieux et hurla :
« Sabrez ! — sabrez ! — sabrez ! » Et comme nous
demeurions immobiles, troublés devant cette charge

d'un nouveau genre, hésitant à tuer des femmes, il s'élança sur la troupe envahissante.

Il chargea, tout seul, ce bataillon de femelles en loques, et il se mit à sabrer, le gueux, à sabrer comme un forcené, avec une telle rage, un tel emportement, qu'on voyait tomber un corps blanc chaque fois que s'abattait son bras.

Il était tellement terrible que les femmes, épouvantées, s'enfuirent aussi vite qu'elles étaient arrivées, laissant sur la place une douzaine de mortes et de blessées dont le sang rouge tachait les vêtements pâles.

Et Mohammed, le visage bouleversé, revint vers nous, répétant :

« Filons, filons, mes fils ; elles vont revenir. »

Et nous battîmes en retraite, conduisant d'un pas lent nos prisonniers paralysés par la peur de la strangulation.

Le lendemain, midi sonnait comme nous arrivions à Boghar avec notre chaîne de pendus. Il n'en était mort que six en route. Mais il avait fallu bien souvent desserrer les nœuds d'un bout à l'autre du convoi, car toute secousse étranglait d'un seul coup une dizaine de captifs.

Le capitaine se tut. Je ne répondis rien. Je songeais à l'étrange pays où l'on pouvait voir de pareilles choses ; et je regardais dans le ciel noir le troupeau innombrable et luisant des étoiles.

(20 septembre 1884.)

LES PRISONNIERS

Aucun bruit dans la forêt que le frémissement léger de la neige tombant sur les arbres. Elle tombait depuis midi, une petite neige fine qui poudrait les branches d'une mousse glacée, qui jetait sur les feuilles mortes des fourrés un léger toit d'argent, étendait par les chemins un immense tapis moelleux et blanc, et qui épaissississait le silence illimité de cet océan d'arbres.

Devant la porte de la maison forestière, une jeune femme, les bras nus, cassait du bois à coups de hache sur une pierre. Elle était grande, mince et forte, une fille des forêts, fille et femme de forestiers.

Une voix cria de l'intérieur de la maison :

« Nous sommes seules, ce soir, Berthine, faut rentrer, v'là la nuit, y a p't-être bien des Prussiens et des loups qui rôdent. »

La bûcheronne répondit en fendant une souche à grands coups qui redressaient sa poitrine à chaque mouvement pour lever les bras.

« J'ai fini, m'man. Me v'là, me v'là, y a pas de crainte ; il fait encore jour. »

Puis elle rapporta ses fagots et ses bûches et les entassa le long de la cheminée, ressortit pour fermer les auvents, d'énormes auvents en cœur de chêne, et rentrée enfin, elle poussa les lourds verrous de la porte.

Sa mère filait auprès du feu, une vieille ridée que l'âge avait rendue craintive.

« J'aime pas, dit-elle, quand le père est dehors. Deux femmes ça n'est pas fort. »

La jeune répondit :

« Oh ! je tuerais ben un loup ou un Prussien tout de même. »

Et elle montrait de l'œil un gros revolver suspendu au-dessus de l'âtre.

Son homme avait été incorporé dans l'armée au commencement de l'invasion prussienne, et les deux femmes étaient demeurées seules avec le père, le vieux garde Nicolas Pichon, dit l'Échasse, qui avait refusé obstinément de quitter sa demeure pour rentrer à la ville.

La ville prochaine, c'était Rethel[1], ancienne place forte perchée sur un rocher. On y était patriote, et les bourgeois avaient décidé de résister aux envahisseurs, de s'enfermer chez eux et de soutenir un siège selon la tradition de la cité. Deux fois déjà, sous Henri IV et Louis XIV, les habitants de Rethel s'étaient illustrés par des défenses héroïques. Ils en feraient autant cette fois, ventrebleu ! ou bien on les brûlerait dans leurs murs.

Donc, ils avaient acheté des canons et des fusils, équipé une milice, formé des bataillons et des compagnies, et ils s'exerçaient tout le jour sur la place d'Armes[2]. Tous, boulangers, épiciers, bouchers, notaires, avoués, menuisiers, libraires, pharmaciens eux-mêmes, manœuvraient à tour de rôle, à des heures régulières, sous les ordres de M. Lavigne, ancien sous-officier de dragons, aujourd'hui mercier, ayant épousé la fille et hérité de la boutique de M. Ravaudan, l'aîné.

Il avait pris le grade de commandant-major de la

1. Ville des Ardennes. Elle eut à soutenir un premier siège non pas sous Henri IV mais sous Louis XIII. Pendant la Fronde (1650-1653), elle fut assiégée par Turenne, puis par Condé et enfin reprise par Turenne.
2. Pendant l'hiver de 1870, Rethel, à l'arrière des combats, n'était défendue que par sa garde nationale, recrutée sur place parmi la bourgeoisie locale.

place, et tous les jeunes hommes étant partis à l'armée, il avait enrégimenté tous les autres qui s'entraînaient pour la résistance. Les gros n'allaient plus par les rues qu'au pas gymnastique pour fondre leur graisse et prolonger leur haleine, les faibles portaient des fardeaux pour fortifier leurs muscles.

Et on attendait les Prussiens. Mais les Prussiens ne paraissaient pas. Ils n'étaient pas loin, cependant ; car deux fois déjà leurs éclaireurs avaient poussé à travers bois jusqu'à la maison forestière de Nicolas Pichon, dit l'Échasse.

Le vieux garde, qui courait comme un renard, était venu prévenir la ville. On avait pointé les canons, mais l'ennemi ne s'était point montré.

Le logis de l'Échasse servait de poste avancé dans la forêt d'Aveline. L'homme, deux fois par semaine, allait aux provisions et apportait aux bourgeois citadins des nouvelles de la campagne.

Il était parti ce jour-là pour annoncer qu'un petit détachement d'infanterie allemande s'était arrêté chez lui l'avant-veille, vers deux heures de l'après-midi, puis était reparti presque aussitôt. Le sous-officier qui commandait parlait français.

Quand il s'en allait ainsi, le vieux, il emmenait ses deux chiens, deux molosses [1] à gueule de lion, par crainte des loups qui commençaient à devenir féroces, et il laissait ses deux femmes en leur recommandant de se barricader dans la maison dès que la nuit approcherait.

La jeune n'avait peur de rien, mais la vieille tremblait toujours et répétait :

« Ça finira mal, tout ça, vous verrez que ça finira mal. »

1. Chiens de chasse et de garde, très puissants.

Ce soir-là, elle était encore plus inquiète que de coutume.

« Sais-tu à quelle heure rentrera le père ? dit-elle.

— Oh ! pas avant onze heures, pour sûr. Quand il dîne chez le commandant, il rentre toujours tard. »

Et elle accrochait sa marmite sur le feu pour faire la soupe, quand elle cessa de remuer, écoutant un bruit vague qui lui était parvenu par le tuyau de la cheminée.

Elle murmura :

« V'là qu'on marche dans le bois, y a ben sept huit hommes, au moins. »

La mère, effarée, arrêta son rouet en balbutiant :

« Oh ! mon Dieu ! et le père qu'est pas là ! »

Elle n'avait point fini de parler que des coups violents firent trembler la porte.

Comme les femmes ne répondaient point, une voix forte et gutturale cria :

« Oufrez ! »

Puis, après un silence, la même voix reprit :

« Oufrez ou che gasse la borte ! »

Alors Berthine glissa dans la poche de sa jupe le gros revolver de la cheminée, puis, étant venue coller son oreille contre l'huis, elle demanda :

« Qui êtes-vous ? »

La voix répondit :

« Che suis le tétachement de l'autre chour. »

La jeune femme reprit :

« Qu'est-ce que vous voulez ?

— Che suis berdu tepuis ce matin, tans le pois, avec mon tétachement. Oufrez ou che gasse la borte. »

La forestière n'avait pas le choix ; elle fit glisser vivement le gros verrou, puis, tirant le lourd battant, elle aperçut dans l'ombre pâle des neiges six hommes, six soldats prussiens, les mêmes qui étaient venus la veille. Elle prononça d'un ton résolu :

« Qu'est-ce que vous venez faire à cette heure-ci ? »

Le sous-officier répéta :

« Che suis berdu, tout à fait berdu, ché regonnu la

maison. Che n'ai rien manché tepuis ce matin, mon tétachement non blus. »

Berthine déclara :

« C'est que je suis toute seule avec maman, ce soir. »

Le soldat, qui paraissait un brave homme, répondit :

« Ça ne fait rien. Che ne ferai bas de mal, mais fous nous ferez à mancher. Nous dombons te faim et te fatigue. »

La forestière se recula :

« Entrez », dit-elle.

Ils entrèrent, poudrés de neige, portant sur leurs casques une sorte de crème mousseuse qui les faisait ressembler à des meringues, et ils paraissaient las, exténués.

La jeune femme montra les bancs de bois des deux côtés de la grande table.

« Asseyez-vous, dit-elle, je vais vous faire de la soupe. C'est vrai que vous avez l'air rendus. »

Puis elle referma les verrous de la porte.

Elle remit de l'eau dans sa marmite, y jeta de nouveau du beurre et des pommes de terre, puis, décrochant un morceau de lard pendu dans la cheminée, elle en coupa la moitié qu'elle plongea dans le bouillon.

Les six hommes suivaient de l'œil tous ses mouvements avec une faim éveillée dans leurs yeux. Ils avaient posé leurs fusils et leurs casques dans un coin, et ils attendaient, sages comme des enfants sur les bancs d'une école.

La mère s'était remise à filer en jetant à tout moment des regards éperdus sur les soldats envahisseurs. On n'entendait rien autre chose que le ronflement léger du rouet et le crépitement du feu, et le murmure de l'eau qui s'échauffait.

Mais soudain un bruit étrange les fit tous tressaillir, quelque chose comme un souffle rauque poussé sous la porte, un souffle de bête, fort et ronflant.

Le sous-officier allemand avait fait un bond vers les fusils. La forestière l'arrêta d'un geste, et, souriante :

« C'est les loups, dit-elle. Ils sont comme vous, ils rôdent et ils ont faim. »

L'homme incrédule voulut voir, et sitôt que le battant fut ouvert, il aperçut deux grandes bêtes grises qui s'enfuyaient d'un trot rapide et allongé.

Il revint s'asseoir en murmurant :

« Ché n'aurais pas gru. »

Et il attendit que sa pâtée fût prête.

Ils la mangèrent voracement, avec des bouches fendues jusqu'aux oreilles pour en avaler davantage, des yeux ronds s'ouvrant en même temps que les mâchoires, et des bruits de gorge pareils à des glouglous de gouttières.

Les deux femmes, muettes, regardaient les rapides mouvements des grandes barbes rouges ; et les pommes de terre avaient l'air de s'enfoncer dans ces toisons mouvantes.

Mais comme ils avaient soif, la forestière descendit à la cave leur tirer du cidre. Elle y resta longtemps ; c'était un petit caveau voûté qui, pendant la révolution, avait servi de prison et de cachette, disait-on. On y parvenait au moyen d'un étroit escalier tournant fermé par une trappe au fond de la cuisine.

Quand Berthine reparut, elle riait, elle riait toute seule, d'un air sournois. Et elle donna aux Allemands sa cruche de boisson.

Puis elle soupa aussi, avec sa mère, à l'autre bout de la cuisine.

Les soldats avaient fini de manger, et ils s'endormaient tous les six, autour de la table. De temps en temps, un front tombait sur la planche avec un bruit sourd, puis l'homme, réveillé brusquement, se redressait.

Berthine dit au sous-officier :

« Couchez-vous devant le feu, pardi, y a bien d'la place pour six. Moi, je grimpe à ma chambre avec maman. »

Et les deux femmes montèrent au premier étage. On les entendit fermer leur porte à clef, marcher quelque temps ; puis elles ne firent plus aucun bruit.

Les Prussiens s'étendirent sur le pavé, les pieds au feu, la tête supportée par leurs manteaux roulés, et ils ronflèrent bientôt tous les six sur six tons divers, aigus ou sonores, mais continus et formidables.

Ils dormaient certes depuis longtemps déjà quand un coup de feu retentit, si fort, qu'on l'aurait cru tiré contre les murs de la maison. Les soldats se dressèrent aussitôt. Mais deux nouvelles détonations éclatèrent, suivies de trois autres encore.

La porte du premier s'ouvrit brusquement, et la forestière parut, nu-pieds, en chemise, en jupon court, une chandelle à la main, l'air affolé. Elle balbutia :

« V'là les Français, ils sont au moins deux cents. S'ils vous trouvent ici, ils vont brûler la maison. Descendez dans la cave bien vite, et faites pas de bruit. Si vous faites du bruit, nous sommes perdus. »

Le sous-officier, effaré, murmura :

« Che feux pien, che feux pien. Par où faut-il tescendre ? »

La jeune femme souleva avec précaution la trappe étroite et carrée, et les six hommes disparurent par le petit escalier tournant, s'enfonçant dans le sol l'un après l'autre, à reculons, pour bien tâter les marches du pied.

Mais quand la pointe du dernier casque eut disparu, Berthine rabattant la lourde planche de chêne, épaisse comme un mur, dure comme de l'acier, maintenue par des charnières et une serrure de cachot, donna deux longs tours de clef, puis elle se mit à rire, d'un rire muet et ravi, avec une envie folle de danser sur la tête de ses prisonniers.

Ils ne faisaient aucun bruit, enfermés là-dedans comme dans une boîte solide, une boîte de pierre ne recevant que l'air d'un soupirail garni de barres de fer.

Berthine aussitôt ralluma son feu, remit dessus sa marmite, et refit de la soupe en murmurant :

« Le père s'ra fatigué cette nuit. »

Puis elle s'assit et attendit. Seul, le balancier sonore de l'horloge promenait dans le silence son tic-tac régulier.

De temps en temps la jeune femme jetait un regard sur le cadran, un regard impatient qui semblait dire :

« Ça ne va pas vite. »

Mais bientôt il lui sembla qu'on murmurait sous ses pieds. Des paroles basses, confuses lui parvenaient à travers la voûte maçonnée de la cave. Les Prussiens commençaient à deviner sa ruse, et bientôt le sous-officier remonta le petit escalier et vint heurter du poing la trappe. Il cria de nouveau :

« Oufrez. »

Elle se leva, s'approcha et, imitant son accent :

« Qu'est-ce que fous foulez ?

— Oufrez.

— Che n'oufre bas. »

L'homme se fâchait.

« Oufrez ou che gasse la borte. »

Elle se mit à rire :

« Casse, mon bonhomme, casse, mon bonhomme. »

Et il commença à frapper avec la crosse de son fusil contre la trappe de chêne, fermée sur sa tête. Mais elle aurait résisté à des coups de catapulte.

La forestière l'entendit redescendre. Puis les soldats vinrent, l'un après l'autre, essayer leur force, et inspecter la fermeture. Mais, jugeant sans doute leurs tentatives inutiles, ils redescendirent tous dans la cave et recommencèrent à parler entre eux.

La jeune femme les écoutait, puis elle alla ouvrir la porte du dehors et elle tendit l'oreille dans la nuit.

Un aboiement lointain lui parvint. Elle se mit à siffler comme aurait fait un chasseur, et, presque aussitôt, deux énormes chiens surgirent dans l'ombre et bondirent sur elle en gambadant. Elle les saisit par le cou et les maintint pour les empêcher de courir. Puis elle cria de toute sa force :

« Ohé père ? »

Une voix répondit, très éloignée encore :

« Ohé Berthine. »

Elle attendit quelques secondes, puis reprit :

« Ohé père. »

La voix plus proche répéta :

« Ohé Berthine. »

La forestière reprit :

« Passe pas devant le soupirail. Y a des Prussiens dans la cave. »

Et brusquement la grande silhouette de l'homme se dessina sur la gauche, arrêtée entre deux troncs d'arbres. Il demanda, inquiet :

« Des Prussiens dans la cave. Qué qui font ? »

La jeune femme se mit à rire :

« C'est ceux d'hier. Ils s'étaient perdus dans la forêt, je les ai mis au frais dans la cave. »

Et elle conta l'aventure, comment elle les avait effrayés avec des coups de revolver et enfermés dans le caveau.

Le vieux toujours grave demanda :

« Qué que tu veux que j'en fassions à c't'heure ? »

Elle répondit :

« Va quérir M. Lavigne avec sa troupe. Il les fera prisonniers. C'est lui qui sera content. »

Et le père Pichon sourit :

« C'est vrai qu'i sera content. »

Sa fille reprit :

« T'as de la soupe, mange-la vite et pi repars. »

Le vieux garde s'attabla, et se mit à manger la soupe après avoir posé par terre deux assiettes pleines pour ses chiens.

Les Prussiens, entendant parler, s'étaient tus.

L'Échasse repartit un quart d'heure plus tard. Et Berthine, la tête dans ses mains, attendit.

Les prisonniers recommençaient à s'agiter. Ils criaient maintenant, appelaient, battaient sans cesse de coups de crosse furieux la trappe inébranlable.

Puis ils se mirent à tirer des coups de fusil par le

soupirail, espérant sans doute être entendus si quelque détachement allemand passait dans les environs.

La forestière ne remuait plus ; mais tout ce bruit l'énervait, l'irritait. Une colère méchante s'éveillait en elle ; elle eût voulu les assassiner, les gueux, pour les faire taire.

Puis, son impatience grandissant, elle se mit à regarder l'horloge, à compter les minutes.

Le père était parti depuis une heure et demie. Il avait atteint la ville maintenant. Elle croyait le voir. Il racontait la chose à M. Lavigne, qui pâlissait d'émotion et sonnait sa bonne pour avoir son uniforme et ses armes. Elle entendait, lui semblait-il, le tambour courant par les rues. Les têtes effarées apparaissaient aux fenêtres. Les soldats-citoyens[1] sortaient de leurs maisons, à peine vêtus, essoufflés, bouclant leurs ceinturons, et partaient, au pas gymnastique, vers la maison du commandant.

Puis la troupe, l'Échasse en tête, se mettait en marche, dans la nuit, dans la neige, vers la forêt.

Elle regardait l'horloge. « Ils peuvent être ici dans une heure. »

Une impatience nerveuse l'envahissait. Les minutes lui paraissaient interminables. Comme c'était long !

Enfin, le temps qu'elle avait fixé pour leur arrivée fut marqué par l'aiguille.

Et elle ouvrit de nouveau la porte, pour les écouter venir. Elle aperçut une ombre marchant avec précaution. Elle eut peur, poussa un cri. C'était son père.

Il dit :

« Ils m'envoient pour voir s'il n'y a rien de changé.

— Non, rien. »

Alors, il lança à son tour, dans la nuit, un coup de sifflet strident et prolongé. Et bientôt, on vit une chose

1. Il s'agit de la garde nationale. Cf. le dénouement de *L'Aventure de Walter Schnaffs*.

brune qui s'en venait, sous les arbres, lentement : l'avant-garde composée de dix hommes.

L'Échasse répétait à tout instant :

« Passez pas devant le soupirail. »

Et les premiers arrivés montraient aux nouveaux venus le soupirail redouté.

Enfin le gros de la troupe se montra, en tout deux cents hommes portant chacun deux cents cartouches.

M. Lavigne, agité, frémissant, les disposa de façon à cerner de partout la maison en laissant un large espace libre devant le petit trou noir, au ras du sol, par où la cave prenait de l'air.

Puis il entra dans l'habitation et s'informa de la force et de l'attitude de l'ennemi, devenu tellement muet qu'on aurait pu le croire disparu, évanoui, envolé par le soupirail.

M. Lavigne frappa du pied la trappe et appela :

« Monsieur l'officier prussien ? »

L'Allemand ne répondit pas.

Le commandant reprit :

« Monsieur l'officier prussien ? »

Ce fut en vain. Pendant vingt minutes il somma cet officier silencieux de se rendre avec armes et bagages, en lui promettant la vie sauve et les honneurs militaires pour lui et ses soldats. Mais il n'obtint aucun signe de consentement ou d'hostilité. La situation devenait difficile.

Les soldats-citoyens battaient la semelle dans la neige, se frappaient les épaules à grands coups de bras, comme font les cochers pour s'échauffer, et ils regardaient le soupirail avec une envie grandissante et puérile de passer devant.

Un d'eux, enfin, se hasarda, un nommé Potdevin qui était très souple. Il prit son élan et passa en courant comme un cerf. La tentative réussit. Les prisonniers semblaient morts.

Une voix cria :

« Y a personne. »

Et un autre soldat traversa l'espace libre devant le

trou dangereux. Alors ce fut un jeu. De minute en minute, un homme, se lançant, passait d'une troupe dans l'autre comme font les enfants en jouant aux barres, et il lançait derrière lui des éclaboussures de neige tant il agitait vivement les pieds. On avait allumé, pour se chauffer, de grands feux de bois mort, et ce profil courant du garde national apparaissait illuminé dans un rapide voyage du camp de droite au camp de gauche.

Quelqu'un cria :

« À toi, Maloison ! »

Maloison était un gros boulanger dont le ventre donnait à rire aux camarades.

Il hésitait. On le blagua. Alors, prenant son parti il se mit en route, d'un petit pas gymnastique régulier et essoufflé, qui secouait sa forte bedaine.

Tout le détachement riait aux larmes. On criait pour l'encourager :

« Bravo, bravo Maloison ! »

Il arrivait environ aux deux tiers de son trajet quand une flamme longue, rapide et rouge jaillit du soupirail. Une détonation retentit, et le vaste boulanger s'abattit sur le nez avec un cri épouvantable.

Personne ne s'élança pour le secourir. Alors on le vit se traîner à quatre pattes dans la neige en gémissant, et, quand il fut sorti du terrible passage, il s'évanouit.

Il avait une balle dans le gras de la cuisse, tout en haut.

Après la première surprise et la première épouvante, un nouveau rire s'éleva.

Mais le commandant Lavigne apparut sur le seuil de la maison forestière. Il venait d'arrêter son plan d'attaque. Il commanda d'une voix vibrante :

« Le zingueur Planchut et ses ouvriers ! »

Trois hommes s'approchèrent.

« Descelle les gouttières de la maison. »

En un quart d'heure on eut apporté au commandant vingt mètres de gouttières.

Alors il fit pratiquer, avec mille précautions de prudence, un petit trou rond dans le bord de la trappe, et, organisant un conduit d'eau de la pompe à cette ouverture, il déclara d'un air enchanté :

« Nous allons offrir à boire à messieurs les Allemands. »

Un hurrah frénétique d'admiration éclata suivi de hurlements de joie et de rires éperdus. Et le commandant organisa des pelotons de travail qui se relayeraient de cinq minutes en cinq minutes.

Puis il commanda :

« Pompez. »

Et le volant de fer ayant été mis en branle, un petit bruit glissa le long des tuyaux et tomba bientôt dans la cave, de marche en marche, avec un murmure de cascade, un murmure de rocher à poissons rouges.

On attendit.

Une heure s'écoula, puis deux, puis trois.

Le commandant fiévreux se promenait dans la cuisine, collant son oreille à terre de temps en temps, cherchant à deviner ce que faisait l'ennemi, se demandant s'il allait bientôt capituler.

Il s'agitait maintenant, l'ennemi. On l'entendait remuer les barriques, parler, clapoter.

Puis, vers huit heures du matin, une voix sortit du soupirail :

« Ché foulé parlé à monsieur l'officier français. »

Lavigne répondit, de la fenêtre, sans avancer trop la tête :

« Vous rendez-vous ?

— Che me rends.

— Alors, passez les fusils dehors. »

Et on vit aussitôt une arme sortir du trou et tomber dans la neige, puis, deux, trois, toutes les armes. Et la même voix déclara :

« Che n'ai blus. Tépêchez-fous. Ché suis noyé. »

Le commandant commanda :

« Cessez. »

Le volant de la pompe retomba immobile.

Et, ayant empli la cuisine de soldats qui attendaient, l'arme au pied, il souleva lentement la trappe de chêne.

Quatre têtes apparurent, trempées, quatre têtes blondes aux longs cheveux pâles, et on vit sortir, l'un après l'autre, les six Allemands grelottants, ruisselants, effarés.

Ils furent saisis et garrottés. Puis, comme on craignait une surprise, on repartit tout de suite, en deux convois, l'un conduisant les prisonniers et l'autre conduisant Maloison sur un matelas posé sur des perches.

Ils rentrèrent triomphalement dans Rethel.

M. Lavigne fut décoré pour avoir capturé une avant-garde prussienne, et le gros boulanger eut la médaille militaire pour blessure reçue devant l'ennemi.

(30 décembre 1884.)

LES ROIS

Ah ! dit le capitaine comte de Garens, je crois bien que je me le rappelle, ce souper des Rois, pendant la guerre !

J'étais alors maréchal des logis de hussards, et depuis quinze jours rôdant en éclaireur en face d'une avant-garde allemande. La veille, nous avions sabré quelques uhlans et perdu trois hommes, dont ce pauvre petit Raudeville. Vous vous rappelez bien, Joseph de Raudeville.

Or, ce jour-là, mon capitaine m'ordonna de prendre dix cavaliers et d'aller occuper et de garder toute la nuit le village de Porterin [1], où l'on s'était battu cinq fois en trois semaines. Il ne restait pas vingt maisons debout ni douze habitants dans ce guêpier.

Je pris donc dix cavaliers et je partis vers quatre heures. À cinq heures, en pleine nuit, nous atteignîmes les premiers murs de Porterin. Je fis halte et j'ordonnai à Marchas, vous savez bien, Pierre de Marchas qui a épousé depuis la petite Martel-Auvelin, la fille du marquis de Martel-Auvelin, d'entrer tout seul dans le village et de m'apporter des nouvelles.

Je n'avais choisi que des volontaires, tous de bonne famille. Ça fait plaisir, dans le service, de ne pas tutoyer des mufles. Ce Marchas était dégourdi comme pas un,

1. Nom fictif, comme ceux des personnages.

fin comme un renard et souple comme un serpent. Il savait éventer [1] des Prussiens ainsi qu'un chien évente un lièvre, trouver des vivres là où nous serions morts de faim sans lui, et il obtenait des renseignements de tout le monde, des renseignements toujours sûrs, avec une adresse inimaginable.

Il revint au bout de dix minutes.

« Ça va bien, dit-il ; aucun Prussien n'a passé par ici depuis trois jours. Il est sinistre, ce village. J'ai causé avec une bonne sœur qui garde quatre ou cinq malades dans un couvent abandonné. »

J'ordonnai d'aller de l'avant, et nous pénétrâmes dans la rue principale. On apercevait vaguement à droite, à gauche, des murs sans toit, à peine visibles dans la nuit profonde. De place en place, une lumière brillait derrière une vitre : une famille était restée pour garder sa demeure à peu près debout, une famille de braves ou de pauvres. La pluie commençait à tomber, une pluie menue, glacée, qui nous gelait avant de nous avoir mouillés, rien qu'en touchant les manteaux. Les chevaux trébuchaient sur des pierres, sur des poutres, sur des meubles. Marchas nous guidait, à pied, devant nous, et traînant sa bête par la bride.

« Où nous mènes-tu ? » lui demandai-je.

Il répondit :

« J'ai un gîte, un bon. »

Et il s'arrêta bientôt devant une petite maison bourgeoise demeurée entière, bien close, bâtie sur la rue, avec un jardin derrière.

Au moyen d'un gros caillou ramassé près de la grille, Marchas fit sauter la serrure, puis il gravit le perron, défonça la porte d'entrée à coups de pied et à coups d'épaule, alluma un bout de bougie qu'il avait toujours en poche, et nous précéda dans un bon et confortable logis de particulier riche, en nous guidant avec assurance, avec une assurance admirable, comme s'il avait

1. Terme de chasse : découvrir la piste d'un gibier.

vécu dans cette maison qu'il voyait pour la première fois.

Deux hommes restés dehors gardaient nos chevaux. Marchas dit au gros Ponderel, qui le suivait :

« Les écuries doivent être à gauche ; j'ai vu ça en entrant ; va loger les bêtes, dont nous n'avons pas besoin. »

Puis, se tournant vers moi :

« Donne des ordres, sacrebleu ! »

Il m'étonnait toujours, ce gaillard-là. Je répondis en riant :

« Je vais placer mes sentinelles aux abords du pays. Je te retrouverai ici. »

Il demanda :

« Combien prends-tu d'hommes ?

— Cinq. Les autres les relèveront à dix heures du soir.

— Bon. Tu m'en laisses quatre pour faire les provisions, la cuisine, et mettre la table. Moi, je trouverai la cachette au vin. »

Et je m'en allai reconnaître les rues désertes jusqu'à la sortie sur la plaine, pour y placer mes factionnaires.

Une demi-heure plus tard, j'étais de retour. Je trouvai Marchas étendu dans un grand fauteuil Voltaire, dont il avait ôté la housse, par amour du luxe, disait-il. Il se chauffait les pieds au feu, en fumant un cigare excellent dont le parfum emplissait la pièce. Il était seul, les coudes sur les bras du siège, la tête entre les épaules, les joues roses, l'œil brillant, l'air enchanté.

Dans la pièce voisine, j'entendais un bruit de vaisselle. Marchas me dit en souriant d'une façon béate :

« Ça va, j'ai trouvé le bordeaux dans le poulailler, le champagne sous les marches du perron, l'eau-de-vie — cinquante bouteilles de vraie fine — dans le potager, sous un poirier, qui, vu à la lanterne, ne m'a pas semblé droit. Comme solide, nous avons deux poules, une oie, un canard, trois pigeons et un merle cueilli dans une cage, rien que de la plume, comme tu vois. Tout ça cuit en ce moment. Ce pays est excellent. »

Je m'étais assis en face de lui. La flamme de la che-
minée me grillait le nez et les joues :

« Où as-tu trouvé ce bois-là ? » demandai-je.

Il murmura :

« Bois magnifique, voiture de maître, coupé. C'est
la peinture qui donne cette flambée, un punch d'essence
et de vernis. Bonne maison ! »

Je riais, tant je le trouvais drôle, l'animal. Il reprit :

« Dire que c'est jour des Rois ! J'ai fait mettre une
fève dans l'oie ; mais pas de reine, c'est embêtant,
ça ! »

Je répétai, comme un écho :

« C'est embêtant ; mais que veux-tu que j'y fasse,
moi ?

— Que tu en trouves, parbleu !

— De quoi ?

— Des femmes.

— Des femmes ?... Tu es fou !

— J'ai bien trouvé l'eau-de-vie sous un poirier, moi,
et le champagne sous les marches du perron ; et rien
ne pouvait me guider encore. — Tandis que, pour toi,
une jupe c'est un indice certain. Cherche, mon vieux. »

Il avait l'air si grave, si sérieux, si convaincu que je
ne savais plus s'il plaisantait.

Je répondis :

« Voyons, Marchas, tu blagues ?

— Je ne blague jamais dans le service.

— Mais où diable veux-tu que j'en trouve, des
femmes ?

— Où tu voudras. Il doit en rester deux ou trois dans
le pays. Déniche et apporte. »

Je me levai. Il faisait trop chaud devant ce feu. Mar-
chas reprit :

« Veux-tu une idée ?

— Oui.

— Va trouver le curé.

— Le curé ? Pour quoi faire ?

— Invite-le à souper et prie-le d'amener une femme.

— Le curé ! Une femme ! Ah ! ah ! ah ! »

Marchas reprit avec une extraordinaire gravité :

« Je ne ris pas. Va trouver le curé, raconte-lui notre situation. Il doit s'embêter affreusement, il viendra. Mais dis-lui qu'il nous faut une femme au minimum, une femme comme il faut, bien entendu, puisque nous sommes tous des hommes du monde. Il doit connaître ses paroissiennes sur le bout du doigt. S'il y en a une possible pour nous, et si tu t'y prends bien, il te l'indiquera.

— Voyons, Marchas ! À quoi penses-tu ?

— Mon cher Garens, tu peux faire ça très bien. Ce serait même très drôle. Nous savons vivre, parbleu ! et nous serons d'une distinction parfaite, d'un chic extrême. Nomme-nous à l'abbé, fais-le rire, attendris-le, séduis-le et décide-le !

— Non, c'est impossible. »

Il rapprocha son fauteuil et, comme il connaissait mes côtés faibles, le gredin reprit :

« Songe donc comme ce serait crâne à faire et amusant à raconter. On en parlerait dans toute l'armée. Ça te ferait une rude réputation. »

J'hésitais, tenté par l'aventure. Il insista :

« Allons, mon petit Garens. Tu es chef de détachement, toi seul peux aller trouver le chef de l'Église en ce pays. Je t'en prie, vas-y. Je raconterai la chose en vers, dans la *Revue des Deux Mondes*[1], après la guerre, je te le promets. Tu dois bien ça à tes hommes. Tu les fais assez marcher depuis un mois. »

Je me levai en demandant :

« Où est le presbytère ?

— Tu prends la seconde rue à gauche. Au bout tu

1. Revue d'art, de littérature, d'histoire et de philosophie, fondée en 1829, qui publia les plus grands écrivains romantiques. Maupassant, dit-on, prétendait qu'un homme de lettres avait trois moyens de se déshonorer : en acceptant la Légion d'honneur, en entrant à l'Académie, en collaborant à la *Revue des Deux Mondes*. Il y publia cependant *Kairouan* en 1889 et *Notre cœur* en 1890.

trouveras une avenue ; et, au bout de l'avenue, l'église.
Le presbytère est à côté. »

Je sortais ; il me cria :

« Dis-lui le menu pour lui donner faim ! »

Je découvris sans peine la petite maison de l'ecclé-
siastique, à côté d'une grande vilaine église de briques.
Je frappai à coups de poing dans la porte, qui n'avait
ni sonnette ni marteau, et une voix forte demanda de
l'intérieur :

« Qui va là ? »

Je répondis :

« Maréchal des logis de hussards. »

J'entendis un bruit de verrous et de clef tournée, et
je me trouvai en face d'un grand prêtre à gros ventre,
avec une poitrine de lutteur, des mains formidables sor-
tant de manches retroussées, un teint rouge et un air
brave homme.

Je fis le salut militaire.

« Bonjour, monsieur le Curé. »

Il avait craint une surprise, une embûche de rôdeurs,
et il sourit en répondant :

« Bonjour, mon ami ; entrez. »

Je le suivis dans une petite chambre à pavés rouges,
où brûlait un maigre feu, bien différent du brasier de
Marchas.

Il me montra une chaise, et puis me dit :

« Qu'y a-t-il pour votre service ?

— Monsieur l'Abbé, permettez-moi d'abord de me
présenter. »

Et je lui tendis ma carte.

Il la reçut et lut à mi-voix :

« Le comte de Garens. »

Je repris :

« Nous sommes ici onze, monsieur l'Abbé, cinq en
grand'garde et six installés chez un habitant inconnu.
Ces six-là se nomment Garens, ici présent, Pierre de
Marchas, Ludovic de Ponderel, le baron d'Étreillis,

Karl Massouligny, le fils du peintre, et Joseph Herbon, un jeune musicien. Je viens, en leur nom et au mien, vous prier de nous faire l'honneur de souper avec nous. C'est un souper des Rois, monsieur le Curé, et nous voudrions le rendre un peu gai. »

Le prêtre souriait. Il murmura :

« Il me semble que ce n'est guère l'occasion de s'amuser. »

Je répondis :

« Nous nous battons tous les jours, monsieur. Quatorze de nos camarades sont morts depuis un mois, et trois sont restés par terre, hier encore. C'est la guerre. Nous jouons notre vie à tout instant, n'avons-nous pas le droit de la jouer gaiement ? Nous sommes français, nous aimons rire, nous savons rire partout. Nos pères riaient bien sur l'échafaud ! Ce soir, nous voudrions nous dégourdir un peu, en gens comme il faut, et non pas en soudards, vous me comprenez. Avons-nous tort ? »

Il répondit vivement :

« Vous avez raison, mon ami, et j'accepte avec grand plaisir votre invitation. »

Il cria :

« Hermance ! »

Une vieille paysanne, tordue, ridée, horrible, apparut et demanda :

« Qué qui a ?

— Je ne dîne pas ici, ma fille.

— Où que vous dînez donc ?

— Avec messieurs les hussards. »

J'eus envie de dire : « Amenez votre bonne », pour voir la tête de Marchas, mais je n'osai point.

Je repris :

« Parmi vos paroissiens, restés dans le village, en voyez-vous quelqu'un ou quelqu'une que je puisse inviter aussi ? »

Il hésita, chercha et déclara :

« Non, personne ! »

J'insistai :

« Personne !... Voyons, monsieur le Curé, cherchez. Ce serait très galant d'avoir des dames. Je m'entends, des ménages ! Est-ce que je sais, moi ? Le boulanger avec sa femme, l'épicier, le... le... le... l'horloger... le... le cordonnier... le... le pharmacien avec la pharmacienne... Nous avons un bon repas, du vin, et serions enchantés de laisser un bon souvenir aux gens d'ici. »

Le curé médita longtemps encore, puis prononça avec résolution :

« Non, personne. »

Je me mis à rire :

« Sacristi ! monsieur le Curé, c'est ennuyeux de n'avoir pas une reine, car nous avons une fève. Voyons, cherchez. Il n'y a pas un maire marié, un adjoint marié, un conseiller municipal marié, un instituteur marié ?...

— Non, toutes les dames sont parties.

— Quoi, il n'y a pas dans tout le pays une brave bourgeoise avec son bourgeois de mari, à qui nous pourrions faire ce plaisir, car ce serait un plaisir pour eux, un grand, dans les circonstances présentes ? »

Mais tout à coup le curé se mit à rire, d'un rire violent qui le secouait tout entier, et il criait :

« Ah ! ah ! ah ! j'ai votre affaire, Jésus, Marie, j'ai votre affaire ! Ah ! ah ! ah ! nous allons rire, mes enfants, nous allons rire. Et elles seront bien contentes, allez, bien contentes, ah ! ah !... Où gîtez-vous ? »

J'expliquai la maison en la décrivant. Il comprit :

« Très bien. C'est la propriété de M. Bertin-Lavaille. J'y serai dans une demi-heure avec quatre dames ! ! !... Ah ! ah ! ah ! quatre dames ! ! !... »

Il sortit avec moi, riant toujours, et me quitta, en répétant :

« Ça va ; dans une demi-heure, maison Bertin-Lavaille. »

Je rentrai vite, très étonné, très intrigué.

« Combien de couverts ? demanda Marchas en m'apercevant.

— Onze. Nous sommes six hussards, plus M. le curé et quatre dames. »

Il fut stupéfait. Je triomphais.

Il répétait :

« Quatre dames ! Tu dis : quatre dames ?

— Je dis : quatre dames.

— De vraies femmes ?

— De vraies femmes.

— Bigre ! Mes compliments !

— Je les accepte. Je les mérite. »

Il quitta son fauteuil, ouvrit la porte et j'aperçus une belle nappe blanche jetée sur une longue table autour de laquelle trois hussards en tablier bleu disposaient des assiettes et des verres.

« Il y aura des femmes ! » cria Marchas.

Et les trois hommes se mirent à danser en applaudissant de toute leur force.

Tout était prêt. Nous attendions. Nous attendîmes près d'une heure. Une odeur délicieuse de volailles rôties flottait dans toute la maison.

Un coup frappé contre le volet nous souleva tous en même temps. Le gros Ponderel courut ouvrir, et, au bout d'une minute à peine, une petite bonne sœur apparut dans l'encadrement de la porte. Elle était maigre, ridée, timide, et saluait coup sur coup les quatre hussards effarés qui la regardaient entrer. Derrière elle, un bruit de bâtons martelait le pavé du vestibule, et dès qu'elle eut pénétré dans le salon, j'aperçus, l'une suivant l'autre, trois vieilles têtes en bonnet blanc, qui s'en venaient en se balançant avec des mouvements différents, l'une chavirant à droite, tandis que l'autre chavirait à gauche. Et trois bonnes femmes se présentèrent, boitant, traînant la jambe, estropiées par les maladies et déformées par la vieillesse, trois infirmes hors de service, les trois seules pensionnaires capables de marcher encore de l'établissement hospitalier que dirigeait la sœur Saint-Benoît.

Elle s'était retournée vers ses invalides, pleine de sollicitude pour elles ; puis, voyant mes galons de maréchal des logis, elle me dit :

« Je vous remercie bien, monsieur l'Officier, d'avoir

pensé à ces pauvres femmes. Elles ont bien peu de plaisir dans la vie, et c'est pour elles en même temps un grand bonheur et un grand honneur que vous leur faites. »

J'aperçus le curé, resté dans l'ombre du couloir et qui riait de tout son cœur. À mon tour, je me mis à rire, en regardant surtout la tête de Marchas. Puis montrant des sièges à la religieuse :

« Asseyez-vous, ma sœur ; nous sommes très fiers et très heureux que vous ayez accepté notre modeste invitation. »

Elle prit trois chaises contre le mur, les aligna devant le feu, y conduisit ses trois bonnes femmes, les plaça dessus, leur ôta leurs cannes et leurs châles, qu'elle alla déposer dans un coin ; puis, désignant la première, une maigre à ventre énorme, une hydropique assurément :

« Celle-là est la mère Paumelle dont le mari s'est tué en tombant d'un toit, et dont le fils est mort en Afrique. Elle a soixante-deux ans. »

Puis elle désigna la seconde, une grande dont la tête tremblait sans cesse :

« Celle-là est la mère Jean-Jean, âgée de soixante-sept ans. Elle n'y voit plus guère, ayant eu la figure flambée dans un incendie et la jambe droite brûlée à moitié. »

Elle nous montra, enfin, la troisième, une espèce de naine, avec des yeux saillants, qui roulaient de tous les côtés, ronds et stupides.

« C'est la Putois, une innocente. Elle est âgée de quarante-quatre ans seulement. »

J'avais salué les trois femmes comme si on m'eût présenté à des altesses royales, et, me tournant vers le curé :

« Vous êtes, monsieur l'Abbé, un homme précieux, à qui nous devrons tous ici de la reconnaissance. »

Tout le monde riait, en effet, hormis Marchas, qui semblait furieux.

« Notre sœur Saint-Benoît est servie ! cria tout à coup Karl Massouligny. »

Je la fis passer devant avec le curé, puis je soulevai la mère Paumelle, dont je pris le bras et que je traînai dans la pièce voisine, non sans peine car son ventre ballonné semblait plus pesant que du fer.

Le gros Ponderel enleva la mère Jean-Jean, qui gémissait pour avoir sa béquille ; et le petit Joseph Herbon dirigea l'idiote, la Putois, vers la salle à manger, pleine d'odeur de viandes.

Dès que nous fûmes en face de nos assiettes, la sœur tapa trois coups dans ses mains, et les femmes firent, avec la précision de soldats qui présentent les armes, un grand signe de croix rapide. Puis le prêtre prononça, lentement, les paroles latines du *Benedicite* [1].

On s'assit, et les deux poules parurent, apportées par Marchas qui voulait servir pour ne point assister en convive à ce repas ridicule.

Mais je criai : « Vite le champagne ! » Un bouchon sauta avec un bruit de pistolet qu'on décharge, et, malgré la résistance du curé et de la bonne sœur, les trois hussards assis à côté des trois infirmes leur versèrent de force dans la bouche leurs trois verres pleins.

Massouligny, qui avait la faculté d'être chez lui partout et à l'aise avec tout le monde, faisait la cour à la mère Paumelle de la façon la plus drôle. L'hydropique, dont l'humeur était restée gaie, malgré ses malheurs, lui répondait en badinant avec une voix de fausset qui semblait factice, et elle riait si fort des plaisanteries de son voisin que son gros ventre semblait prêt à monter et à rouler sur la table. Le petit Herbon avait entrepris sérieusement de griser l'idiote et le baron d'Étreillis, qui n'avait pas l'esprit alerte, interrogeait la Jean-Jean sur la vie, les habitudes et le règlement de l'hospice.

La religieuse, effarée, criait à Massouligny :

« Oh ! oh ! vous allez la rendre malade ; ne la faites pas rire comme ça, je vous en prie, monsieur. Oh ! Monsieur... »

1. Latin : *Bénissez*. « Prière que les catholiques font avant le repas et qui commence par ce mot » (Littré).

Puis elle se levait et se jetait sur Herbon pour lui arracher des mains un verre plein qu'il vidait prestement, entre les lèvres de la Putois.

Et le curé riait à se tordre, répétait à la sœur :

« Laissez donc, pour une fois, ça ne leur fait pas de mal. Laissez donc. »

Après les deux poules, on avait mangé le canard, flanqué des trois pigeons et du merle ; et l'oie parut, fumante, dorée, répandant une odeur chaude de viande rissolée et grasse.

La Paumelle, qui s'animait, battit des mains ; la Jean-Jean cessa de répondre aux questions nombreuses du baron, et la Putois poussa des grognements de joie, moitié cris et moitié soupirs, comme font les petits enfants à qui on montre des bonbons.

« Permettez-vous, dit le curé, que je me charge de cet animal ? Je m'entends comme personne à ces opérations-là.

— Mais certainement, monsieur l'Abbé. »

Et la sœur dit :

« Si on ouvrait un peu la fenêtre ? Elles ont trop chaud. Je suis sûre qu'elles seront malades. »

Je me tournai vers Marchas :

« Ouvre la fenêtre une minute. »

Il l'ouvrit, et l'air froid du dehors entra, fit vaciller les flammes des bougies et tournoyer la fumée de l'oie, dont le prêtre, une serviette au cou, soulevait les ailes avec science.

Nous le regardions faire, sans parler maintenant, intéressés par le travail alléchant de ses mains, saisis d'un renouveau d'appétit à la vue de cette grosse bête dorée, dont les membres tombaient l'un après l'autre dans la sauce brune, au fond du plat.

Et tout à coup, au milieu de ce silence gourmand qui nous tenait attentifs, entra, par la fenêtre ouverte, le bruit lointain d'un coup de feu.

Je fus debout si vite, que ma chaise roula derrière moi ; et je criai :

« Tout le monde à cheval ! Toi, Marchas, tu vas

prendre deux hommes et aller aux nouvelles. Je t'attends ici dans cinq minutes. »

Et pendant que les trois cavaliers s'éloignaient au galop dans la nuit, je me mis en selle avec mes deux autres hussards, devant le perron de la villa, tandis que le curé, la sœur et les trois bonnes femmes montraient aux fenêtres leurs têtes effarées.

On n'entendait plus rien, qu'un aboiement de chien dans la campagne. La pluie avait cessé ; il faisait froid, très froid. Et bientôt, je distinguai de nouveau le galop d'un cheval, d'un seul cheval qui revenait.

C'était Marchas. Je lui criai :

« Eh bien ? »

Il répondit :

« Rien du tout, François a blessé un vieux paysan, qui refusait de répondre au : "Qui vive ?" et qui continuait d'avancer, malgré l'ordre de passer au large. On l'apporte, d'ailleurs. Nous verrons ce que c'est. »

J'ordonnai de remettre les chevaux à l'écurie et j'envoyai mes deux soldats au-devant des autres, puis je rentrai dans la maison.

Alors le curé, Marchas et moi, nous descendîmes un matelas dans le salon pour y déposer le blessé ; la sœur, déchirant une serviette, se mit à faire de la charpie, tandis que les trois femmes éperdues restaient assises dans un coin.

Bientôt, je distinguai un bruit de sabres traînés sur la route ; je pris une bougie pour éclairer les hommes qui revenaient ; et ils parurent, portant cette chose inerte, molle, longue et sinistre, que devient un corps humain quand la vie ne le soutient plus.

On déposa le blessé sur le matelas préparé pour lui ; et je vis du premier coup d'œil que c'était un moribond.

Il râlait et crachait du sang qui coulait des coins de ses lèvres, chassé de sa bouche à chacun de ses hoquets. L'homme en était couvert ! Ses joues, sa barbe, ses cheveux, son cou, ses vêtements, semblaient en avoir été

frottés, avoir été baignés dans une cuve rouge. Et ce sang s'était figé sur lui, était devenu terne, mêlé de boue, horrible à voir.

Le vieillard, enveloppé dans une grande limousine de berger, entr'ouvrait par moments ses yeux mornes, éteints, sans pensée, qui paraissaient stupides d'étonnement, comme ceux des bêtes que le chasseur tue et qui le regardent, tombées à ses pieds, aux trois quarts mortes, déjà abruties par la surprise et par l'épouvante.

Le curé s'écria :

« Ah ! c'est le père Placide, le vieux pasteur des Moulins. Il est sourd, le pauvre, et n'a rien entendu. Ah ! mon Dieu ! vous avez tué ce malheureux ! »

La sœur avait écarté la blouse et la chemise, et regardait au milieu de la poitrine un petit trou violet qui ne saignait plus.

« Il n'y a rien à faire », dit-elle.

Le berger, haletant affreusement, crachait toujours du sang avec chacun de ses derniers souffles, et on entendait dans sa gorge, jusqu'au fond de ses poumons, un gargouillement sinistre et continu.

Le curé, debout au-dessus de lui, leva sa main droite, décrivit le signe de la croix et prononça, d'une voix lente et solennelle, les paroles latines qui lavent les âmes.

Avant qu'il les eût achevées, le vieillard fut agité d'une courte secousse, comme si quelque chose venait de se briser en lui. Il ne respirait plus. Il était mort.

M'étant retourné, je vis un spectacle plus effrayant que l'agonie de ce misérable : les trois vieilles, debout, serrées l'une contre l'autre, hideuses, grimaçaient d'angoisse et d'horreur.

Je m'approchai d'elles, et elles se mirent à pousser des cris aigus, en essayant de se sauver, comme si j'allais les tuer aussi.

La Jean-Jean, que sa jambe brûlée ne portait plus, tomba tout de son long par terre.

La sœur Saint-Benoît, abandonnant le mort, courut vers ses infirmes, et sans un mot pour moi, sans un regard, les couvrit de leurs châles, leur donna leurs

béquilles, les poussa vers la porte, les fit sortir et disparut avec elles dans la nuit profonde, si noire.

Je compris que je ne pouvais même les faire accompagner par un hussard, car le seul bruit du sabre les eût affolées.

Le curé regardait toujours le mort.

S'étant enfin retourné vers moi :

« Ah quelle vilaine chose ! » dit-il.

(23 janvier 1887.)

Introduit. Je pensai vers la porte, les fenêtres et du
autre. Que dois-je dans la nuit profonde, et toute.
Je comprendrai je ne puis pas me relever, sans savoir.
le plus que ne sauroit. [...] il soit tout ou rien de
réflexions.

Je croyais un bel [...] instant.
Et nous allions [...] me remplir.
Et dans le vide de [...]

(24 janvier 1842)

DOSSIER HISTORIQUE ET LITTÉRAIRE

REPÈRES BIOGRAPHIQUES

1850 Naissance de René, Albert, Guy de Maupassant (5 août) au château de Miromesnil, commune de Tourville-sur-Arques (Seine-Maritime) ou, selon d'autres sources, à Fécamp.

1856 Naissance d'Hervé, son frère (mourra fou en 1889).

1859-1869 Études au lycée Napoléon, au collège ecclésiastique d'Yvetot, enfin au lycée de Rouen, sanctionnées par le baccalauréat.
Octobre : inscription à la faculté de droit de Paris.

1870-1871 Engagé volontaire dès le début des hostilités, il vit la débâcle, l'invasion, le siège de Paris. Fin 1871, il parvient à payer un remplaçant et retrouve la vie civile.

1872 Entre au ministère de la Marine et des Colonies.

1873-1874 Initiation littéraire (aime Zola, admire Flaubert) ; rencontres, canotage (fascination de l'eau).

1875-1876 Débuts dans les Lettres ; publications dans diverses revues (pseudonyme : Guy de Valmont), participe au groupe de Médan.

1877 Songe à un roman (ce sera *Une vie*).

1878 Lié aux Naturalistes ; passe au ministère de l'Instruction publique.

1879 Voyages (Bretagne, Jersey) ; travaux littéraires.

1880 *Les Soirées de Médan* (recueil collectif où figure

Boule de suif) ; prend un congé (sera rayé des cadres en 1882) ; publication du volume *Des vers* ; mort de Flaubert (8 mai) ; voyage en Corse (septembre-octobre) ; relations féminines (Gisèle d'Estoc, Hermine Lecomte de Noüy) ; violentes migraines.

1881 *La Maison Tellier*. Voyage en Algérie suivi de chroniques où le romancier dénonce le colonialisme français. Collabore désormais à *Gil Blas* sous le pseudonyme de Maufrigneuse. Grâce à Tourgueniev, Maupassant est connu et apprécié en Russie.

1882 *Mademoiselle Fifi*.

1883 Troubles de la vue. Naissance de Georges Litzelmann, sans doute le premier des trois enfants naturels de Maupassant. *Les Contes de la bécasse ; Clair de lune ; Une vie* (le romancier y songeait depuis 1877). Maison à Étretat.

1884 *Miss Harriet ; Au soleil ; Yvette*. Liaison avec la comtesse Potocka. Installation rue Montchanin.

1885 *Bel-Ami ; Contes du jour et de la nuit ; Monsieur Parent*. Voyage en Italie et en Sicile.

1886 *Toine ; La Petite Roque*. Séjours en mer.

1887 *Mont-Oriol ; Le Horla*.

1888-1889 Voyages dans le Midi et en Algérie. *Pierre et Jean* (avec une préface capitale) ; *Fort comme la mort*. Mort de son frère dément.

1890 *L'Inutile Beauté ; Notre cœur*. États maniaco-dépressifs. *La Vie errante*.

1891 *Musotte* au théâtre du Gymnase. La dépression s'aggrave. Il commence la rédaction de *L'Angélus*, roman inachevé, qui sera publié après sa mort dans la *Revue de Paris*, le 1er avril 1895.

1892 Tentative de suicide dans la nuit du 1er au 2 janvier. Clinique du Dr Blanche à Passy.

1893 Mort de Maupassant (6 juillet).

1899 *Le Père Milon* (posthume) ; *Boule de suif* (recueil).

LE RECUEIL

1. *L'architecture du recueil*

Ce recueil de contes est composé autour d'un thème principal : la guerre de 70 (cf. Dossier, p. 241), mais on peut y voir, en filigrane, un autre thème, cher à Maupassant, celui de la « fille de noce », pour reprendre le titre d'une étude sur la prostitution au XIX^e siècle (cf. Bibliographie). Ajoutons, enfin, qu'on retrouve, dans *Mohammed-Fripouille*, un écho des voyages et des idées de l'auteur sur l'Algérie.

Voici le détail des contes publiés ici :

• *Le Mariage du Lieutenant Laré* a été publié, sous le pseudonyme de Guy de Valmont, dans *La Mosaïque* du 25 mai 1878.

• *Boule de suif* fait d'abord partie du recueil collectif : *Les Soirées de Médan* (cf. ci-après), publié en 1880. Le recueil du même nom a été publié dans l'édition posthume Ollendorf (1899-1903). Y figuraient deux contes du présent volume : *Un duel* (publié dans *Le Gaulois* du 14 août 1883) et *Le Lit 29* (publié dans *Gil Blas* du 8 juillet 1884).

• *Mademoiselle Fifi* est le deuxième recueil de nouvelles publié par Maupassant (le premier est *La Maison Tellier*) ; il paraît en mai 1882. La nouvelle elle-même qui donne son titre au recueil a été publiée dans *Gil Blas* du 23 mars 1882. *Deux Amis*, qui fait partie de la seconde édition (1883) du recueil, a été publié dans *Le Gaulois* du 24 mars 1883.

• *La Mère sauvage*, publié dans *Le Gaulois* du 3 mars 1884, figure dans le recueil *Miss Harriet* (avril 1884).

• C'est dans *Yvette*, publié au début de l'année 1885, que l'on trouvera la seule nouvelle du présent recueil consacrée à l'Algérie : *Mohammed-Fripouille,* parue dans *Le Gaulois* du 20 septembre 1884.

• C'est dans *Les Contes de la bécasse*, recueil publié en juin 1883, qu'on trouve *La Folle* (*Le Gaulois* du 5 décembre 1882), *Saint-Antoine (Gil Blas* du 3 avril 1883) et *L'Aventure de Walter Schnaffs* (même journal, 11 avril 1883).

• *Tombouctou (Le Gaulois,* 2 août 1883) et *L'Horrible* (même journal, 18 mai 1884) figurent dans les *Contes du jour et de la nuit* (mars 1885).

• *Le Père Milon* a fait l'objet d'une publication posthume en tant que recueil, en 1899 ; la nouvelle éponyme du recueil a été publiée dans *Le Gaulois* du 22 mai 1883.

• *Les Prisonniers (Gil Blas* du 30 décembre 1884) figure dans *Toine*, recueil de 1885.

• *Les Rois (Le Gaulois* du 23 janvier 1887) est repris dans *Le Horla*, recueil de la même année.

2. Boule de suif *et* Les Soirées de Médan [1] *: l'histoire*

Zola recevait un petit groupe d'amis fidèles où l'on reconnaissait Paul Alexis (1847-1901, auteur dramatique), arrivé à Paris depuis 1869, Henry Céard (1851-1924, auteur dramatique) et deux de ses amis : J.-K. Huysmans (1848-1907) et Léon Hennique (1851-1935, auteur dramatique). Maupassant qui avait rencontré Zola chez Flaubert, en 1876, s'était joint au groupe. Le dimanche, les cinq amis partaient rejoindre Zola à Médan, où il avait acheté une maison, en 1887, après le succès de *L'Assommoir*. C'est de ce petit groupe que sont nées *Les Soirées de Médan*. Sur les circonstances de la création du recueil, les souvenirs des uns et des autres ne sont pas toujours concordants et la légende (cf. le texte de M. Andry, ci-après) a bientôt remplacé la simple relation des faits. Les voici, tels qu'on peut les reconstituer.

Tout d'abord le témoignage de Léon Hennique (dans la préface de l'édition du cinquantenaire, Fasquelle, 1930, du

1. *Les Soirées de Médan* sont disponibles chez Grasset, coll. « Les cahiers rouges ».

recueil). Pour lui, l'idée du livre est née au cours de l'hiver 1879, à Paris, chez Émile Zola :

« Nous sommes à la table d'Émile Zola, dans Paris, Maupassant, Huysmans, Céard, Alexis et moi, pour changer. On devise à bâtons rompus ; on se met à évoquer la guerre, la fameuse guerre de 70. Plusieurs des nôtres avaient été volontaires ou moblots.

— Tiens ! tiens ! propose Zola, pourquoi ne ferait-on pas un volume là-dessus, un volume de nouvelles ?

Alexis : Oui, pourquoi ?

— Vous avez des sujets ?

— Nous en aurons.

— Le titre du bouquin ?

Céard : *Les Soirées de Médan*. »

Léon Céard, lui, dans un article sur « J.-K. Huysmans intime » (*Revue hebdomadaire*, avril, mai et novembre 1908), propose la version suivante :

« Hennique proposa de réunir nos noms dans un recueil où chacun de nous insérerait une nouvelle sur un sujet de son gré, et, sous le patronage de Zola, de nous présenter ensemble au public pour lequel, sauf Huysmans, nous restions inédits et cependant décriés. Zola, en bon maître, mieux encore en bon camarade, encouragea l'initiative, promit sa collaboration. Il décida Charpentier à éditer le volume pour lequel la copie, déjà, sortait des encriers. Flaubert trouva le "titre stupide". Peut-être, mieux renseigné, se fût-il gardé d'une opinion si sévère, s'il avait connu nos discussions. On élimina bien des titres avant de choisir le définitif. Un entre autres, l'*Invasion comique* disparut pour des raisons patriotiques. Nous contredisions ainsi, sans le savoir, l'opinion de Gustave Flaubert qui, de Croisset, mal averti de nos intentions, écrivait encore : "J'ai grande envie de voir l'élucubration patriotique. Il faudrait qu'elle fût bien forte pour me révolter." Après beaucoup d'essais et de paroles, sentimentalement, on choisit à l'unanimité cette appellation bourgeoise, *Les Soirées de Médan*, parce qu'elle rendait hommage à la chère maison où M^me Zola nous traitait maternellement et s'égayait à faire de nous de grands enfants gâtés. »

Quoi qu'il en soit, en janvier 1880, chez Maupassant, les écrivains se réunissent pour lire leurs nouvelles. En fait, à part *Boule de suif*, quatre autres récits n'étaient pas des inédits. *L'Attaque du moulin* (Zola) avait paru dans *Le Messager de l'Europe* ; *Sac au dos* (Huysmans), dans *L'Artiste* (Bruxelles) ;

Saignée (Céard), dans *Le Slovo* (Saint-Pétersbourg) ; *L'Affaire du Grand Sept* (Hennique) et *Après la bataille* (Alexis) étaient déjà écrits et attendaient d'être publiés.

Après la lecture, Hennique écrit : « *Boule de suif* mérite une chaude ovation. L'ovation éteinte, je tire les places que chacun, hormis Zola, devra occuper dans le futur in-douze, et Maupassant arrive le premier. »

Le volume, sorti chez Charpentier le 15 avril 1880, comporte, comme un défi, la préface suivante :

« Les nouvelles qui suivent ont été publiées, les unes en France, les autres à l'étranger. Elles nous ont paru procéder d'une idée unique, avoir une même philosophie. Nous les réunissons.

» Nous nous attendons à toutes les attaques, à la mauvaise foi et à l'ignorance dont la critique courante nous a déjà donné tant de preuves. Notre seul souci a été d'affirmer publiquement nos véritables amitiés, et, en même temps, nos tendances littéraires. Médan, 1er mai 1880. »

Et de fait les réactions furent hostiles en général. L'article de Maupassant « *Les Soirées de Médan*. Comment ce livre a été écrit » (*Le Gaulois,* 17 avril 1880) n'arrangea pas les choses par son ton ironique mais contribua à faire parler du livre. Cependant quelques critiques louèrent particulièrement Maupassant : É. Rod et surtout Théodore de Banville qui, plus tard, en 1883, écrira dans *Gil Blas* (1er juillet) : « On ne se lassera pas de relire cette *Boule de suif* où vous avez montré la laideur de l'égoïsme humain, sans vous laisser séduire par les sirènes de l'antithèse et sans être tenté de faire de votre héroïne une figure sublime. »

Mais la réaction la plus significative et la plus importante vient de Flaubert : « Je considère *Boule de suif* comme un chef-d'œuvre, écrit-il à Maupassant. Oui ! jeune homme ! Ni plus, ni moins, cela est d'un maître. »

Quant à Maupassant, il donne, dans une lettre à Flaubert (avril 1880), son avis sur le recueil :

« Zola : bien, mais ce sujet aurait pu être traité de la même façon et aussi bien par Mme Sand et Daudet.

Huysmans : pas fameux. Peu de sujet, pas de composition, peu de style.

Céard : lourd, très lourd, pas vraisemblable, des tics de style, mais des choses fines et curieuses.

Hennique : bien, bonne patte d'écrivain, quelque confusion par places.

Alexis : ressemble à Barbey d'Aurevilly, mais comme Sarcey ressemble à Voltaire. »

3. Les Soirées de Médan : *la version de Maupassant*

Le 5 janvier 1880, Maupassant écrit à Flaubert pour lui présenter le projet du recueil :

[...] « Nous n'avons eu, en faisant ce livre, aucune intention antipatriotique ni aucune intention quelconque ; nous avons voulu seulement tâcher de donner à nos récits une note juste sur la guerre, de les dépouiller du chauvinisme à la *Déroulède*, de l'enthousiasme faux jugé jusqu'ici nécessaire dans toute narration où se trouvent une culotte rouge et un fusil. Les généraux, au lieu d'être tous des puits de mathématiques où bouillonnent les plus nobles sentiments, les grands élans généreux, sont simplement des êtres médiocres comme les autres, mais portant en plus des képis galonnés et faisant tuer des hommes sans aucune mauvaise intention, par simple stupidité. Cette bonne foi de notre part dans l'appréciation des faits militaires donne au volume entier une drôle de gueule, et notre désintéressement voulu dans ces questions où chacun apporte inconsciemment de la passion exaspérera mille fois plus les bourgeois que des attaques à fond de train. Ce ne sera pas antipatriotique, mais simplement vrai : ce que je dis des Rouennais est encore beaucoup au-dessous de la vérité. »

Le 17 avril, dans une lettre ouverte « À M. le Directeur du Gaulois » et sous le titre « Les Soirées de Médan. Comment ce livre a été fait », il donne sa version personnelle des « origines de ce volume » :

Votre journal fut le premier à annoncer *Les Soirées de Médan*, et vous me demandez aujourd'hui quelques détails particuliers sur les origines de ce volume. Il vous paraîtrait intéressant de savoir ce que nous avons prétendu faire, si nous avons voulu affirmer une idée d'école et lancer un manifeste.

Je réponds à ces quelques questions.

Nous n'avons pas la prétention d'être une école. Nous sommes simplement quelques amis, qu'une admiration commune a fait se rencontrer chez Zola, et qu'ensuite une affinité de

tempéraments, des sentiments très semblables sur toutes choses, une même tendance philosophique ont liés de plus en plus.

Quant à moi, qui ne suis encore rien comme littérateur, comment pourrais-je avoir la prétention d'appartenir à une école ? J'admire indistinctement tout ce qui me paraît supérieur, à tous les siècles et dans tous les genres.

Cependant, il s'est fait évidemment en nous une réaction inconsciente, fatale, contre l'esprit romantique, par cette seule raison que les générations littéraires se suivent et ne se ressemblent pas.

Mais, du reste, ce qui nous choque dans le romantisme, d'où sont sorties d'impérissables œuvres d'art, c'est uniquement son résultat philosophique. Nous nous plaignons de ce que l'œuvre de Hugo ait détruit en partie l'œuvre de Voltaire et de Diderot. Par la sentimentalité ronflante des romantiques, par leur méconnaissance dogmatique du droit et de la logique, le vieux bon sens, la vieille sagesse de Montaigne et de Rabelais ont presque disparu de notre pays. Ils ont substitué l'idée de pardon à l'idée de justice, semant chez nous une sensiblerie miséricordieuse et sentimentale qui a remplacé la raison.

C'est grâce à eux que les salles de théâtre, pleines de messieurs véreux et de filles, ne peuvent tolérer sur la scène un simple fripon. C'est la morale romantique des foules qui force souvent les tribunaux à acquitter des particuliers et des drôlesses attendrissants, mais sans excuse.

J'ai pour les grands maîtres de cette école (puisqu'il s'agit d'école) une admiration sans limites, jointe souvent à une révolte de ma raison ; car je trouve que Schopenhauer et Herbert Spencer ont sur la vie beaucoup d'idées plus droites que l'illustre auteur des *Misérables*. — Voilà la seule critique que j'oserais faire, et il ne s'agit pas ici de littérature. — Littérairement, ce qui nous paraît haïssable, ce sont les vieilles orgues de Barbarie larmoyantes, dont Jean-Jacques Rousseau a inventé le mécanisme et dont une suite de romanciers, arrêtée, je l'espère, à M. Feuillet, s'est obstinée à tourner la manivelle, répétant invariablement les mêmes airs langoureux et faux.

Quant aux querelles sur les mots : réalisme et idéalisme, je ne les comprends pas.

Une loi philosophique inflexible nous apprend que nous ne pouvons rien imaginer en dehors de ce qui tombe sous nos sens ; et la preuve de cette impuissance, c'est la stupidité

des conceptions dites idéales, des paradis inventés par toutes les religions. Nous avons donc ce seul objectif : l'Être et la Vie, qu'il faut savoir comprendre et interpréter en artiste. Si on n'en donne pas l'expression à la fois exacte et artistiquement supérieure, c'est qu'on n'a pas assez de talent.

Quand un monsieur, qualifié de réaliste, a le souci d'écrire le mieux possible, est sans cesse poursuivi par des préoccupations d'art, c'est, à mon sens, un idéaliste. Quant à celui qui affiche la prétention de faire la vie plus belle que nature, comme si on pouvait l'imaginer autre qu'elle n'est, de mettre du ciel dans ses livres, et qui écrit en « romancier pour les dames », ce n'est, à mon avis du moins, qu'un charlatan ou un imbécile. — J'adore les contes de fées et j'ajoute que ces sortes de conceptions doivent être plus vraisemblables, dans leur domaine particulier, que n'importe quel roman de mœurs de la vie contemporaine.

Voici maintenant quelques notes sur notre volume.

Nous nous trouvions réunis, l'été, chez Zola, dans sa propriété de Médan.

Pendant les longues digestions des longs repas (car nous sommes tous gourmands et gourmets, et Zola mange à lui seul comme trois romanciers ordinaires), nous causions. Il nous racontait ses futurs romans, ses idées littéraires, ses opinions sur toutes choses. Quelquefois il prenait un fusil, qu'il manœuvrait en myope, et tout en parlant, il tirait sur des touffes d'herbes que nous lui affirmions être des oiseaux, s'étonnant considérablement quand il ne retrouvait aucun cadavre.

Certains jours on pêchait à la ligne. Hennique alors se distinguait, au grand désespoir de Zola, qui n'attrapait que des savates.

Moi, je restais étendu dans la barque la *Nana*, ou bien je me baignais pendant des heures, tandis que Paul Alexis rôdait avec des idées grivoises, que Huysmans fumait des cigarettes, et que Céard s'embêtait, trouvant stupide la campagne.

Ainsi se passaient les après-midi ; mais, comme les nuits étaient magnifiques, chaudes, pleines d'odeurs de feuilles, nous allions chaque soir nous promener dans la *grande île* en face.

Je passais tout le monde dans la *Nana*.

Or, par une nuit de pleine lune, nous parlions de Mérimée, dont les dames disaient : « Quel charmant conteur ! » Huysmans prononça à peu près ces paroles : « Un conteur est un

monsieur qui, ne sachant pas écrire, débite prétentieusement des balivernes. »

On en vint à parcourir tous les conteurs célèbres et à vanter les raconteurs de vive voix, dont le plus merveilleux, à notre connaissance, est le grand Russe Tourgueneff, ce maître presque français ; Paul Alexis prétendait qu'un conte écrit est très difficile à faire. Céard, un sceptique, regardant la lune, murmura : « Voici un beau décor romantique, on devrait l'utiliser... » Huysmans ajouta : « ... en racontant des histoires de sentiments ». Mais Zola trouva que c'était une idée, qu'il fallait se dire des histoires. L'invention nous fit rire, et on convint, pour augmenter la difficulté, que le cadre choisi par le premier serait conservé par les autres, qui y placeraient des aventures différentes.

On alla s'asseoir, et, dans le grand repos des champs assoupis, sous la lumière éclatante de la lune, Zola nous dit cette terrible page de l'histoire sinistre des guerres, qui s'appelle *L'Attaque du moulin*.

Quand il eut fini, chacun s'écria : « Il faut écrire cela bien vite. »

Lui se mit à rire : « C'est fait. »

Ce fut mon tour le lendemain.

Huysmans, le jour suivant, nous amusa beaucoup avec le récit des misères d'un mobile sans enthousiasme.

Céard, nous redisant le siège de Paris, avec des explications nouvelles, déroula une histoire pleine de philosophie, toujours vraisemblable sinon vraie, mais toujours réelle depuis le vieux poème d'Homère. Car si la femme inspire éternellement des sottises aux hommes, les guerriers, qu'elle favorise plus spécialement de son intérêt, en souffrent nécessairement plus que d'autres.

Hennique nous démontra encore une fois que les hommes, souvent intelligents et raisonnables, pris isolément, deviennent infailliblement des brutes, quand ils sont en nombre. — C'est ce qu'on pourrait appeler : l'ivresse des foules. — Je ne sais rien de plus drôle et de plus horrible en même temps que le siège de cette maison publique et le massacre des pauvres filles.

Mais Paul Alexis nous fit attendre quatre jours, ne trouvant pas de sujet. Il voulait nous raconter des histoires de Prussiens souillant des cadavres. Notre exaspération le fit taire, et il finit par imaginer l'amusante anecdote d'une grande dame allant ramasser son mari mort sur un champ de bataille

et se laissant « attendrir » par un pauvre soldat blessé. — Et ce soldat était un prêtre.

Zola trouva ces récits curieux et nous proposa d'en faire un livre.

Voilà, Monsieur le directeur, quelques notes, vite griffonnées, mais contenant, je pense, tous les détails qui peuvent vous intéresser.

Veuillez agréer, avec mes remerciements pour votre bienveillance, l'assurance de mes sentiments les plus dévoués.

Le Gaulois, 17 avril 1880.

4. Boule de suif *et* Les Soirées de Médan *: la légende*

« Le samedi [...], Guy, en compagnie de son ami Léon Fontaine, décide de rendre à Émile Zola, dans sa maison de Médan, la visite qu'il lui a promise. *Petit Bleu* a raconté lui-même cette équipée, presque comme un reportage.

Les deux camarades arrivent en canot de Chatou. Ils amarrent la yole à la berge devant la maison de Zola dont ils poussent la porte à claire-voie. M^me Zola arrive en souriant. La tenue des visiteurs ne l'effraie pas. Guy porte pour la circonstance un maillot rayé et une vareuse. Il est fier de ses prouesses sportives. Plus que de son talent d'écrivain !

M^me Zola les conduit auprès de son mari. Ce n'est pas lui non plus qui sera choqué par la tenue des deux canotiers. Il est vêtu d'une chemise de nuit et d'un pantalon de velours marron. Il fait asseoir ses visiteurs.

— Comment va Flaubert ? demande-t-il à Guy. Je crains qu'il ne me tienne rigueur, car je ne lui ai pas écrit depuis longtemps. Je lui ai pourtant envoyé ma brochure *La Politique et la Littérature.* Passe encore, je comprends, qu'elle ait pu ne pas lui plaire. Mais je lui ai adressé aussi ma *Préface de l'année théâtrale de Stoullig et Noël,* qui contient deux pages pleines d'admiration pour lui. Toujours pas de réponse. Il n'approuve peut-être pas ma campagne. Je ne peux cependant pas renoncer à mes idées ni à la lutte à cause de lui. Qu'il ne lise pas mes articles de critique s'ils ne lui plaisent pas, mais il n'a pas de raison de m'en vouloir !

— Ne soyez pas inquiet, répond Guy. J'ai vu Flaubert il y a trois jours. La première chose qu'il m'a dite, c'est : « Eh bien, comment va Zola ? »

Zola se lève pour faire visiter la nouvelle maison qu'il a fait construire. Les deux amis le suivent en marchant sur des poutres et des gravats, car tout n'est pas encore terminé.

Un peu plus tard arrivent Léon Hennique, Henry Céard, J.-K. Huysmans et Paul Alexis.

À table, Zola se sert lui-même le premier, sans se soucier de sa femme ni de ses invités. Le déjeuner est excellent, comme toujours chez lui.

— Je me plais beaucoup ici, dit-il. Je travaille plus et mieux qu'à Paris. Je m'installe le matin de bonne heure à mon bureau et j'abats régulièrement la tâche que je me suis fixée jusqu'à l'heure du déjeuner.

Guy déjeune avec un superbe appétit, boit sec. Au moment du café, on se met soudain à évoquer la fameuse guerre de 1870. Elle les a tous marqués. Ils ont des souvenirs qu'ils racontent à tour de rôle.

Zola est brusquement intéressé par ces récits :

— Pourquoi ne ferions-nous pas un livre qui grouperait ces histoires ? Maupassant, avez-vous un épisode à nous conter, vous aussi ?

Guy cherche un peu. Quel est le fait qui l'a le plus impressionné pendant la débâcle ? Il a vu tellement de choses absurdes qui lui ont fait haïr la guerre. Brusquement il pense à l'histoire de cette femme qu'il a rencontrée : Adrienne Legay. Il la revoit au moment où il l'a prise dans la cave glaciale, puis plus tard à Rouen dans la chambre douillette où il l'a suivie... Face aux Prussiens, elle a eu une attitude héroïque. Si elle a finalement cédé, c'est à cause des autres, ces bourgeois hypocrites qui, le danger écarté, ont repris leurs mines pincées. Il commence à raconter à son tour...

— Mais c'est excellent, s'écrie Zola. Il faut écrire cela bien vite.

— C'est déjà fait !

Zola conclut :

— Toutes ces histoires semblent procéder d'une idée unique, avoir une même philosophie. Pas de doute, il faut les réunir.

— Quel titre pourrions-nous trouver pour ce bouquin ? demande Paul Alexis.

— J'ai trouvé, dit Henry Céard. Pourquoi pas *Les Soirées de Médan* ?

— Bravo, j'aime ce titre, approuve Huysmans.

Guy est tout vibrant d'enthousiasme. Il sait que le par-

rainage de Zola aidera beaucoup au succès du livre. Un peu plus tard, il va se baigner dans la Seine toute proche. Il se sent merveilleusement bien, heureux comme il ne l'a jamais été…

Le dimanche suivant, tout le monde se retrouve. *Boule de suif* obtient une chaude ovation. Cette nouvelle figurera en tête du recueil, tout de suite après celle de Zola, *L'Attaque du moulin*. Le tirage au sort en a décidé ainsi.

Zola décide alors d'ajouter une préface de choc à ce brillant manifeste de l'école naturaliste : « Nous nous attendons à toutes les attaques, à la mauvaise foi et à l'ignorance dont la critique courante nous a déjà donné tant de preuves. Notre seul souci a été d'affirmer publiquement nos véritables amitiés et en même temps nos tendances littéraires. »

Quelques jours plus tard, le livre est accepté par l'éditeur Charpentier. Rapidement, il trône à la devanture des librairies. C'est un succès foudroyant.

On s'aperçoit bientôt que ce succès vient surtout de la nouvelle de Guy. Flaubert, sévère jusqu'ici pour son élève, proclame *Boule de suif* un chef-d'œuvre.

Quand Guy vient lui rendre visite, il le tutoie pour la première fois.

— Tâche de faire une douzaine de contes comme celui-là et tu seras un homme !

Catulle Mendès, rencontrant Guy sur le Boulevard, lui adresse aussi de vives félicitations :

— Cher Maupassant, votre conte est vraiment très réussi. *Boule de suif* restera ! Je suis certain qu'on en parlera encore dans vingt ou trente ans !

Guy est très fier du jugement de Catulle Mendès qui est un grand lettré. Mais il est sceptique. « Dans vingt ou trente ans, bigre ! Ne voyons pas si loin ! » pense-t-il.

Bientôt les éditions se succèdent. En choisissant son héroïne, en racontant avec tant de talent cette émouvante histoire, Guy a visé juste. *Boule de suif* plaît aux Français, leur offre une sorte de revanche sur ces maudits Prussiens, car personne dans le pays n'a oublié la cruelle défaite de Sedan.

Les Soirées de Médan connaissent huit éditions. À présent, Guy collabore au *Gil Blas,* au *Gaulois*, au *Figaro*. Il écrit dans *La République des Lettres* une longue étude sur Flaubert qui ravit son vieux maître.

Le succès de *Boule de suif* va décider de sa carrière litté-
raire. Il choisit de quitter son ministère pour se consacrer
entièrement à la littérature. »

M. Andry, *Bel-Ami, c'est moi,* pp. 74-76.

5. *La réception de* Boule de suif

FLAUBERT
Lettre à Maupassant, 1er février 1880

« Il me tarde de vous dire que je considère *Boule de suif*
comme un chef-d'œuvre ! Oui, jeune homme ! Ni plus, ni
moins, cela est d'un maître. C'est bien original de concep-
tion, entièrement bien compris et d'un excellent style. Le pay-
sage et les personnages se voient et la psychologie est forte.
Bref, je suis ravi ; deux ou trois fois j'ai ri tout haut.
[...] Je vous ai mis, sur un petit morceau de papier, mes
remarques de pion. Tenez-en compte, je les crois bonnes.
[...] Ce petit conte *restera*, soyez-en sûr ! Quelles belles
binettes que celles de vos bourgeois ! Pas un n'est raté. Cor-
nudet est immense et vrai ! La religieuse couturée de petite
vérole, parfaite, et le comte « ma chère enfant », et la fin !
La pauvre fille qui pleure pendant que l'autre chante *La Mar-
seillaise*, sublime. J'ai envie de te bécoter pendant un quart
d'heure ! Non, vraiment, je suis content ! Je me suis amusé
et j'admire. »

Édouard ROD
Le Voltaire, 20 avril 1880

« Le sujet choisi par lui — le voyage pendant la guerre
d'une société d'honnêtes gens en compagnie d'une courtisane
— est peut-être le plus original du volume. Mais ce qui frappe
dans les détails, c'est la bonne humeur inaltérable du con-
teur. Il n'a aucune amertume... La bêtise et la lâcheté humai-
nes, loin de l'irriter, l'intéressent, peut-être même l'amusent.
Il n'a pas cherché à peindre une grande douleur ni une grande
passion, il a simplement raconté une histoire assez ridicule

et un peu odieuse, en homme habile à découvrir et à débrouiller les intrigues de la vie courante. Son indifférence est celle d'un tempérament bien équilibré, d'un homme sans aucune sentimentalité qui, étant fort, ne souffre point de la vie, ne la trouve ni belle ni laide et la prend comme elle est. L'union de ces jeunes écrivains montre la force ; sans aucun doute elle inquiétera les adversaires passionnés du naturalisme, ceux qui font de l'esprit au lieu de comprendre, qui rient au lieu d'étudier. Ceux qui, au contraire, s'intéressent au mouvement moderne salueront avec plaisir leur œuvre collective toute pleine de promesses et déjà de réalisations. »

Jean RICHEPIN
Le Gaulois, 21 avril 1880

« L'extrême gauche de l'encrier vient de se constituer. Ils sont six, pas un de plus, pas un de moins. Nous autres qui ne sommes pas des six, nous n'avons qu'à nous bien tenir. [...] Il n'y a que M. Paul Alexis qui soit strictement dans la pure théorie naturaliste. M. Guy de Maupassant est un poète fourvoyé à Médan. M. J.-K. Huysmans est un styliste qui relève du *Parnasse contemporain*. M. Henry Céard n'est encore rien du tout. M. Léon Hennique ne peut devenir quelqu'un qu'en retournant à ses premières amours romantiques. Entre ces six écrivains, l'accord et la raison d'être ensemble ne sont donc qu'apparents. Le faisceau se brisera de soi-même. L'école n'existe que sur la couverture des *Soirées de Médan*. »

ZOLA
Le Figaro, 11 juillet 1881

« *Boule de suif* est certainement la meilleure des six, elle a un aplomb, une tenue, une finesse et une netteté d'analyse qui en font un petit chef-d'œuvre. Du reste, elle a suffi, dans le public lettré, pour mettre Maupassant au premier rang, parmi les jeunes écrivains d'avenir. »

6. *Fortune théâtrale* [1] *de* Boule de suif

Maupassant avait déjà, avant *Boule de suif*, écrit pour le théâtre. La qualité dramatique de ses contes et nouvelles en rend l'adaptation théâtrale, puis plus tard cinématographique et surtout télévisuelle, assez aisée.

On a donc, depuis le début du siècle, tiré un certain nombre d'adaptations de la nouvelle *Boule de suif*.

On connaît au moins cinq versions théâtrales du conte. D'abord celle d'Oscar Méténier (1859-1913), donnée au théâtre Antoine le 6 mai 1902 (édition chez Ollendorf en 1903). Signalons au passage que le même Méténier avait adapté *Mademoiselle Fifi* en 1896 [2]. La pièce, restée à l'affiche plusieurs semaines, ne remporta pas cependant, malgré une fort bonne critique, le succès qu'elle aurait mérité.

En 1940, *Roly Poly*, adaptation de *Boule de suif* par Lennox Robinson, est jouée au Gate Theater de Dublin.

Fritz Hochwälder (né en 1911), dramaturge autrichien installé en Suisse, écrit une nouvelle adaptation en 1944 (création, en février 1946, à Prague), sous le nom d'*Hôtel du Commerce* (comédie en cinq actes).

En septembre 1974, *Boule de suif*, « comédie dramatique réaliste en trois actes et sept tableaux », adaptation de Marcelle Dumont, est créée à Waterloo.

La dernière adaptation a pris la forme d'une comédie musicale (livret de Jean Meyer, couplets d'Albert Husson et musique d'Henri Sauguet) et a été créée à Lyon le 13 décembre 1978.

Ces adaptations, fort différentes d'esprit et d'intention, ont cependant des constantes (neuf personnages principaux, structure tripartite avec deux repas qui se font pendant).

1. Cf. T. Kowzan, « Fortune théâtrale de *Boule de suif* », in *Flaubert et Maupassant écrivains normands,* cf. Bibliographie, p. 274.
2. Maupassant a participé lui-même à cette adaptation.

LE THÈME DE LA GUERRE DE 1870

1. *La guerre de 1870*[1] *: repères chronologiques*

Vers la fin des années 1860 la puissance de la Prusse et la grandeur de ses ambitions laissaient présager à ses voisins européens d'inévitables crises. La défaite du vieil empire austro-hongrois fut un avertissement pour Napoléon III. Malade, sortant de la désastreuse équipée mexicaine, celui-ci tente cependant, devant les forces militaires prussiennes (cinq cent mille hommes), de réorganiser l'armée française. Le maréchal Niel, ministre de la Guerre en 1868, fait voter une loi qui établit le service militaire obligatoire pour cinq ans. Mais sa mort empêcha le texte d'avoir une application rapide.

En 1869, le trône d'Espagne vacant fut offert au prince Léopold de Hohenzollern. La France s'oppose à ce choix. Bismarck, après le refus du prince Léopold, envoie aux journaux allemands une dépêche tronquée où le roi de Prusse faisait part des négociations satisfaisantes qu'il avait eues avec l'ambassadeur de France. La France, se jugeant offensée, déclare la guerre le 18 juillet 1870, dans l'enthousiasme général.

Dès les premiers jours, l'armée française essuie une série de défaites. Le 4 août, l'avant-garde de Mac-Mahon est battue à Wissembourg ; le 6, son armée, vaincue à Froeschwiller, doit évacuer l'Alsace. En Lorraine, la défaite de Forbach oblige l'armée de Bazaine à se replier sur Verdun. Malgré les combats indécis de Borny (14 août), de Rezonville (16 août),

1. On lira sur ce sujet : F. Roth, *La Guerre de 70,* Fayard, 1990.

de Gravelotte (18 août), Bazaine laisse écraser Canrobert à Saint-Privat (18 août) et enferme son armée dans Metz.

Les trois armées prussiennes concentrées sur le Rhin dès la fin du mois de juillet eurent donc facilement raison des deux cent mille hommes de l'armée française disséminés sur un front trop étendu. L'armée de Mac-Mahon, réorganisée à Châlons, essaya de rejoindre Metz. Battue à Beaumont, elle se détourna vers Sedan. Après la terrible bataille du 1er septembre, cernée de toutes parts, l'armée capitule le 2. L'empereur et quatre-vingt mille hommes furent ainsi faits prisonniers. À cette nouvelle le peuple de Paris renverse l'Empire et proclame la République (4 septembre). Un gouvernement de Défense nationale est constitué sous la présidence du général Trochu.

La France se trouva donc sans armée régulière. Le 18 septembre les Allemands sont devant Paris ; le 28, Strasbourg capitule et, le 27 octobre, Bazaine, sans avoir combattu, livre Metz. Cependant Gambetta avait réussi à lever une nouvelle armée sur la Loire. Après un succès à Coumiers (9 novembre), elle fut vaincue à Loigny (2 décembre). Paris investi tenta de résister pendant que Gambetta, parti en ballon à Tours, réorganisait l'armée. Mais, après Loigny, une partie de l'armée, réorganisée par Chanzy, lutta mois aux environs du Mans, l'autre, commandée par Bourbaki, marchant au secours de Belfort, fut victorieuse à Villersexel mais vaincue à Héricourt (15 janvier). Une troisième armée, sous le commandement de Faidherbe, victorieuse à Pont-Noyelles et à Bapaume, fut battue à Saint-Quentin (19 janvier) et ne put délivrer Paris.

La ville, malgré d'héroïques sorties (Le Bourget en octobre ; Champigny, le 30 novembre ; Buzenval, le 19 janvier), dut capituler, affamée, le 28 janvier 1871. L'armistice fut signé. Le 18 janvier Guillaume 1er, le roi de Prusse, avait été proclamé empereur d'Allemagne à Versailles.

Le 10 mai 1871, Thiers, chef du gouvernement de l'Assemblée nationale, convoquée à Bordeaux, signe avec la Prusse le traité de Francfort qui enlève à la France l'Alsace (moins Belfort) et une partie de la Lorraine. En outre l'indemnité de guerre est fixée à cinq milliards et les Prussiens occupèrent la France jusqu'en 1873.

Le 18 mars 1871 une insurrection révolutionnaire avait éclaté à Paris et proclamé le gouvernement de la Commune. Vaincus par l'armée de Mac-Mahon, les insurgés furent traités

avec la plus extrême rigueur par le gouvernement réfugié à Versailles. Après la démission de Thiers (24 mai 1873) et son remplacement par Mac-Mahon, la République fut proclamée définitivement en 1875 (Constitution de 1875, votée à une voix de majorité).

2. *La guerre vue par le journaliste Maupassant*

Dans une de ses chroniques du Gil Blas *(11 décembre 1883), Maupassant s'insurge avec une véhémence vengeresse contre les militaires de tous bords (tous « massacreurs » et « fléaux du monde »), contre les horreurs de la guerre de 70 et contre l'appétit de conquêtes coloniales dont est saisie une France prétendument civilisée :*

LA GUERRE

Donc on parle de guerre avec la Chine. Pourquoi ? on ne sait pas. Les ministres en ce moment hésitent, se demandant s'ils vont faire tuer du monde là-bas. Faire tuer du monde leur est très égal, le prétexte seul les inquiète. La Chine, nation orientale et raisonnable, cherche à éviter ces massacres mathématiques. La France, nation occidentale et barbare, pousse à la guerre, la cherche, la désire.

Quand j'entends prononcer ce mot : la guerre, il me vient un effarement comme si on me parlait de sorcellerie, d'inquisition, d'une chose lointaine, finie, abominable, monstrueuse, contre nature.

Quand on parle d'anthropophages, nous sourions avec orgueil en proclamant notre supériorité sur ces sauvages. Quels sont les sauvages, les vrais sauvages ? Ceux qui se battent pour manger les vaincus ou ceux qui se battent pour tuer, rien que pour tuer ? Une ville chinoise nous fait envie : nous allons pour la prendre massacrer cinquante mille Chinois et faire égorger dix mille Français. Cette ville ne nous servira à rien. Il n'y a là qu'une question d'honneur national. Donc l'honneur national (singulier honneur !) qui nous pousse à prendre une cité qui ne nous appartient pas, l'honneur national qui se trouve satisfait par le vol, par le vol d'une ville, le sera davantage encore par la mort de cinquante mille Chinois et de dix mille Français.

Et ceux qui vont périr là-bas sont des jeunes hommes qui

pourraient travailler, produire, être utiles. Leurs pères sont vieux et pauvres. Leurs mères, qui pendant vingt ans les ont aimés, adorés comme adorent les mères, apprendront dans six mois que le fils, l'enfant, le grand enfant élevé avec tant de peine, avec tant d'argent, avec tant d'amour, est tombé dans un bois de roseaux, la poitrine crevée par les balles. Pourquoi a-t-on tué son garçon, son beau garçon, son seul espoir, son orgueil, sa vie ? Elle ne sait pas. Oui, pourquoi ? Parce qu'il existe au fond de l'Asie une ville qui s'appelle Bac-Ninh ; et parce qu'un ministre qui ne la connaît pas s'est amusé à la prendre aux Chinois.

La guerre !... se battre !... tuer !... massacrer des hommes !... Et nous avons aujourd'hui, à notre époque, avec notre civilisation, avec l'étendue de science et le degré de philosophie où est parvenu le génie humain, des écoles où l'on apprend à tuer, à tuer de très loin, avec perfection, beaucoup de monde en même temps, à tuer de pauvres diables d'hommes innocents, chargés de famille, et sans casier judiciaire. M. Jules Grévy fait grâce avec obstination aux assassins les plus abominables, aux découpeurs de femmes en morceaux, aux parricides, aux étrangleurs d'enfants. Et voici que M. Jules Ferry, pour un caprice diplomatique dont s'étonne la nation, dont s'étonnent les députés, va condamner à mort, d'un cœur léger, quelques milliers de braves garçons.

Et le plus stupéfiant c'est que le peuple entier ne se lève pas contre les gouvernements. Quelle différence y a-t-il donc entre les monarchies et les républiques ? Le plus stupéfiant, c'est que la société tout entière ne se révolte pas à ce seul mot de guerre.

Ah ! nous vivrons encore pendant des siècles sous le poids des vieilles et odieuses coutumes, des criminels préjugés, des idées féroces de nos barbares aïeux.

N'aurait-on pas honni tout autre que Victor Hugo qui eût jeté ce grand cri de délivrance et de vérité ?

Aujourd'hui, la force s'appelle la violence et commence à être jugée ; la guerre est mise en accusation. La civilisation, sur la plainte du genre humain, instruit le procès et dresse le grand dossier criminel des conquérants et des capitaines. Les peuples en viennent à comprendre que l'agrandissement d'un forfait n'en saurait être la diminution ; que si tuer est un crime, tuer beaucoup n'en peut pas être la circonstance atténuante ; que si voler est une honte, envahir ne saurait être une gloire.

Ah ! proclamons ces vérités absolues, déshonorons la guerre !

Un artiste habile en cette partie, un massacreur de génie, M. de Moltke, a répondu, voici deux ans, aux délégués de la paix, les étranges paroles que voici : « La guerre est sainte, d'institution divine ; c'est une des lois sacrées du monde ; elle entretient chez les hommes tous les grands, les nobles sentiments, l'honneur, le désintéressement, la vertu, le courage, et les empêche en un mot de tomber dans le plus hideux matérialisme ! »

Ainsi, se réunir en troupeaux de quatre cent mille hommes, marcher jour et nuit sans repos, ne penser à rien, ne rien étudier, ne rien apprendre, ne rien lire, n'être utile à personne, pourrir de saleté, coucher dans la fange, vivre comme les brutes dans un hébétement continu, piller les villes, brûler les villages, ruiner les peuples, puis rencontrer une autre agglomération de viande humaine, se ruer dessus, faire des lacs de sang, des plaines de chair pilée mêlée à la terre boueuse et rougie, des monceaux de cadavres, avoir les bras ou les jambes emportés, la cervelle écrabouillée sans profit pour personne, et crever au coin d'un champ tandis que vos vieux parents, votre femme et vos enfants meurent de faim ; voilà ce qu'on appelle ne pas tomber dans le plus hideux matérialisme !

Les hommes de guerre sont les fléaux du monde. Nous luttons contre la nature, contre l'ignorance, contre les obstacles de toute sorte, pour rendre moins dure notre misérable vie. Des hommes, des bienfaiteurs, des savants usent leur existence à travailler, à chercher ce qui peut aider, ce qui peut secourir, ce qui peut soulager leurs frères. Ils vont, acharnés à leur besogne utile, entassant les découvertes, agrandissant l'esprit humain, élargissant la science, donnant chaque jour à l'intelligence une somme de savoir nouveau, donnant chaque jour à leur patrie du bien-être, de l'aisance, de la force.

La guerre arrive. En six mois, les généraux ont détruit vingt ans d'efforts, de patience, de travail et de génie.

Voilà ce qu'on appelle ne pas tomber dans le plus hideux matérialisme.

Nous l'avons vue, la guerre. Nous avons vu les hommes redevenus des brutes, affolés, tuer par plaisir, par terreur, par bravade, par ostentation. Alors que le droit n'existe plus,

que la loi est morte, que toute notion du juste disparaît, nous avons vu fusiller des innocents trouvés sur une route et devenus suspects parce qu'ils avaient peur. Nous avons vu tuer des chiens enchaînés devant la porte de leurs maîtres pour essayer des revolvers neufs, nous avons vu mitrailler par plaisir des vaches couchées dans un champ, sans aucune raison, pour tirer des coups de fusil, histoire de rire.

Voilà ce qu'on appelle ne pas tomber dans le plus hideux matérialisme.

Entrer dans un pays, égorger l'homme qui défend sa maison parce qu'il est vêtu d'une blouse et n'a pas de képi sur la tête, brûler les habitations de misérables gens qui n'ont plus de pain, casser des meubles, en voler d'autres, boire le vin trouvé dans les caves, violer les femmes trouvées dans les rues, brûler des millions de francs en poudre, et laisser derrière soi la misère et le choléra.

Voilà ce qu'on appelle ne pas tomber dans le plus hideux matérialisme.

Qu'ont-ils donc fait pour prouver même un peu d'intelligence, les hommes de guerre ? Rien. Qu'ont-ils inventé ? Des canons et des fusils. Voilà tout.

L'inventeur de la brouette, Pascal, n'a-t-il pas plus fait pour l'homme par cette simple et pratique idée d'ajuster une roue à deux bâtons que l'inventeur des fortifications modernes, Vauban ?

Que nous reste-t-il de la Grèce ? Des livres, des marbres. Est-elle grande parce qu'elle a vaincu ou parce qu'elle a produit ?

Est-ce l'invasion des Perses qui l'a empêchée de tomber dans le plus hideux matérialisme ?

Sont-ce les invasions des barbares qui ont sauvé Rome et l'ont régénérée ?

Est-ce que Napoléon Ier a continué le grand mouvement intellectuel commencé à la fin du dernier siècle par les philosophes révolutionnaires ?

Eh bien oui, puisque les gouvernements prennent ainsi le droit de mort sur les peuples, il n'y a rien d'étonnant à ce que les peuples prennent parfois le droit de mort sur les gouvernements.

Ils se défendent. Ils ont raison. Personne n'a le droit absolu de gouverner les autres. On ne le peut faire que pour le bien

de ceux qu'on dirige. Quiconque gouverne a autant le devoir d'éviter la guerre qu'un capitaine de navire a celui d'éviter le naufrage.

Quand un capitaine a perdu son bâtiment, on le juge et on le condamne, s'il est reconnu coupable de négligence ou même d'incapacité.

Pourquoi ne jugerait-on pas les gouvernants après chaque guerre déclarée ? Pourquoi ne les condamnerait-on pas s'ils étaient convaincus de fautes ou d'insuffisance.

Du jour où les peuples comprendront cela, du jour où ils feront justice eux-mêmes des gouvernements meurtriers, du jour où ils refuseront de se laisser tuer sans raison, du jour où ils se serviront, s'il le faut, de leurs armes contre ceux qui les leur ont données pour massacrer, la guerre sera morte. Et ce jour viendra.

J'ai lu un livre superbe et terrible de l'écrivain belge Camille Lemonnier, et intitulé *Les Charniers*. Le lendemain de Sedan, ce romancier partit avec un ami et visita à pied cette patrie de la tuerie, la région des derniers champs de bataille. Il marcha dans les fanges humaines, glissa sur les cervelles répandues, vagabonda dans les pourritures et les infections pendant des jours entiers et des lieues entières. Il ramassa dans la boue et le sang « ces petits carrés de papier chiffonnés et salis, lettres d'amis, lettres de mères, lettres de fiancées, lettres de grands-parents ».

Voici, entre mille, une des choses qu'il vit. Je ne peux citer que par courts fragments ce morceau que je voudrais donner en entier :

« L'église de Givonne était pleine de blessés. Sur le seuil, mêlée à la boue, de la paille piétinée faisait un amas qui fermentait.

« Au moment où nous allions entrer, des infirmiers, le tablier gris, maculé de placards rouges, balayaient par la porte d'entrée une sorte de mare fétide comme celle où clapote le sabot des bouchers dans les abattoirs.

« … L'hôpital râlait… Des blessés étaient attachés à leur grabat par des cordes. S'ils bougeaient, des hommes les tenaient aux épaules pour les empêcher de se mouvoir. Et quelquefois une tête blême se dressait à demi au-dessus de la paille et regardait avec des yeux de supplicié l'opération du voisin.

« On entendait des malheureux crier en se tordant, quand le chirurgien approchait, et ils cherchaient à se mettre debout pour se sauver.

« Sous la scie, ils criaient encore, d'une voix sans nom, creuse et rauque, comme des écorchés : ''Non, je ne veux pas, non laissez-moi...'' Ce fut le tour d'un zouave qui avait les deux jambes emportées.

— Faites excuse, la compagnie, dit-il, on m'a ôté les culottes.

« Il avait gardé sa veste, et ses jambes étaient emmaillotées, vers le bas, dans des lambeaux où suintait le sang.

« Le médecin se mit à enlever ces lambeaux, mais ils collaient l'un à l'autre, et le dernier adhérait à la chair vive. On versa de l'eau chaude sur le grossier bandage, et, à mesure qu'on versait l'eau, le chirurgien détachait les loques.

— Qui t'a amidonné comme ça, mon vieux ? demanda le chirurgien.

— C'est le camarade Fifolet, major.

— Ouf, ça me tire jusque dans les cheveux. — Il avait eu le... emporté et moi les jambes. Et je lui dis :

. .

« La scie, étroite et longue, laissait des gouttelettes, à chacune de ses dents.

« Il y eut un mouvement dans le groupe. On déposait à terre un tronçon.

— Encore une seconde, mon brave, dit le chirurgien.

« Je passais ma tête dans le créneau des épaules et je regardai le zouave.

— Allez vite, major, disait-il ; je sens que je vais battre la breloque.

« Il mordait sa moustache, blanc comme un mort et les yeux hors la tête. Il tenait lui-même à deux mains sa jambe et hurlait par moments d'une voix grelottante un « hou ! » qui vous faisait sentir la scie dans votre propre dos.

— C'est fini, mon vieux loup ! dit le chirurgien en abattant le second moignon.

— Bonsoir ! dit le zouave.

« Et il s'évanouit. »

Et je me rappelle, moi, le récit de la dernière campagne de Chine, fait par un brave matelot qui en riait encore de plaisir.

Il me raconta les prisonniers empalés le long des routes pour amuser le soldat ; les grimaces si drôles des suppliciés ; les massacres commandés par des officiers supérieurs, pour terroriser la contrée, les viols dans ces demeures d'Orient, devant les enfants éperdus, et les vols à pleines mains, les pantalons noués aux chevilles pour emporter les objets, le pillage régulier, fonctionnant comme un service public, dévastant depuis les petites cases du tout petit bourgeois jusqu'au somptueux palais d'été.

Si nous avons la guerre avec l'empire du Milieu, le prix des vieux meubles de laque et des riches porcelaines chinoises va baisser beaucoup, messieurs les amateurs.

3. *L'Attaque du moulin*

Cet extrait de la nouvelle de Zola, parue dans Les Soirées de Médan, *permettra de la comparer, dans le registre dramatique, avec* La Mère sauvage *et* Le Père Milon.

« Il était trois heures. De grands nuages noirs avaient lentement empli le ciel, la queue de quelque orage voisin. Ce ciel jaune, ces haillons cuivrés changeaient la vallée de Rocreuse, si gaie au soleil, en un coupe-gorge plein d'une ombre louche. L'officier prussien s'était contenté de faire enfermer Dominique, sans se prononcer sur le sort qu'il lui réservait. Depuis midi, Françoise agonisait dans une angoisse abominable. Elle ne voulait pas quitter la cour, malgré les instances de son père. Elle attendait les Français. Mais les heures s'écoulaient, la nuit allait venir, et elle souffrait d'autant plus, que tout ce temps gagné ne paraissait pas devoir changer l'affreux dénouement.

Cependant, vers trois heures, les Prussiens firent leurs préparatifs de départ. Depuis un instant, l'officier s'était, comme la veille, enfermé avec Dominique. Françoise avait compris que la vie du jeune homme se décidait. Alors, elle joignit les mains, elle pria. Le père Merlier, à côté d'elle, gardait son attitude muette et rigide de vieux paysan, qui ne lutte pas contre la fatalité des faits.

— Oh ! mon Dieu ! Oh ! mon Dieu ! balbutiait Françoise, ils vont le tuer...

Le meunier l'attira près de lui et la prit sur ses genoux comme un enfant.

À ce moment, l'officier sortait, tandis que, derrière lui, deux hommes amenaient Dominique.

— Jamais, jamais ! criait ce dernier. Je suis prêt à mourir.

— Réfléchissez bien, reprit l'officier. Ce service que vous me refusez, un autre nous le rendra. Je vous offre la vie, je suis généreux... Il s'agit simplement de nous conduire à Montredon, à travers bois. Il doit y avoir des sentiers.

Dominique ne répondait plus.

— Alors, vous vous entêtez ?

— Tuez-moi, et finissons-en, répondit-il.

Françoise, les mains jointes, le suppliait de loin. Elle oubliait tout, elle lui aurait conseillé une lâcheté. Mais le père Merlier lui saisit les mains, pour que les Prussiens ne vissent pas son geste de femme affolée.

— Il a raison, murmura-t-il, il vaut mieux mourir.

Le peloton d'exécution était là. L'officier attendait une faiblesse de Dominique. Il comptait toujours le décider. Il y eut un silence. Au loin, on entendait de violents coups de tonnerre. Une chaleur lourde écrasait la campagne. Et ce fut dans ce silence qu'un cri retentit :

— Les Français ! Les Français !

C'étaient eux, en effet. Sur la route de Sauval, à la lisière du bois, on distinguait la ligne des pantalons rouges. Ce fut, dans le moulin, une agitation extraordinaire. Les soldats prussiens couraient, avec des exclamations gutturales. D'ailleurs, pas un coup de feu n'avait encore été tiré.

— Les Français ! Les Français ! cria Françoise en battant des mains.

Elle était comme folle. Elle venait de s'échapper de l'étreinte de son père, et elle riait, les bras en l'air. Enfin, ils arrivaient donc, et ils arrivaient à temps, puisque Dominique était encore là, debout !

Un feu de peloton terrible, qui éclata comme un coup de foudre à ses oreilles, la fit se retourner. L'officier venait de murmurer :

— Avant tout, réglons cette affaire.

Et, poussant lui-même Dominique contre le mur d'un hangar, il avait commandé le feu. Quand Françoise se tourna, Dominique était par terre, la poitrine trouée de douze balles.

Elle ne pleura pas, elle resta stupide. Ses yeux devinrent fixes, et elle alla s'asseoir sous le hangar, à quelques pas du corps. Elle le regardait, elle avait par moments un geste vague

et enfantin de la main. Les Prussiens s'étaient emparés du père Merlier comme d'un otage.

Ce fut un beau combat. Rapidement, l'officier avait posté ses hommes, comprenant qu'il ne pouvait battre en retraite, sans se faire écraser. Autant valait-il vendre chèrement sa vie. Maintenant, c'étaient les Prussiens qui défendaient le moulin, et les Français qui l'attaquaient. La fusillade commença avec une violence inouïe. Pendant une demi-heure, elle ne cessa pas. Puis, un éclat sourd se fit entendre, et un boulet cassa une maîtresse branche de l'orme séculaire. Les Français avaient du canon. Une batterie, dressée juste au-dessus du fossé, dans lequel s'était caché Dominique, balayait la Grande Rue de Rocreuse. La lutte, désormais, ne pouvait être longue.

Ah ! le pauvre moulin ! Des boulets le perçaient de part en part. Une moitié de la toiture fut enlevée. Deux murs s'écroulèrent. Mais c'était surtout du côté de la Morelle que le désastre devint lamentable. Les lierres, arrachés des murailles ébranlées, pendaient comme des guenilles ; la rivière emportait des débris de toutes sortes, et l'on voyait, par une brèche, la chambre de Françoise, avec son lit, dont les rideaux blancs étaient soigneusement tirés. Coup sur coup, la vieille roue reçut deux boulets, et elle eut un gémissement suprême : les palettes furent charriées dans le courant, la carcasse s'écrasa. C'était l'âme du gai moulin qui venait de s'exhaler.

Puis, les Français donnèrent l'assaut. Il y eut un furieux combat à l'arme blanche. Sous le ciel couleur de rouille, le coupe-gorge de la vallée s'emplissait de morts. Les larges prairies semblaient farouches, avec leurs grands arbres isolés, leurs rideaux de peupliers qui les tachaient d'ombre. À droite et à gauche, les forêts étaient comme les murailles d'un cirque qui enfermaient les combattants, tandis que les sources, les fontaines et les eaux courantes prenaient des bruits de sanglots, dans la panique de la campagne.

Sous le hangar, Françoise n'avait pas bougé, accroupie en face du corps de Dominique. Le père Merlier venait d'être tué raide par une balle perdue. Alors, comme les Prussiens étaient exterminés et que le moulin brûlait, le capitaine français entra le premier dans la cour. Depuis le commencement de la campagne, c'était l'unique succès qu'il remportait. Aussi, tout enflammé, grandissant sa haute taille, riait-il de son air aimable de beau cavalier. Et, apercevant Françoise imbécile entre les cadavres de son mari et de son père, au

milieu des ruines fumantes du moulin, il la salua galamment
de son épée, en criant :

— Victoire ! Victoire ! »

4. *Le Prussien de Bélisaire* n'est pas sans rappeler celui
de *Saint-Antoine (p. 105 et sqq.).*

*Bélisaire, accompagné partout d'un Prussien de l'armée
d'occupation, l'a tué par accident et l'a caché.*

« J'entre chez nous. Je descends, je tâte. Le Prussien était
toujours sous ses copeaux ; il y avait même deux gros rats
en train de lui travailler son casque, et ça me fit une fière
douleur de sentir cette mentonnière remuer. Un moment, je
crus que le mort allait revenir... Mais non ! sa tête était
lourde, froide. Je m'accouvai dans un coin, et j'attendis ;
j'avais mon idée de le jeter à la Seine, quand les autres seraient
couchés...

Je ne sais pas si c'est le voisinage du mort, mais elle m'a
paru joliment triste, ce soir-là, la retraite des Prussiens. De
grands coups de trompette qui sonnaient trois par trois : Ta !
ta ! ta ! Une vraie musique de crapaud. Ce n'est pas sur cet
air-là que nos lignards voudraient se coucher, eux...

Pendant cinq minutes, j'entendis traîner des sabres, taper
des portes ; puis des soldats entrèrent dans la cour, et ils se
mirent à appeler :

— Hofmann ! Hofmann !

Le pauvre Hofmann se tenait sous ses copeaux, bien tran-
quille... Mais c'est moi qui me faisais vieux !... À chaque ins-
tant je m'attendais à les voir entrer dans le sous-sol. J'avais
ramassé le sabre du mort, et j'étais là, sans bouger, à me dire
dans moi-même : « Si tu en réchappes, mon petit père... tu
devras un fameux cierge à saint Jean-Baptiste de Belle-
ville !... »

Tout de même, quand ils eurent assez appelé Hofmann,
mes locataires se décidèrent à rentrer. J'entendis leurs gros-
ses bottes dans l'escalier et, au bout d'un moment, toute la
baraque ronflait comme une horloge de campagne. Je n'atten-
dais que cela pour sortir.

La berge était déserte, toutes les maisons éteintes. Bonne
affaire. Je redescends vivement, je tire mon Hofmann de des-
sous l'établi, je le mets debout, et je le hisse sur mon dos, comme

un crochet de commissionnaire... C'est qu'il était lourd, le brigand !... Avec ça la peur, rien dans le battant depuis le matin... Je croyais que je n'aurais jamais la force d'arriver. Puis, voilà qu'au milieu du quai je sens quelqu'un qui marche derrière moi. Je me retourne. Personne... C'était la lune qui se levait... je me dis : « Gare, tout à l'heure... les factionnaires vont tirer. »

Pour comble d'agrément, la Seine était basse. Si je l'avais jeté là sur le bord, il y serait resté comme dans une cuvette... J'entre, j'avance... Toujours pas d'eau... Je n'en pouvais plus : j'avais les articulations grippées... Finalement, quand je me crois assez avant, je lâche mon bonhomme... Va te promener, le voilà qui s'envase. Plus moyen de le faire bouger. Je pousse, je pousse... hue donc !... Par bonheur, il arrive un coup de vent d'est. La Seine se soulève, et je sens le macchabée qui démarre tout doucement. Bon voyage ! J'avale une potée d'eau et je remonte vite sur la berge ! »

A. Daudet, *Contes du lundi*, 1873, Presses Pocket, « Lire et voir les classiques », édition présentée par Catherine Eugène.

5. *Francs-tireurs et citoyens-soldats*
a) La Défense de Tarascon *(Daudet)*

*L'ironie de Daudet lorsqu'il décrit les francs-tireurs n'est pas loin de celle de Maupassant évoquant la terrible compagnie responsable de la prise de Walter Schnaffs (L'*Aventure de Walter Schnaffs*, p. 115 et sqq.). Les « héros » de La* Défense de Tarascon *durent se retrouver dans bien des cités où s'organisa la garde civile, pour tenter de résister à l'avance prussienne :*

LES FRANCS-TIREURS

« En même temps, des compagnies de francs-tireurs s'organisaient avec frénésie. *Frères de la mort, Chacals du Narbonnais, Espingoliers du Rhône*, il y en avait de tous les noms, de toutes les couleurs, comme des centaurées dans un champ d'avoine ; et des panaches, des plumes de coq, des chapeaux gigantesques, des ceintures d'une largeur !... Pour se donner l'air plus terrible, chaque franc-tireur laissait pousser sa barbe et ses moustaches, si bien qu'à la promenade le monde

ne se connaissait plus. De loin vous voyiez un brigand des Abruzzes qui venait sur vous, la moustache en croc, les yeux flamboyants, avec un tremblement de sabres, de revolvers, de yatagans ; et puis, quand on s'approchait, c'était le receveur Pégoulade. D'autres fois, vous rencontriez dans l'escalier Robinson Crusoé lui-même, avec son chapeau pointu, son coutelas en dents de scie, un fusil sur chaque épaule ; au bout du compte, c'était l'armurier Costecalde qui rentrait de dîner en ville. Le diable, c'est qu'à force de se donner des allures féroces, les Tarasconnais finirent par se terrifier les uns les autres et bientôt personne n'osa plus sortir. »

LAPINS DE GARENNE ET LAPINS DE CHOUX

« Le décret de Bordeaux sur l'organisation des gardes nationales mit fin à cette situation intolérable. Au souffle puissant des triumvirs, prrrt ! les plumes de coq s'envolèrent, et tous les francs-tireurs de Tarascon — chacals, espingoliers et autres — vinrent se fondre en un bataillon d'honnêtes miliciens, sous les ordres du brave général Bravida, ancien capitaine d'habillement. Ici, nouvelles complications. Le décret de Bordeaux faisait, comme on sait, deux catégories dans la garde nationale : les gardes nationaux de marche et les gardes nationaux sédentaires ; « lapins de garenne et lapins de choux », disait assez drôlement le receveur Pégoulade. Au début de la formation, les gardes nationaux de garenne avaient naturellement le beau rôle. Tous les matins, le brave général Bravida les menait sur l'Esplanade faire l'exercice à feu, l'école de tirailleurs. « Couchez-vous ! levez-vous » et ce qui s'ensuit. Ces petites guerres attiraient toujours beaucoup de monde. Les dames de Tarascon n'en manquaient pas une, et même les dames de Beaucaire passaient quelquefois le pont pour venir admirer nos lapins. Pendant ce temps, les pauvres gardes nationaux de choux faisaient modestement le service de la ville et montaient la garde devant le musée, où il n'y avait rien à garder qu'un gros lézard empaillé avec de la mousse et deux fauconneaux du temps du bon roi René. Pensez que les dames de Beaucaire ne passaient pas le pont pour si peu... Pourtant, après trois mois d'exercice à feu, lorsqu'on s'aperçut que les gardes nationaux de garenne ne bougeaient toujours pas de l'Esplanade, l'enthousiasme commença à se refroidir.

Le brave général Bravida avait beau crier à ses lapins :

« Couchez-vous ! levez-vous » personne ne les regardait plus. Bientôt ces petites guerres furent la fable de la ville. Dieu sait cependant que ce n'était pas leur faute à ces malheureux lapins si on ne les faisait pas partir. Ils en étaient assez furieux. Un jour même ils refusèrent de faire l'exercice.

« Plus de parade ! crient-ils en leur zèle patriotique ; nous sommes de marche ; qu'on nous fasse marcher !

— Vous marcherez ou j'y perdrai mon nom ! » leur dit le brave général Bravida.

Et, tout bouffant de colère, il alla demander des explications à la mairie.

La mairie répondit qu'elle n'avait pas d'ordre et que cela regardait la préfecture.

« Va pour la préfecture ! » fit Bravida.

Et le voilà parti sur l'express de Marseille, à la recherche du préfet, ce qui n'était pas une petite affaire, attendu qu'à Marseille il y avait toujours cinq ou six préfets en permanence et personne pour vous dire lequel était le bon. Par une fortune singulière, Bravida lui mit la main dessus tout de suite, et c'est en plein conseil de préfecture que le brave général porta la parole au nom de ses hommes, avec l'autorité d'un ancien capitaine d'habillement.

Dès les premiers mots, le préfet l'interrompit :

« Pardon, général... Comment se fait-il qu'à vous vos soldats vous demandent de partir et qu'à moi ils me demandent de rester ? Lisez plutôt. »

Et, le sourire aux lèvres, il lui tendit une pétition larmoyante, que deux lapins de garenne — les deux plus enragés pour marcher — venaient d'adresser à la préfecture avec apostilles du médecin, du curé, du notaire, et dans laquelle ils demandaient à passer aux lapins de choux pour cause d'infirmités.

« J'en ai plus de trois cents comme cela, ajouta le préfet, toujours en souriant. Vous comprenez maintenant, général, pourquoi nous ne sommes pas pressés de faire marcher vos hommes. On en a malheureusement trop fait partir de ceux qui voulaient rester. Il n'en faut plus... Sur ce, Dieu sauve la République, et bien le bonjour à vos lapins. »

A. Daudet, *Contes du lundi.*

b) *Le jugement de Rimbaud sur la garde nationale et les soldats-citoyens de Charleville n'est guère plus indulgent (Lettre à G. Izambard, 25 août 1870, in Rimbaud :*

Œuvres. Des Ardennes au désert,
Presses Pocket, « Lire et voir les classiques »,
édition présentée par Pascaline Mourier-Casile, pp. 307-308.

Monsieur,

Vous êtes heureux, vous, de ne plus habiter Charleville ! Ma ville natale est supérieurement idiote entre les petites villes de province. Sur cela, voyez-vous, je n'ai plus d'illusions. Parce qu'elle est à côté de Mézières, — une ville qu'on ne trouve pas, — parce qu'elle voit pérégriner dans ses rues deux ou trois cents de pioupious, cette benoîte population gesticule, prud'hommesquement spadassine, bien autrement que les assiégés de Metz et de Strasbourg ! C'est effrayant, les épiciers retraités qui revêtent l'uniforme ! C'est épatant comme ça a du chien, les notaires, les vitriers, les percepteurs, les menuisiers et tous les ventres, qui, chassepot au cœur, font du patrouillotisme aux portes de Mézières ; ma patrie se lève !... Moi, j'aime mieux la voir assise : ne remuez pas les bottes ! c'est mon principe. [...]

6. La Débâcle *(Zola)*

Lassitude des soldats, épuisement de tous, déroute. Cet extrait de La Débâcle *trouverait sa place dans ce recueil.*

« Ah ! les mornes et tristes journées, après l'avortement de cet immense effort ! La grande sortie, préparée depuis si longtemps, la poussée irrésistible qui devait délivrer Paris, venait d'échouer ; et, trois jours plus tard, une lettre du général de Moltke annonçait que l'armée de la Loire, battue, avait de nouveau abandonné Orléans. C'était le cercle qui se resserrait plus étroit, impossible désormais à rompre. Mais Paris, dans sa fièvre de désespoir, semblait trouver des forces nouvelles de résistance. Les menaces de famine commençaient. Dès le milieu d'octobre, on avait rationné la viande. En décembre, il ne restait pas une bête des grands troupeaux de bœufs et de moutons lâchés au travers du bois de Boulogne,

dans la poussière de leur piétinement continu, et l'on s'était mis à abattre les chevaux. Les provisions, plus tard les réquisitions de farine et de blé devaient donner quatre mois de pain. Quand les farines s'étaient épuisées, il avait fallu construire des moulins dans les gares. Le combustible aussi manquait, on le réservait pour moudre les grains, cuire le pain, fabriquer les armes. Et Paris, sans gaz, éclairé par de rares lampes à pétrole, Paris grelottant sous son manteau de glace, Paris à qui on rationnait son pain noir et sa viande de cheval, espérait quand même, parlait de Faidherbe au Nord, de Chanzy sur la Loire, de Bourbaki dans l'Est, comme si quelque prodige allait les amener victorieux sous les murs. Devant les boulangeries et les boucheries, les longues queues qui attendaient, dans la neige, s'égayaient encore parfois, à la nouvelle de grandes victoires imaginaires. Après l'abattement de chaque défaite, l'illusion tenace renaissait, flambait plus haute, parmi cette foule hallucinée de souffrance et de faim. Sur la place du Château-d'Eau, un soldat ayant parlé de se rendre, les passants avaient failli le massacrer. Tandis que l'armée, à bout de courage et sentant venir la fin, demandait la paix, la population réclamait encore la sortie en masse, la sortie torrentielle, le peuple entier, les femmes, les enfants eux-mêmes, se ruant sur les Prussiens, en un fleuve débordé qui renverse et emporte tout. [...]

Huit longs jours encore s'écoulèrent. Paris agonisait, sans une plainte. Les boutiques ne s'ouvraient plus, les rares passants ne rencontraient plus de voitures, dans les rues désertes. On avait mangé quarante mille chevaux, on en était arrivé à payer très cher les chiens, les chats et les rats. Depuis que le blé manquait, le pain, fait de riz et d'avoine, était un pain noir, visqueux, d'une digestion difficile ; et, pour en obtenir les trois cents grammes du rationnement, les queues interminables, devant les boulangeries, devenaient mortelles. Ah ! ces douloureuses stations du siège, ces pauvres femmes grelottantes sous les averses, les pieds dans la boue glacée, toute la misère héroïque de la grande ville qui ne voulait pas se rendre ! La mortalité avait triplé, les théâtres étaient transformés en ambulance. Dès la nuit, les anciens quartiers luxueux tombaient à une paix morne, à des ténèbres profondes, pareils à des faubourgs de cité maudite, ravagée par la peste. Et, dans ce silence, dans cette obscurité, on n'entendait que le fracas continu du bombardement,

on ne voyait que les éclairs des canons, qui embrasaient le ciel d'hiver. »

É. Zola, *La Débâcle,* 1892.

7. L'Épaulette *(Darien)*

Quant à la lâcheté des occupés devant l'occupant prussien, Maupassant n'est pas le seul à l'évoquer dans Boule de suif. *Avec une ironie cinglante, le héros de* L'Épaulette *(G. Darien) dépeint une ville bourgeoise (Versailles) occupée par des enne- mis qu'elle trouve, somme toute, très « corrects ».*

« Des soldats français, isolément ou par petits groupes, arrivent constamment dans la ville. Éclopés, égarés, traînards, fuyards. Ils viennent on ne sait d'où, ils ne savent d'où ; de partout où l'on s'est battu, où l'on fut battu, où l'on a battu la charge, où l'on a battu en retraite ; où l'on a avancé, reculé, piétiné, lâché pied ; de partout où les arrêta l'ennemi, ou bien des blessures, ou bien la fatigue, ou bien le dégoût.

J'aurais voulu les voir ; malheureusement, ma grand-mère me défend de sortir. Mais Lycopode les a vus. Il paraît que ces malheureux sont dans un état lamentable et que leur aspect fait frémir d'horreur et de pitié. Noirs de hâle, de poudre, de poussière et de boue, leurs uniformes en haillons, ils traî- nent le long des rues leurs pieds meurtris et sanglants, accu- sant tout haut leurs chefs de les avoir trahis et vendus, et disant qu'il n'y a plus de France. On les pousse, en dépit de leurs menaces, de leurs jurons et de leurs insultes, dans les trains qui partent pour Paris.

— Ah ! monsieur Jean, ce n'est pas les mêmes que nous avons vus partir ! C'est pas Dieu possible que ce soit les mêmes. C'est vraiment pas possible.

Et Lycopode me raconte, dix fois de suite, ce que lui ont dit quelques-uns de ces malheureux, à qui elle a parlé et offert un peu d'argent. Depuis le début de la campagne, ils ont cons- tamment manqué de vivres et de munitions, et ils ont été conduits à la tuerie par des généraux qui sont tous vendus aux Prussiens.

Les Allemands, installés dans la ville comme chez eux, se comportent vis-à-vis des Versaillais avec un savoir-vivre irré- prochable. Ce ne sont pas du tout les sauvages qu'on s'est

plu à dépeindre. Ce sont des gens fort civilisés ; et même de bons clients. Les commerçants le déclarent, la main sur la conscience. Qu'on ne vienne plus leur parler de la barbarie des Teutons ! Les Prussiens font la guerre d'une façon civilisée, sont des hommes d'ordre, respectant les non-combattants et la propriété particulière. Et les habitants de Versailles, qui sont des non-combattants et possèdent particulièrement, respectent les Allemands. Respect pour respect. Voilà ce que c'est que d'être civilisé. Les Versaillais pensent que, lorsqu'on prend du respect, on n'en saurait trop prendre ; et ils vont tellement loin dans cette voie qu'ils se sont mis à respecter très fort ma grand-mère, qu'ils insultaient il y a quelques jours. Ils ne l'appellent plus : vieille Prussienne. Ah ! mais non ! Maintenant que les Prussiens sont les maîtres, on ne saurait montrer trop de déférence aux personnes qui parlent allemand. On témoigne donc à mon aïeule une vénération sans égale.

L'estime générale pour ma grand-mère s'est même accrue hier, lorsque le bruit s'est répandu qu'un colonel allemand était logé chez nous. Ce bruit mérite confirmation. Ce colonel fait partie du grand état-major ; c'est un homme charmant, qui ressemble pas mal à mon oncle Karl que, d'ailleurs, il connaît très bien. Mon oncle est maintenant devant Metz ; nous avons reçu ce matin une lettre de lui ; et ma grand-mère, qui n'avait pas eu de ses nouvelles depuis longtemps, a été bien heureuse. Moi aussi, j'ai été content ; et je le serais plus encore si nous avions des nouvelles de mon père. Depuis la lettre où il nous annonçait qu'il était évacué sur l'hôpital de Chartres, nous n'avons rien reçu de lui ; nous ignorons où il se trouve : à Chartres, à Paris, ou ailleurs. Ah ! que je voudrais que cette guerre fût terminée ! Le colonel parle souvent avec ma grand-mère, et lui donne des nouvelles. Malheureusement, il ne peut pas se prononcer quant à la durée possible de la guerre.

Il dit que le feldmarschall von Moltke croit à la paix prochaine ; le maréchal est persuadé que, pour la fin d'octobre, il pourra chasser le lièvre à Kreisau. L'autre jour, il s'exclamait sur la beauté de l'automne qui teint d'or et de rouge les feuilles des arbres ; il parlait de son domaine, aux pelouses duquel les pluies récentes ont dû faire grand bien ; de ses plantations de jeunes arbres. Il aspire au repos et croit que la résistance des Français touche à sa fin.

Dès le lendemain de la bataille de Sedan, la marche rapide

sur Paris a été décidée. Le danger d'une intervention étrangère en faveur de la France avait été écarté par les premières victoires allemandes. Bismarck émit donc l'opinion, opinion qu'il fit prévaloir, qu'une attaque immédiate de Paris était nécessaire. « Paris est la France, dit-il. Le seul moyen d'éviter toute intervention de puissances actuellement neutres, et de terminer rapidement la guerre, c'est de prendre Paris au plus vite. »

G. Darien, *L'Épaulette*, 1901.

8. *Dans Paris assiégé :* Choses vues *(Hugo)*

Le 15 août 1870, Victor Hugo quitte son exil de Guernesey pour rejoindre Paris : « Je veux rentrer en France, rentrer à Paris, publiquement, simplement, comme garde national [...]. » Il y arrive le 5 septembre et y demeure jusqu'au moment où, élu député de Paris, il rejoint l'Assemblée nationale à Bordeaux (13 février 1871). Dans ses Carnets (Choses vues, IV, Folio, Gallimard, 1972), il note au jour le jour la vie des Parisiens assiégés. On peut rapprocher ce reportage sur le vif de deux récits de Maupassant, Deux Amis *et* Un Duel.

16 septembre [...] En sortant j'ai aperçu au-dessus de Montmartre le ballon captif destiné à surveiller les assiégeants [...].

17 septembre [...] Toutes les forêts brûlent autour de Paris.

20 septembre [...] Depuis hier Paris est attaqué.

29 septembre [...] Il n'y a plus d'œufs dans Paris. Le lait aussi manque.

2 octobre [...] Nous avons fait le tour de Paris par le chemin de fer de ceinture [...] Paris se démolissant lui-même pour se défendre est magnifique. Il fait de sa ruine une barricade.

Toul et Strasbourg sont pris.

8 octobre [...] Il n'y a plus de sucre à Paris que pour dix jours. Le rationnement pour la viande commence aujourd'hui [...].

14 octobre : Le château de Saint-Cloud a été brûlé hier par nos bombes du Mont-Valérien [...].

23 octobre [...] Nous mangeons du cheval sous toutes les

formes. J'ai vu à la devanture d'un charcutier cette annonce : « Saucisson chevaleresque ».

18 novembre : Je mentionne ici une fois pour toutes que j'autorise qui le veut à dire ou à représenter tout ce qu'on veut de moi, sur n'importe quelle scène, pour les canons, les blessés, les ambulances, les ateliers, les orphelinats, les victimes de la guerre, les pauvres, et que j'abandonne tous mes droits d'auteur sur ces lectures ou ces représentations.

27 novembre [...] On fait des pâtés de rats. On dit que c'est bon [...].

28 novembre [...] Cette nuit aura lieu la trouée.

29 novembre : Toute la nuit j'ai entendu le canon.
[...] La sortie a un temps d'arrêt. Le pont jeté [...] sur la Marne a été emporté, les Prussiens ayant rompu les écluses.

30 novembre : Toute la nuit le canon. La bataille continue [...] Hier, à minuit, en m'en revenant du pavillon de Rohan par la rue de Richelieu, j'ai vu, un peu au-delà de la Bibliothèque, la rue étant partout déserte, fermée, noire et comme endormie, une fenêtre s'ouvrir au sixième étage d'une très haute maison et une très vive lumière, qui m'a semblé être une lampe à pétrole, apparaître, disparaître, rentrer et sortir à plusieurs reprises ; puis, la fenêtre s'est refermée, et la rue est redevenue ténébreuse. Était-ce un signal ?
On entend le canon sur trois points autour de Paris, à l'est, à l'ouest et au sud. Il y a, en effet, une triple attaque contre le cercle que font les Prussiens autour de nous, La Roncière à Saint-Denis, Vinoy à Courbevoie, Ducrot sur la Marne. La Roncière aurait fait mettre bas les armes à un régiment saxon et balayé la presqu'île de Gennevilliers ; Vinoy aurait détruit les ouvrages prussiens au-delà de Bougival. Quant à Ducrot, il a passé la Marne, pris et repris Montmesly, et il tient presque Villiers-sur-Marne. Ce qu'on éprouve en entendant le canon, c'est un immense besoin d'y être.

3 décembre : Hier nous avons mangé du cerf, avant-hier de l'ours, les deux jours précédents de l'antilope. Ce sont des cadeaux du Jardin des Plantes.
Ce soir à onze heures canonnade. Violente et courte.

4 décembre : On vient de coller à ma porte une affiche indiquant les précautions à prendre *en cas de bombardement* [...].

Temps d'arrêt dans le combat. Notre armée a repassé la Marne.

6 décembre : Mauvaises nouvelles. Orléans nous est repris. N'importe. Persistons.

11 décembre : Rostan est venu me voir. Il a le bras en écharpe. Il a été blessé à Créteil. C'était le soir. Un soldat allemand se jette sur lui et lui perce le bras d'un coup de baïonnette. Rostan réplique par un coup de baïonnette dans l'épaule de l'Allemand. Tous deux tombent et roulent dans un fossé. Les voilà bons amis. Rostan baragouine un peu l'allemand. « — *Qui es-tu ? — Je suis wurtembourgeois. J'ai vingt-deux ans. Mon père est horloger à Leipsick.* » Ils restent trois heures dans ce fossé, sanglants, glacés, s'entr'aidant. Rostan blessé a ramené son blesseur, qui est son prisonnier. Il va le voir à l'hôpital. Ces deux hommes s'adorent. Ils ont voulu s'entre-tuer, ils se feraient tuer l'un pour l'autre.

Otez donc les rois de la question.

13 décembre : Paris est depuis hier éclairé au pétrole.

24 décembre : Il gèle. La Seine charrie.

[...] Paris ne mange plus que du pain bis.

25 décembre : Forte canonnade toute la nuit [...].

L'Irlandais O'Flynn a crié aux mobiles : « — *Y en a-t-il cent qui veulent me suivre ? Cinquante ? Vingt-cinq ? Un seul ?* » Ils ne bougeaient pas. Il a chargé seul sur les Prussiens en criant : « — *À bas la Prusse ! Vive la France !* » Les Prussiens, voyant un homme seul, ne l'ont pas tué. O'Flynn est revenu épargné et furieux.

27 décembre [...] [Les Prussiens] ont jeté dans le fort de Montrouge dix-neuf obus qui n'ont tué personne.

29 décembre : Canonnade toute la nuit. L'attaque prussienne semble vaincue.

30 décembre [...] Hier j'ai mangé du rat [...].

Les bombes ont commencé à démolir le fort de Rosny. Le premier obus est tombé dans Paris. Les Prussiens nous ont lancé aujourd'hui six mille bombes.

[...] Ce n'est même plus du cheval que nous mangeons. C'est peut-être du chien ? C'est peut-être du rat ? [...] Nous mangeons de l'inconnu.

1ᵉʳ janvier (1871) : J'ai faim. J'ai faim. Tant mieux. Je souffre ce que souffre le peuple.

[...] Les Prussiens bombardent Saint-Denis.

2 janvier [...] On a abattu l'éléphant du Jardin des Plantes. Il a pleuré. On va le manger.
Les Prussiens continuent de nous envoyer six mille bombes par jour.

5 janvier : Le bombardement s'accentue de plus en plus. On a bombardé Issy et Vanves.
Le charbon manque. On ne peut plus blanchir le linge, ne pouvant le sécher.
[...] Premières personnes tuées dans Paris par les bombardements.

6 janvier : Les Parisiens vont, par curiosité, voir les quartiers bombardés. On va aux bombes comme on irait au feu d'artifice. Il faut des gardes nationaux pour maintenir la foule. Les Prussiens tirent sur les hôpitaux. Ils bombardent le Val-de-Grâce. Leurs obus ont mis le feu cette nuit aux baraquements du Luxembourg pleins de soldats blessés et malades, qu'il a fallu transporter, nus et enveloppés comme on a pu, à la Charité. Barbieux les y a vus arriver vers une heure du matin.
Seize rues ont déjà été atteintes par les obus.

8 janvier [...] Le bombardement a été furieux aujourd'hui. Un obus a troué la chapelle de la Vierge de Saint-Sulpice, où ma mère a été enterrée, où j'ai été marié.
[...] Nous avons mangé ce matin un beefsteack d'éléphant.

18 janvier [...] Ce matin on a commencé une sortie sur Montretout. On a pris Montretout. Ce soir les Prussiens nous l'ont repris.

20 janvier [...] Un enfant de quatorze ans a été étouffé dans une foule à la porte d'une boulangerie.

22 janvier : Les Prussiens bombardent Saint-Denis.

23 janvier [...] Chanzy est battu. Bourbaki réussit. Mais ni l'un ni l'autre ne marchent sur Paris. Énigme dont je crois entrevoir le secret. Bêtise ou trahison [...].
Le bombardement semble interrompu.

25 janvier [...] M. Dorian est venu ce matin voir mes fils [...] Il leur a annoncé la capitulation imminente. Affreuses nouvelles du dehors. Chanzy battu, Faidherbe battu, Bourbaki refoulé.

29 janvier : L'armistice a été signé hier. Il est publié ce matin [...] Assemblée nationale [...] S'assemblera à Bordeaux.

8 février [...] Après la capitulation signée [...] Bismarck est entré dans le cabinet où ses deux secrétaires l'attendaient et a dit : « *La bête est morte.* »

J'ai rangé mes papiers en prévision du départ.

13 février [...] : Partis à midi dix minutes. Arrivés à Étampes à trois heures et quart. Station d'une heure trois quarts et luncheon. Après le lunch, nous sommes restés dans le wagon-salon pour attendre le départ. La foule l'entourait, contenue par un groupe de soldats prussiens. La foule m'a reconnu et a crié : « — *Vive Victor Hugo !* » J'ai agité le bras hors du wagon en élevant mon képi, et j'ai crié : « — *Vive la France !* » Alors un homme à moustaches blanches, qui est, dit-on, le commandant prussien d'Étampes, s'est avancé vers moi d'un air menaçant et m'a dit en allemand je ne sais quoi qui voulait être terrible. J'ai repris d'une voix plus haute, en regardant tour à tour fixement ce Prussien et la foule : « — *Vive la France !* » Sur quoi, tout le peuple a crié avec enthousiasme : « — *Vive la France !* » Le bonhomme en colère se l'est tenu pour dit. Les soldats prussiens n'ont pas bougé [1].

1. Le texte que nous proposons ici est un découpage et un montage des pages 88 à 140 de *Choses vues (op. cit.)* où nous n'avons retenu que les passages qui nous ont semblé pouvoir éclairer la lecture des récits de guerre de Maupassant.

LE THÈME DE LA PROSTITUÉE

Maupassant et les « filles de noce »

Il est indéniable que Maupassant montre dans ses contes une connaissance étendue des milieux de la galanterie, voire de la prostitution. Nombre de ses nouvelles ont pour héroïnes des prostituées, des demi-mondaines ou, simplement, des grisettes aux mœurs pas trop farouches [1].

Dans *L'Armoire*, le héros du conte, un amateur de plaisirs tarifés, demande à une vendeuse, habituée des Folies-Bergère, comment on devient une prostituée. Sans doute l'auteur avait-il lu l'ouvrage du Dr J. Jeannel, *De la prostitution dans les grandes villes au XIXe siècle* (1868). D'autant plus qu'en 1886, deux ans après *L'Armoire*, en paraît une troisième édition.

Déjà dans *L'Odyssée d'une fille*, le romancier avait attiré l'attention sur ces filles de ferme, ou ces servantes, soumises au bon plaisir de leur patron. Dans *Le Port*, Françoise Duclos a servi de jouet à ses deux maîtres successifs. *Rosalie Prudent*, elle, engrossée et sans argent, se retrouve aux assises pour le meurtre de ses jumeaux.

Parfois, la « maison » a débuté d'une façon quasi artisanale. C'est une petite entreprise familiale où épouse, sœur, voire filles agrémentent l'ordinaire. C'est le début de *L'Ami Patience* dont le héros éponyme finit comme un riche tenancier.

Mais la plupart de ces femmes ont le sentiment d'être à

1. Sur ce thème, cf. Guy de Maupassant : *La Maison Tellier et autres histoires galantes*, Presses Pocket, dans la même collection, édition présentée par Pascaline Mourier-Casile.

part. D'où le comportement humble de Boule de suif ou agressif de Rachel dans *Mademoiselle Fifi*. Elles sont pourtant « bonnes filles » l'une et l'autre. Pas autant, sans doute, que la Rose de *La Maison Tellier*. Tout cela semble conforme aux descriptions médicales, psychologiques et judiciaires de l'époque.

Il est, en revanche, un type de prostituée que Maupassant semble avoir inventé ou recréé d'après des récits et des témoignages : celui de la prostituée patriotique. Si Boule de suif et Rachel en sont deux illustrations, l'exemple le plus fort est celui de la belle Irma, l'héroïne du *Lit 29*. La France occupée prenait ainsi une belle revanche sur son vainqueur. Belle et d'une cinglante ironie. Il semble que la belle Irma a eu pour modèle une prostituée condamnée à mort pour avoir contaminé l'armée ennemie et qui criait devant le peloton d'exécution : « Je m'en fous, je vous ai fait plus de mal que l'artillerie ! »

Quant au personnage de Boule de suif, il semble avoir été inspiré par une certaine Adrienne Legay, femme galante de Rouen, à la forte corpulence. D'où son surnom. L'aventure a sans doute été inventée par Maupassant. Un journaliste de Rouen, Henri Bridoux, ami de Maupassant, a raconté qu'un soir, après la publication du récit, Adrienne Legay et Maupassant se trouvèrent par hasard ensemble au théâtre Lafayette de Rouen. Laissons la parole au journaliste : « Il la regarda longuement, curieusement, écrit-il, avec une attention prolongée, presque émue aurait-on dit ; puis il nous quitta et nous le vîmes, l'instant d'après, qui pénétrait dans la loge de la dame, la saluait profondément, une révérence de mousquetaire galant, et prenait place auprès d'elle. C'est ce même jour, après le théâtre, que Maupassant et Boule de suif soupèrent ensemble en tête à tête à l'*Hôtel du Mans*. Que se dirent-ils ? Quels propos s'échangèrent entre ce délicat, ce raffiné, cet écrivain artiste, et cette femme à l'esprit vraisemblablement vulgaire, qui peut-être ne conservait qu'un vague et flottant souvenir de l'aventure de jadis, incident oublié de sa vie amoureuse ? »

LE THÈME DE L'ALGÉRIE

Il est dans ce volume à peine présent, sinon par le biais d'une nouvelle : *Mohammed-Fripouille* (p. 183 et sqq.) et, en filigrane, dans *L'Horrible*.

1. *Boghar : impressions de voyage*

Boghar est le lieu où se passe Mohammed-Fripouille. *Maupassant a visité ce gros bourg et livré ses impressions.*

« Cependant, voici quelques arbres, quelques pauvres arbres. C'est Boghar, à droite, au sommet d'un mont poudreux.

À gauche dans un repli rocheux, couronnant un monticule et à peine distinct du sol, tant il en a pris la coloration monotone, un grand village se dresse sur le ciel, c'est le ksar de Boukhrari.

Au pied du cône de poussière qui porte ce vaste village arabe, quelques maisons sont cachées dans le mouvement de la colline ; elles forment la commune mixte. Le ksar de Boukhrari est un des plus considérables villages arabes de l'Algérie. Il se trouve juste sur la frontière du Sud, un peu au-delà du Tell, dans la zone de transition entre les pays européanisés et le grand désert. Sa situation lui donne une singulière importance politique, car elle en fait une sorte de trait d'union entre les Arabes du littoral et les Arabes du Sahara. Aussi a-t-il toujours été le pouls des insurrections. C'est là qu'arrive le mot d'ordre, c'est de là qu'il repart. Les tribus les plus éloignées envoient leurs gens pour savoir ce qui se

passe à Boukhrari. On a l'œil sur ce point de toutes les parties de l'Algérie.

L'administration française, seule, ne s'occupe point de ce qui se trame à Boukhrari. Elle en a fait une commune de plein exercice, sur le modèle des communes de France, administrée par un maire, vieux paysan à l'œil endormi, flanqué d'un garde champêtre. Entre et sort qui veut. Les Arabes venus de n'importe où peuvent circuler, causer, intriguer à leur guise sans être gênés en rien. Au pied du ksar, à deux ou trois cents mètres, la commune mixte est gouvernée par l'administrateur civil qui dispose des pouvoirs les plus étendus sur un territoire nu, qu'il est presque inutile de surveiller. Il ne peut empiéter sur les attributions du maire, son voisin.

En face, sur la montagne, est Boghar, où habite le commandant supérieur du cercle militaire. Il a entre les mains les moyens d'action les plus actifs, mais il ne peut rien dans le ksar, *commune de plein exercice*. Or, le ksar n'est habité que par des Arabes. C'est le point dangereux qu'on respecte, tandis qu'on surveille avec soin les environs. On soigne le mal dans ses effets et non dans sa cause.

Qu'arrive-t-il ? Le commandant et l'administrateur, quand ils s'entendent, organisent une sorte de police secrète à l'insu du maire, et tâchent d'être informés mystérieusement.

N'est-il point surprenant de voir ce centre arabe, reconnu dangereux par tout le monde, plus libre qu'une ville en France, tandis qu'il serait impossible à un Français quelconque, s'il n'était protégé par quelque personnage influent, de pénétrer et de circuler sur le territoire militaire des cercles avancés du Sud. »

« Province d'Alger », dans *Au soleil*, 1884.

2. *Alger vu par l'écrivain et par le journaliste*

Le début de Mohammed-Fripouille *se déroule dans une villa qui domine Alger, décrite en quelques lignes. En voici deux autres descriptions rapides, l'une littéraire (dans Au soleil), l'autre journalistique, à l'occasion d'un voyage.*

« Féerie inespérée et qui ravit l'esprit ! Alger a passé mes attentes. Qu'elle est jolie, la ville de neige sous l'éblouissante

lumière ! Une immense terrasse longe le port, soutenue par des arcades élégantes. Au-dessus s'élèvent de grands hôtels européens et le quartier français, au-dessus encore s'échelonne la ville arabe, amoncellement de petites maisons blanches, bizarres, enchevêtrées les unes dans les autres, séparées par des rues qui ressemblent à des souterrains clairs. L'étage supérieur est supporté par des suites de bâtons peints en blanc ; les toits se touchent. Il y a des descentes brusques en des trous habités, des escaliers mystérieux vers des demeures qui semblent des terriers pleins de grouillantes familles arabes. Une femme passe, grave et voilée, les chevilles nues, des chevilles peu troublantes, noires des poussières accumulées sur les sueurs. »

« Alger », dans *Au soleil*, 1884.

« Ce qui frappe le plus en entrant dans Alger, c'est le bruit et le mouvement des rues. On ne parle pas, on crie ; on ne circule pas, on se heurte ; les chevaux ne trottent pas, ils s'emportent, sans aller plus vite que s'ils trottaient. Cela est gai, remuant, amusant, distrayant, étourdissant. La ville est vivante au possible, colorée et charmante. [...]

Que de fois n'a-t-on point décrit la ville arabe, ce labyrinthe de ruelles, d'escaliers, d'impasses, de couloirs tortueux au milieu de ces petites maisons impénétrables, serrées les unes contre les autres, se touchant presque à leur sommet, bizarres, irrégulières, dont le premier étage, un peu saillant, est soutenu par une multitude de bâtons peints à la chaux et scellés dans le mur inférieur, et dont les terrasses, comme les marches isolées d'un escalier disloqué par un tremblement de terre, s'étagent les unes sur les autres, en regardant au loin la grande baie et le cap Matifou. »

« Afrique », *Le Gaulois*, 3 décembre 1888.

3. *Mœurs belliqueuses des hommes du désert : Touaregs et Chaamba*

« Il est bien rarement donné à des yeux européens de pouvoir contempler des Touaregs, ces mystérieux et terribles cavaliers qui rôdent sur nos frontières. Deux hommes seulement

jusqu'ici ont donné sur eux, sur leurs immenses confédérations qui vont du Soudan et de l'Égypte à l'océan Atlantique, quelques détails un peu précis : ce sont les voyageurs Barth et Duveyrier.

Le dernier Européen qui ait pénétré sur leurs territoires est le malheureux colonel Flatters, qui fut massacré par eux avec toute la colonne qu'il commandait. On se rappelle comment il fut surpris auprès d'un puits, avec son état-major et toutes les bêtes de somme qu'on chargeait d'eau, entouré et mis à mort. On se rappelle aussi l'épouvantable fuite, la retraite horrible des survivants restés à garder le camp, qui, sans eau, sans chameaux, partirent à travers le sable, et, après quelques jours de marche, sentant qu'il fallait s'entre-tuer et s'entre-manger, se mirent à marcher isolément, à portée de fusil l'un de l'autre, et se cachant, se rasant comme des gibiers derrière toutes les saillies du sol. Un soir enfin, le premier duel eut lieu ; le premier mort, frappé d'une balle, roula sur le sol, et tous accoururent à cette curée humaine. Un Arabe, armé d'un couteau, s'improvisa boucher, dépeça et distribua la victime aux camarades, qui se sauvèrent avec leurs parts, et reprirent, loin l'un de l'autre, leur marche terrible.

Et, durant plus d'une semaine, le monstrueux combat recommença chaque jour et chaque jour les misérables dévoraient un des leurs. Le dernier tué et mangé ainsi fut le maréchal des logis Pobéguin. Le lendemain, les secours envoyés d'Ouargla rencontraient les débris de la colonne. Depuis ce moment, aucun contact n'avait eu lieu entre les Touaregs et nous.

Or, l'an dernier, une troupe de ces enragés pillards se mit en route pour venir razzier les chameaux de nos tribus de l'extrême Sud, les Chaamba. Ce détachement, fort de quarante hommes, monté sur des méhara coureurs, surprit en effet les troupeaux de leurs ennemis et les enleva.

Mais, dans le désert, comme ailleurs, tout se sait, et les Chaamba, prévenus, partirent au nombre de trois cents pour couper la route au convoi, et ils allèrent l'attendre au puits, où ne pouvaient manquer de venir boire les Touaregs. Ceuxci, qui peuvent rester six jours sans manger et trois jours sans boire, arrivèrent avec leurs bêtes volées et aperçurent les Chaamba prêts à combattre. Les Touaregs, malheureusement pour eux, s'étaient divisés en deux troupes, et cette bande, forte de vingt hommes seulement, exténués de faim et de fati-

gue, ne pouvait guère livrer bataille à trois cents Chaamba.
S'ils eussent été réunis, ils auraient pu attaquer et vaincre,
car ce sont d'intrépides soldats.

Les Chaamba, de leur côté, en gens prudents, parlementè-
rent, reprirent leurs chameaux et laissèrent passer leurs enne-
mis. Mais ils avaient remarqué leur petit nombre et, au lieu
de repartir immédiatement, comme les autres l'avaient espéré,
ils demeurèrent au puits, pour attendre. La seconde troupe
de Touaregs y arriva, en effet, parlementa également, fut
désarmée après promesse de la vie sauve. Mais les promesses
arabes sont peu sûres et, le lendemain, le massacre commença.
Cependant, un Chaamba, homme d'honneur, étendit son bur-
nous sur un Touareg qu'il connaissait. Ceux qui vivaient
encore, profitant de ce geste protecteur, se jetèrent sur le bur-
nous, et furent ainsi épargnés.
Les Chaamba nous les livrèrent.
Donc, grâce à la complaisance de M. le capitaine Bissuel
— qui publie, ces jours-ci, un volume de tous les renseigne-
ments recueillis de leur bouche, et qui a pu, en leur faisant
exécuter avec du sable la carte en relief de leur pays, la
reconstituer, si concordante avec les données existantes qu'elle
semble scrupuleusement exacte — j'ai vu, assis dans un petit
bâtiment peint à la chaux, ouvert sur les terrasses du fort
d'Alger, qui ferme la ville à l'est et qui domine la rade et le
port, ces grands guerriers qui sont, en réalité, des guerriers
d'Homère, maigres, vêtus d'étoffes noires, la face cachée
comme celle des femmes, à cause des sables brûlants, ne mon-
trant, sous le double voile, noir aussi, qui couvre le bas et
le haut du visage, que des yeux sincères et luisants.
Ils ont avec eux un nègre qui porte six doigts à chaque main.
J'ai dit que ce sont des guerriers d'Homère. Ils ne vivent que
pour la guerre, ne respectent et ne comprennent que cela. Les
nobles, car c'est un pays de féodalité absolue, toujours à che-
val, ou plutôt à méhari, toujours en éveil, toujours sur leurs
gardes, protègent et défendent leurs serfs et, sans cesse, atta-
quent le voisin. Car, faire la guerre, pour eux, c'est piller.
Quand on leur demande pourquoi ils combattent ainsi des
gens qui ne leur ont rien fait, ils répondent avec étonnement :
« Je comprends qu'on n'attaque pas un vieillard, un infirme
ou une femme ; mais un homme comme moi, pourquoi ne
l'attaquerais-je pas ? »
Profitant de leur captivité, l'éminent directeur de l'École

supérieure des lettres d'Alger, M. Masqueray, a pu apprendre leur langue, refaire la grammaire touareg, traduire leurs récits et se renseigner sur leurs mœurs et leurs usages.

Il a fini, d'ailleurs, par les aimer pour leur bravoure, leurs sentiments héroïques, leur prodigieux mépris du danger et de la mort. Une seule chose chez nous les a effrayés : les grands navires qui marchent sur l'eau ; car ils n'avaient jamais vu la mer.

Ils combattent avec des lances de fer, se mettent en selle d'un seul bond, sur le dos du chameau, dont ils ont abaissé la tête pour prendre un point d'appui, et ils le dirigent par des pressions sur le cou, avec leurs pieds, qu'ils ont fins et délicats, car ils ne marchent presque jamais.

Le gouverneur général vient de renvoyer deux de ces prisonniers dans leurs tribus, afin d'engager des relations avec ces peuples et de les décider à venir réclamer ceux que nous avons gardés.

Quand arriveront-ils chez eux ? Dans deux mois au plus tôt !

Le Gaulois, 3 décembre 1888.

BIBLIOGRAPHIE

Œuvres de Maupassant :

L'édition de référence pour tous les récits brefs de Maupassant est celle de Louis FORESTIER : Maupassant, *Contes et Nouvelles,* 2 vol., Paris, Gallimard, Bibliothèque de la Pléiade, 1974-1979 [1].
Chroniques, 3 vol., U.G.E. 10/18, 1980.
Maupassant au Maghreb, présentation par D. Brahimi, Le Sycomore, 1982.

Biographies :

ANDRY M., *Bel-Ami, c'est moi,* Presses de la Cité, 1982.
CHESSEX J., *Maupassant et les autres,* Ramsay, 1981.
LANOUX A., *Maupassant, le Bel-Ami,* 1967, Le Livre de Poche, 1983.
SCHMIDT A.-M., *Maupassant par lui-même,* Le Seuil, 1962.
TROYAT H., *Guy de Maupassant,* Flammarion, 1989.

Études critiques :

BONNEFIS P., *Comme Maupassant,* P.U.L., 1981.
BESNARD-COURSODON M., *Étude thématique et structurelle de l'œuvre de Maupassant : le piège,* Nizet, 1973.

1. Cf. aussi : Guy DE MAUPASSANT, *Contes et Nouvelles, Romans,* 2 vol., collection Bouquins, Flammarion/Quid, 1988.

CASTELLA Ch., *Structure romanesque et vision sociale chez Maupassant*, L'Âge d'Homme, 1972.

COGNY P., *Maupassant peintre de son temps*, Larousse, 1976.

GREIMAS A.J., *Maupassant, la sémiotique du texte*, Le Seuil, 1976.

PARIS J., *Le Point aveugle, Univers parallèles II*, Le Seuil, 1975.

SAVINIO A., *Maupassant et l'autre*, Gallimard, 1977.

VIAL A., *Guy de Maupassant et l'art du roman*, Nizet, 1954. « Maupassant et la Vénus vénale », in *Faits et signification*, Nizet, 1973.

Publications collectives [1] :

Europe, n° 47, avril-juin 1969.

Revue de littérature comparée, n° 4, 1976, « Problématiques de la nouvelle ».

Le Naturalisme, Colloque de Cerisy, U.G.E. 10/18, 1978.

Magazine littéraire, janvier 1980.

Centre d'art, d'esthétique et de littérature (CAEL), *Flaubert et Maupassant écrivains normands*, P.U.F.-P.U.R., 1980.

Maupassant, miroir de la nouvelle, P.U.V., 1988.

Sur le personnage de Boule de suif et sur le thème de la prostituée, cf. : C. AZIZA et al.,

Dictionnaire des figures et des personnages, Garnier, 1985, entrée « Boule de suif ».

Dictionnaire des types et caractères littéraires, Nathan, 1978, entrée « Prostituée ».

1. Ordre chronologique.

FILMOGRAPHIE

1. Maupassant :

Apostrophes : spécial Maupassant, A2, 27 juillet 1976.
Guy de Maupassant, Michel Drach, FR, 1982 (Maupassant :
 Claude Brasseur).
L'Ami Maupassant, Claude Santelli, TF1, 1986.

2. Nouvelles du recueil :

1908 : *Le Père Milon*, Firmin Gémier, FR.
1952 : *Deux Amis*, Dimitri Kirsanoff, FR.
1961-1962 : *Deux Amis*, Carlo Rim, FR (avec Jean Poiret
 et Michel Serrault).

3. *Boule de suif* au cinéma :

Il y a trois adaptations cinématographiques du conte : russe
(1934), japonaise (1935), française (1945).
La version russe est due à Mikhaïl I. Romm (1901-1971).
Pyśka (Pet-de-nonne) est le dernier film muet tourné en Union
soviétique. Il est assez fidèle à l'original.
C'est Kenji Mizoguchi (1896-1956) qui réalise *Maria No
Oyuki (Oyuki alias Maria)*.
Le film français de Christian-Jaque (né en 1904), avec les
dialogues d'Henri Jeanson, nous intéresse particulièrement.
C'est la fusion de *Boule de suif* et de *Mademoiselle Fifi* [1].

1. *Mademoiselle Fifi* a été porté à l'écran par Robert Wise (USA,
1944) avec Simone Simon, dans une adaptation de Stanley Rubin.

L'officier prussien de l'une est le lieutenant d'Eyrik de l'autre. Élisabeth Rousset devient Rachel et le film se termine par le meurtre et par la fuite de la fille.

Signalons enfin un rapprochement à faire entre la nouvelle de Maupassant et le fameux film de J. Ford, *La Chevauchée fantastique* (*Stagecoach*, 1939). Bien des éléments se retrouvent : une diligence en pays hostile, une prostituée en butte à l'hostilité des autres passagers, un repas dans une auberge.

4. *Boule de suif* à la télévision :

En 1983, Claude Santelli réalise une adaptation de la nouvelle de Maupassant, diffusée le 8 février sur TF1 dans l'émission *L'An 40*.

TABLE DES MATIÈRES

Cet ouvrage a été composé
PAR TÉLÉ-COMPO – 61290 BIZOU

Imprimé en France en octobre 1996
par Maury-Eurolivres – 45300 Manchecourt
Dépôt légal : mai 1991

POCKET – 12, avenue d'Italie, 75627 Paris Cedex 13
Tél. 44.16.05.00

OUVRAGES
DE LA COLLECTION
« LIRE ET VOIR LES CLASSIQUES »

_____ **Notes** _____